# A deliberação pública
# e suas dimensões sociais,
# políticas e comunicativas

## Textos fundamentais

ÂNGELA CRISTINA SALGUEIRO MARQUES
(Organização e tradução)

# A deliberação pública
# e suas dimensões sociais,
# políticas e comunicativas

## Textos fundamentais

**autêntica**

Copyright © 2009 Ângela Cristina Salgueiro Marques

TÍTULOS ORIGINAIS
James Bohman, "What is Public Deliberation: a Dialogical Account".
Simone Chambers, "Deliberative Democratic Theory".
Seyla Benhabib, "Towards a Deliberative Model of Democratic Legitimity".
Joshua Cohen, "Deliberation and Democratic Legitimacy".
Maeve Cooke, "Five Arguments for Deliberative Democracy".
Jane Mansbridge, "Everyday Talk in Deliberative System".
Amy Gutmann e Dennis Thompson, "Deliberative Democracy Beyond Process".

TRADUÇÃO
*Ângela Cristina Salgueiro Marques*

PROJETO GRÁFICO DA CAPA
*Christiane Costa*

EDITORAÇÃO ELETRÔNICA
*Luiz Flávio Pedrosa*

REVISÃO
*Cecília Martins*
*Ana Carolina Lins Brandão*

EDITORA RESPONSÁVEL
*Rejane Dias*

Revisado conforme o Novo Acordo Ortográfico.

Todos os direitos reservados pela Autêntica Editora. Nenhuma parte desta
publicação poderá ser reproduzida, seja por meios mecânicos, eletrônicos,
seja via cópia xerográfica, sem a autorização prévia da Editora.

**AUTÊNTICA EDITORA LTDA.**
Rua Aimorés, 981, 8° andar. Funcionários
30140-071 . Belo Horizonte . MG
Tel: (55 31) 3222 68 19
TELEVENDAS: 0800 283 13 22
www.autenticaeditora.com.br

**Dados Internacionais de Catalogação na Publicação (CIP)**
**(Câmara Brasileira do Livro, SP, Brasil)**

A deliberação pública e suas dimensões sociais políticas e comunicativas :
    textos fundamentais / Ângela Cristina Salgueiro Marques (organização e
    tradução) . – Belo Horizonte : Autêntica Editora , 2009.

    Vários autores.
    Bibliografia.
    ISBN 978-85-7526-403-4

        1. Ciências políticas - Filosofia 2. Democracia 3. Ensaios 4. Filosofia política
I. Marques, Ângela Cristina Salgueiro.

    09-04465                                   CDD-321.8

Índices para catálogo sistemático:
1. Democracia deliberativa : Ensaios : Ciências políticas  321.8

# Sumário

Prefácio
Leonardo Avritzer     7

As interseções entre o processo comunicativo e
a deliberação pública
Ângela Cristina Salgueiro Marques     11

**PARTE I – A deliberação pública como
troca argumentativa: introdução ao conceito**     29

O que é a deliberação pública?
Uma abordagem dialógica
James Bohman     31

Deliberação e legitimidade democrática
Joshua Cohen     85

Rumo a um modelo deliberativo de
legitimidade democrática
Seyla Benhabib     109

Cinco argumentos a favor da democracia deliberativa
Maeve Cooke     143

**PARTE II – O processo deliberativo na prática: o estudo empírico de embates discursivos nas esferas institucionais e nos espaços informais de conversação cotidiana** 175

Democracia deliberativa para além do processo
Amy Gutmann e Dennis Thompson 177

A conversação cotidiana no sistema deliberativo
Jane Mansbridge 207

A teoria democrática deliberativa
Simone Chambers 239

Sobre os autores 368

# Prefácio

*Leonardo Avritzer**

Existe um certo consenso acerca de uma virada no interior da teoria democrática na direção da democracia deliberativa (DRYZEK, 2000). Essa virada teria dois elementos: um teórico e outro prático. A virada teórica se expressaria pela adoção, pelos principais teóricos contemporâneos da democracia, do conceito de "deliberação". Desde o seu clássico texto "Três Modelos Normativos de Democracia", Habermas (1996) tem denominado a sua teoria "deliberativa". Em 1999, John Rawls declarou que uma sociedade constitucional democrática bem ordenada "poderia ser entendida enquanto uma democracia deliberativa". Estabeleceu-se, assim, um consenso parcial em torno da ideia de democracia deliberativa tal como ela foi desenvolvida por teóricos como James Fishkin, Joshua Cohen e James Bohman. Por sua vez, o elemento prático da guinada deliberativa pode ser entendido como a prática da deliberação em um conjunto bastante diversificado de instituições políticas nas democracias contemporâneas (AVRITZER, 2002; FUNG; WRIGHT, 2003; SANTOS, 2002; FISHKIN, 1995). Até este momento, o público brasileiro não teve um largo acesso a essa literatura. A coleção de artigos traduzida e organizada por Ângela Marques irá alterar esse panorama.

É possível afirmar que a democracia deliberativa (DD) possui quatro elementos principais: em primeiro lugar, a superação de uma concepção agregativa de democracia centrada no voto (SHUMPETER, 1944; SARTORI, 1994). A ideia da democracia como agregação supõe que os indivíduos têm preferências dadas e que o problema democrático pode ser reduzido à tarefa de saber quais são essas preferências (ELSTER, 1998). A DD supera essa visão, ao entender que o processo

---

* Professor adjunto do departamento de Ciência Política da Universidade Federal de Minas Gerais (UFMG). Publicou, entre outros livros: *Participatory Institutions in Democratic Brazil* (Johns Hopkins University Press, 2009) e *Democracy and the Public Space in Latin America* (Princeton University Press, 2002).

de argumentação e mudança de preferência é um elemento central do processo de tomada de decisão. Em segundo lugar, a DD identifica a racionalidade política com a ideia de mudança e justificação de preferências. Por muito tempo, a teoria democrática relacionou o conceito de racionalidade com os resultados do processo democrático, transformando-o em uma forma descentralizada de coordenação das preferências políticas (DOWNS, 1956; PRZEWORSKI,1992). A DD transfere o centro do processo democrático para uma dinâmica de justificação de valores, preferências e identidades; é esse processo que será identificado com a racionalidade democrática. Em terceiro lugar, a democracia deliberativa pressupõe um princípio de inclusão. Esse princípio, que pode ser o chamado princípio D habermasiano (HABERMAS, 1997), pelo menos em algumas das versões da DD, aponta para a ideia de que todos os indivíduos envolvidos em um processo de produção de normas-ações devem poder apresentar as suas razões. Apesar de essa ideia ser genérica e um pouco abstrata, ela aponta para um elemento fundamental da democracia: indivíduos com visões, valores ou interesses distintos são frequentemente excluídos de um processo decisório; porém, todo processo democrático deve potencialmente incluir todos aqueles afetados pelas suas decisões. Em quarto lugar, a democracia deliberativa envolve a ideia de construção institucional com base na suposição de que as preferências dos indivíduos por formas amplas de discussão devem implicar a procura por instituições capazes de efetivar tais preferências (COHEN,1997). Este seria, na minha opinião, o centro do cânone democrático deliberativo.

Este livro, traduzido e organizado por Ângela Marques, cumpre o importante papel de apresentar ao leitor brasileiro os principais autores que levaram ao estabelecimento desse cânone. O livro está dividido em duas partes: a primeira, com os textos dos principais teóricos da democracia deliberativa – James Bohman, Joshua Cohen, Sheyla Benhabib e Maeve Cooke. Esses textos são importantes por dois motivos principais: em primeiro lugar, eles mostram um processo de construção da teoria por meio de um amplo debate teórico, com base em tradições intelectuais distintas. James Bohman define a democracia deliberativa de forma não procedimental, como um conjunto de acordos cooperativos de natureza eminentemente pragmática. Joshua Cohen (1997, p. 72) caracteriza a democracia deliberativa de modo procedimentalista, mas não habermasiano, como uma associação democrática cujos membros partilham os termos e os objetivos dessa associação constituída de modo pluralista. Nessas duas versões, que se aproximam bastante da obra de John Rawls, a democracia deliberativa adquire a característica de um debate e de uma forma de cooperação que opera a partir do reconhecimento da condição humana da pluralidade. A DD exerceria o papel de, nessa condição de pluralidade valorativa e de interesses, permitir um processo de cooperação que transforme a democracia em uma forma ampla de debates de ideias e práticas sociais. Já Seyla Benhabib e Maeve Cooke apresentam ao leitor uma perspectiva mais estritamente habermasiana. Para as autoras, a democracia deliberativa é um princípio geral de argumentação, envolvendo o direito de todos os indivíduos de iniciarem argumentos reflexivos sobre as regras dos procedimentos discursivos (BENHABIB,1996). É possível notar a diferença de ênfase entre as concepções de Bohman e Cohen e as de Benhabib e Cooke, que centram a sua concepção de DD na "troca de argumentos livre de constrangimentos que envolvem o uso prático da razão". No primeiro caso, a DD envolve o reconhecimento do pluralismo e o debate em torno do bem comum. A ideia de um consenso procedimental não é importante, sendo substituída pela cooperação ou pela associação democrática. No segundo caso, a ideia de consenso racional é mais importante, ainda que, como reconhece Maeve Cooke, o debate racional pode não conduzir a tal consenso. Nesse sentido, a seleção de textos feita por Ângela Marques não poderia ser melhor: além de contar com os principais textos da área, ela também expressa a diversidade de abordagens.

As teorias da democracia deliberativa podem ser divididas em duas fases: na primeira, que compreendeu os anos 1990, os principais teóricos discutiram, tal como foi apontado acima, o conceito de "deliberação". Já nos últimos dez anos, o foco dos principais artigos sobre a DD passou a ser a sua factibilidade empírica. Este constitui o foco da segunda parte do livro ora apresentado ao leitor. Amy Gutmann e Dennis Thompson, Jane Mansbridge e Simone Chambers discutem, em seus textos, questões empíricas relacionadas à democracia deliberativa. Gutmann e Thompson, dois importantes membros da comunidade acadêmica e da administração universitária americana, abrem a seção com um importante artigo sobre os elementos não procedimentais ou substantivos da democracia. Os autores propõem introduzir a reciprocidade, entendida como capacidade mútua de acesso a determinados bens públicos, como parte do cânone deliberativo. Gutmann e Thompson aproximam a democracia deliberativa da democracia real, ao colocarem a questão das oportunidades justas no campo das discussões democráticas e conectá-la com processos legislativos. Jane Mansbridge, outra importante teórica da política nos Estados Unidos e autora de livros clássicos, tais como *Além da Democracia Adversarial*, avança em uma direção semelhante à de Gutmann e Thompson. Ela propõe introduzir a conversação cotidiana, que produz resultados coletivos por meio de efeitos combinados e interativos de ações de indivíduos relativamente isolados, na arena deliberativa. Temos, assim, na segunda parte do livro organizado por Ângela Marques, um conjunto de textos analíticos e empíricos que ampliam a presença da democracia deliberativa na vida real dos cidadãos e nos problemas que eles enfrentam na política e na vida cotidiana.

Prefácio

Esta coletânea de ensaios termina com um balanço dos avanços da democracia deliberativa feita por Simone Chambers. A autora, em um artigo bastante influente, fala de uma guinada na direção da deliberação e mostra as principais áreas nas quais essa guinada se expressa, destacando os campos do direito público e das relações internacionais. De fato, tudo parece indicar que vivemos a guinada no interior da teoria democrática na direção da deliberação. O acesso aos textos principais desta discussão muito vai contribuir para a maior presença dessas questões na academia e na política brasileira.

## Referências

AVRITZER, L. *Democracy and the Public Space in Latin America*. Princeton: Princeton University Press, 2002.

BENHABIB, S. (Ed.). *Democracy and Difference – Contesting the Boundaries of the Political*. Princeton: Princeton University Press, 1996.

COHEN, J. Deliberation and Democratic Legitimacy. In: BOHMAN, J.; REHG, W. (Eds.). *Deliberative Democracy: Essays on Reason and Politics*. Cambridge: MIT Press, 1997. p. 67-91.

DOWNS, A. *An Economic Theory of Democracy*. New York: Harper, 1956.

DRYZEK, J. *Deliberative Democracy and Beyond – Liberals, Critics, Contestations*. Oxford: Oxford University Press, 2000.

ELSTER, J. Deliberation and Constitution Making. In: ELSTER, J. (Ed.). *Deliberative Democracy*. Cambridge: Cambridge University Press, 1998.

HABERMAS, J. *Direito e Democracia: entre facticidade e validade*. v. II. Rio de Janeiro: Tempo Brasileiro, 1997.

HABERMAS, J. Three Normative Models of Democracy. In: BENHABIB, S. (Ed.). *Democracy and Difference: Contesting the Boundaries of the Political*. Princeton: Princeton Universtity Press, 1996. p. 21-30.

FISHKIN, J. *The Voice of the People – Public Opinion and Democracy*. New York: Yale University Press, 1995.

FUNG, A.; WRIGHT, E. O. *Deepening Democracy: Institutional Innovations in Empowered Participatory Governance*. London: Verso, 2003.

PRZEWORSKI, A. *Democracy and the Market: Political and Economic Reforms in Latin America and Eastern Europe*. Cambridge: Cambridge University Press, 1992.

RAWLS, J. *A Theory of Justice*. Cambridge, Mass.: Belknap Press of Harvard University Press, 1999.

SANTOS, B. (Org.). *Democratizar a democracia: os caminhos da democracia participativa*. Rio de Janeiro: Civilização Brasileira, 2002.

SARTORI, G. *A Teoria da Democracia Revisitada*. v. 2. São Paulo: Ática, 1994.

SCHUMPETER, J. *Capitalism, Socialism and Democracy*. New York: Harper, 1944.

# As interseções entre o processo comunicativo e a deliberação pública

*Ângela Cristina Salgueiro Marques*

O tema da deliberação pública apresenta-se hoje como referência fundamental para pesquisadores que desejam investigar como a formação de uma esfera pública de discussão ampliada pode contribuir não só para a construção de um sistema democrático marcado pela aproximação entre instâncias formais do governo e espaços informais de discussão entre os cidadãos, mas também para um melhor entendimento e abordagem apropriada dos conflitos políticos e sociais travados nas sociedades contemporâneas. Nesse sentido, a iniciativa de organizar e traduzir os textos que compõem o livro *A Deliberação Pública e suas dimensões sociais, políticas e comunicativas: textos fundamentais* surgiu de duas principais constatações. A primeira diz respeito ao aumento dos estudos acadêmicos ligados à deliberação pública. No campo das Ciências Políticas, teses e dissertações têm tratado cada vez mais de investigações empíricas sobre os processos deliberativos desenvolvidos nos Conselhos de Políticas Públicas e sobre as experiências recentes do Orçamento Participativo. Tais trabalhos têm procurado mostrar que a deliberação não se resume a um processo pontual e elitista de elaboração de decisões (COELHO; NOBRE, 2004; COSTA, 2002; AVRITZER; NAVARRO, 2003; DAGNINO, 2002). Também na área da Comunicação Social, pesquisas que objetivam discutir as relações entre os meios de comunicação e os processos de participação, de inclusão e de luta contra injustiças (sobretudo referentes a grupos minoritários e movimentos sociais) buscam como referência os estudos sobre o processo deliberativo (GOMES; MAIA, 2008; PAGE, 1996; CHAMBERS; COSTAIN, 2000; PORTO; 2003; MARQUES, 2007; MENDONÇA; MAIA, 2006; MAIA, 2008). Por sua vez, outra constatação refere-se ao fato de que grande parte da literatura sobre o assunto ainda não foi traduzida para o português, o que dificulta o acesso de graduandos e pós-graduandos às obras, escritas principalmente em língua inglesa.

Nos últimos 15 anos, a teoria deliberativa tem-se constituído como principal objeto de investigação de vários campos acadêmicos. Dentre os trabalhos desenvolvidos nos campos da Ciência Política e da Filosofia Política, destacamos, principalmente, as pesquisas europeias e norte-americanas voltadas para uma reflexão crítica acerca dos procedimentos democráticos propícios à prática deliberativa nas sociedades contemporâneas. De maneira geral, os primeiros estudos sobre a noção de deliberação pública têm sua base conceitual marcada pelos trabalhos do filósofo alemão Jürgen Habermas (1987, 1992, 1996, 2005, 2006). Ao refletir sobre a realidade plural das sociedades altamente complexas, esse autor procura desenvolver um conceito procedimental de democracia baseado em um modelo que "se interessa pela função epistêmica do discurso e da negociação" (2006, p. 413). Sua preocupação consiste em estabelecer princípios formais de interação que possam assegurar a legitimidade das normas e de garantir alternativas capazes de regular os tipos de conflito que surgem nas sociedades pluralistas, marcadas, sobretudo, pela tensão e pelo embate entre múltiplas e diferentes demandas, necessidades e identidades.

A teoria deliberativa habermasiana encontrou grande aceitação entre os principais teóricos deliberativos, pois ela valoriza a necessidade de articularmos dois processos que anteriormente eram percebidos como dinâmicas opostas. Dito de outro modo, a deliberação deveria estabelecer formas de comunicação capazes de garantir a legitimidade das políticas públicas, ao criar articulações discursivas entre o discurso institucional e a conversação cívica entre os cidadãos, a qual se constitui nos espaços públicos parciais que integram as redes comunicacionais periféricas do espaço público político (HABERMAS, 1997, p. 323). Essa perspectiva de "via dupla" é a razão pela qual a deliberação atrai nossa atenção para os problemas públicos ligados a interesses conflituais defendidos em diferentes arenas de comunicação por atores que, a princípio, devem considerar todos os pontos de vista apresentados no debate.

A reivindicação crescente por reconhecimento social, por uma maior e mais efetiva participação em processos públicos de discussão e por direitos requer que sejam estabelecidas formas e procedimentos de comunicação capazes de garantir a legitimidade de políticas públicas que atendam a interesses conflitantes, sem desconsiderar a relevância de todos os pontos de vista envolvidos. Embasa essa perspectiva o fato de que a teoria habermasiana concebe a deliberação pública como um processo discursivo ideal através do qual os cidadãos devem elaborar coletivamente um problema como uma questão de interesse geral, cuja compreensão e cuja solução requerem uma ação comunicativa recíproca. O engajamento na deliberação demanda, portanto, que todos os participantes sejam capazes de formular razões próprias e passíveis de serem compreendidas e aceitas; de iniciar debates e interpretar suas necessidades de maneira reflexiva, expondo seus interesses sob uma perspectiva generalizante (BENHABIB, 1996, p. 70). Assim, a deliberação pode contribuir para o bom funcionamento da democracia por meio da gestão de procedimentos que guiem as ações comunicativas através das quais os cidadãos trocam argumentos de maneira cooperativa e, ao mesmo tempo, conflitiva. A deliberação requer que os indivíduos sejam capazes de dialogar através de suas diferenças afim de chegar a uma melhor compreensão de um determinado problema e/ou à sua solução.

Nesse sentido, é preciso salientar que o papel da comunicação no processo deliberativo não se resume à ação dos *media* na organização e na articulação de uma multitude de perspectivas e de pontos de vista que, postos em relação, podem originar discussões e/ou dar prosseguimento a um debate já em curso na sociedade. É correto afirmar que os *media* organizam e expõem os indivíduos a opiniões "que não selecionaram previamente e que não são necessariamente aquelas que eles possuem" (MANIN, 2002, p. 55). Contudo, a comunicação vai além das atividades mediáticas, na medida em que a prática de intercompreensão exigida pela deliberação demanda um *movimento em direção ao outro*. Tal movimento valoriza as dimensões reflexivas do uso da linguagem, ou seja, o esforço de considerar a palavra do outro, de interpelá-lo, de convencê-lo e de se deixar persuadir por ele. Assim, o movimento em direção ao outro é também um exercício de comunicação, seja ela mediatizada ou face a face.

Para tratar dessas questões, é importante ter em mente que a deliberação não se restringe a trocas discursivas ou à adequação destas aos princípios normativos de regulação das trocas argumentativas. Para além disso, ela é, sobretudo, um processo social de comunicação através do qual os indivíduos têm a oportunidade de apresentar seus pontos de vista e suas perspectivas diante dos outros, interpelando-os e demandando-lhes a validação de seus argumentos após uma discussão baseada no respeito recíproco. Sob esse viés, a deliberação pode ser compreendida como uma atividade discursiva capaz de conectar esferas comunicativas formais e informais, nas quais diferentes atores e discursos estabelecem um diálogo, que tem por principal objetivo a avaliação e a compreensão de um problema coletivo ou de uma questão de interesses geral. Por isso, a deliberação é um processo social de intercompreensão e de interpelação recíproca que se desenvolve em vários contextos (até mesmo no espaço mediático), frequentemente de maneira assíncrona e a longo prazo.

## O conceito de deliberação

A concepção desenvolvida por Habermas tornou-se marco fundamental da pesquisa de vários autores, como James Bohman (1996), Seyla Benhabib (1996), Joshua Cohen (1997), John Dryzek (2000), Simone Chambers (2003), Maeve Cooke (2000), Amy Gutmann e Dennis Thompson (2002, 2004). Ainda que esses autores tenham desenvolvido abordagens diferenciadas sobre a teoria deliberativa, sua reflexão tomou como ponto de partida a definição procedimental de democracia deliberativa. Nesse sentido, eles tentaram explicar o papel desempenhado pelos procedimentos nos processos de negociação de interesses e de perspectivas sustentadas pelos participantes de um debate no contexto da definição pública de um determinado problema, assim como de sua resolução.

A Filosofia Política tende a salientar uma definição de deliberação que privilegia os procedimentos responsáveis pela legitimidade conferida às normas e às leis que deveriam coordenar as relações sociais, políticas e institucionais. Nessa perspectiva, "uma norma só é considerada legítima se ela é fundada sobre razões públicas que resultam de um processo de deliberação inclusivo e igualitário" (BLONDIAUX; SINTOMER, 2002, p. 18). Contudo, o caráter inclusivo e igualitário da deliberação é sempre visto sob um certo ceticismo, pois "a habilidade de se mostrar em público para tomar a palavra é, nós o sabemos, amplamente determinada pelas hierarquias sociais e culturais, independentemente de suas formas históricas" (MANIN, 2002, p. 48).

Para garantir a legitimidade e a simetria desse processo, os participantes da deliberação devem entrar em acordo sobre as regras e os princípios normativos os quais são responsáveis por definir, ao mesmo tempo, a natureza do vínculo existente entre os participantes e a dinâmica de suas trocas argumentativas. Podemos mencionar especialmente os princípios de a) igualdade, b) publicidade, c) reciprocidade, d) reflexividade, e) *accountability* (prestação de contas), f) autonomia, g) ausência de coerção e h) respeito mútuo (BENHABIB, 1996; COHEN, 1997; COOKE, 2000).

Dado o caráter extremamente exigente desses princípios, vários autores definiram a deliberação como uma atividade de difícil realização empírica (SHAPIRO, 2002; SANDERS, 1997). Além disso, o destaque conferido à componente procedimental da deliberação resulta em uma definição da atividade deliberativa que privilegia o aspecto da confrontação racional de argumentos com o objetivo de solucionar um problema específico.

Faz-se necessário, portanto, salientar que a a deliberação não é unicamente uma busca pontual por soluções racionais e imediatas, nem um processo restrito aos contextos institucionais formais nos quais os autores se enfrentam face a face (Goodin, 2005; Avritzer, 2000; Chambers, 2003). Segundo Habermas (1997, p. 347), a deliberação é também "um processo de aprendizagem que se estabelece de forma reflexiva" e que deveria auxiliar os cidadãos a melhor compreender um determinado problema de interesse coletivo. Assim, em vários casos, a deliberação é o resultado de uma atualização constante das discussões e das conversações políticas que acontecem em esferas públicas parciais, de maneira a alimentar uma prática de intercompreensão, cujo objetivo é a constituição de um espaço público de debate, de confrontação e de revelação dos antagonismos constitutivos das identidades políticas (Lamizet, 2004; Shapiro, 2002).

De modo muito frequente, a deliberação é acionada por permitir aos interlocutores uma construção negociada e racional de uma melhor compreensão de um problema público. Nessa situação, a deliberação é percebida como atividade discursiva capaz de oferecer aos interlocutores possibilidades de melhor se expressarem, de articularem e revisarem seus interesses e necessidades particulares (Bohman, 1996; Mansbridge, 1999; Pailliart, 2000; Dryzek, 2000). Segundo Cohen (1997, p. 431),

> [...] a estrutura da deliberação, que tem por finalidade encontrar o melhor caminho para resolver problemas, em vez de fazer pressão sobre os participantes para que eles cheguem a soluções, deve encorajar os indivíduos a encontrar razões e argumentos com os quais os outros possam concordar.

Diante dos aspectos mencionados acima, defendo a ideia de que a deliberação deve ser compreendida como um processo social e comunicativo que se concretiza a longo prazo através da elaboração e do uso de práticas de intercompreensão capazes de articular os diversos atores e arenas comunicativas que integram a esfera pública. Nós podemos pensar esse processo nos termos de Seyla Benhabib (1996, p. 74), que associa a deliberação a uma "rede de múltiplos espaços de formação e de disseminação de opiniões, associados de maneira não coercitiva e que se interceptam em dinâmicas de comunicação livres e espontâneas."

## As articulações deliberativas entre as esferas comunicativas formais e informais

As revisões de Habermas (1992; 1997) acerca do conceito de esfera pública resultaram em uma definição na qual ele reconhece que essa esfera pode ser mais bem descrita como uma rede, permitindo "a comunicação de conteúdos e de tomadas de posição e, portanto, de opiniões; os fluxos de comunicação são aí filtrados e sintetizados de modo a se condensarem em opiniões públicas reagrupadas em função de um tema específico" (HABERMAS, 1997, p. 387).

De modo geral, uma esfera pública se constitui através da atividade comunicativa, quando diferentes públicos ou indivíduos se organizam em redes comunicacionais articuladas, com o objetivo de discutir sobre os problemas ou questões que os afetam, de assumir um posicionamento, de trocar argumentos e de justificá-los diante das interrogações feitas pelos parceiros de interação. Sob essa perspectiva, é preciso reconhecer que a mediação entre os atores administrativos do sistema político, os cidadãos comuns e a sociedade civil organizada é realizada por uma estrutura de grande complexidade, ramificada em uma multiplicidade de arenas parciais de discussão que permanecem porosas umas às outras (HABERMAS, 1997, p. 401).

A esfera pública é também um espaço intermediário entre as discussões políticas conduzidas pelos atores administrativos centrais e as conversações entre os atores cívicos periféricos. A divisão entre as atividades exclusivas do centro do sistema político (tomada de decisões) e as ações realizadas nas arenas que integram a periferia (identificação e sinalização dos problemas e potenciais crises) indica também a existência de uma distinção entre dois tipos de poderes: o poder comunicativo, originário dos debates iniciados no contexto da esfera pública, e o poder administrativo, exercido pelos atores políticos do Estado. De um lado, a formação da vontade democrática resulta das decisões tomadas através das deliberações formais. De outro lado, a formação da opinião pública é o resultado da participação dos cidadãos e das associações cívicas nos debates públicos desenvolvidos em arenas comunicativas em que a conversação política destaca-se como principal atividade discursiva.

Segundo Habermas (1997, p. 326), essas arenas são verdadeiros "contextos de descoberta especialmente encarregados de perceber, identificar e tratar os problemas que interessam à sociedade como um todo". Elas são, portanto, responsáveis pela constituição de um poder comunicacional que não pode "governar" ou instituir regras e normas, mas que "deve se contentar em orientar o uso do poder administrativo em um certo sentido" (HABERMAS, 1997, p. 325). Assim, a relação entre o centro e a periferia, ou entre o poder administrativo (constituído por meio da deliberação realizada nas esferas formais de discussão e de tomada de decisões) e o poder comunicativo (elaborado por meio da deliberação informal entre os atores da sociedade civil) é estabelecida por uma política deliberativa que deve ajudar o poder comunicativo a atravessar "as eclusas do procedimento democrático e do sistema político estruturado pelo Estado de direito" (HABERMAS, 1997, p. 353).

O ponto central da perspectiva habermasiana reside, então, em sua tentativa de explicitar as relações de interdependência entre o poder administrativo e o poder comunicativo. Ele afirma que o sucesso da política deliberativa se deve ao "jogo combinado de deliberações institucionalizadas e das opiniões públicas que se formam de maneira informal" (HABERMAS, 1997, p. 323).

As deliberações que ocorrem nas esferas públicas parciais articuladas pelas redes comunicativas e as deliberações elaboradas pelos atores formais em contextos decisórios fazem igualmente parte de um processo democrático de *problematização* e de tratamento público das questões de interesse geral. Por isso, elas não podem ser avaliadas como dois polos opostos de uma dinâmica discursiva que tem como objetivo principal a compreensão, a reciprocidade e a indagação mútua entre os participantes de um debate público. Além disso, a política deliberativa requer um processo de justificação recíproca dos argumentos e das ações postas em prática, por exemplo, pelos governantes e pelos governados, de maneira a tornar suas ações mais compreensíveis e potencialmente aceitáveis e de não isolar os dois poderes acima mencionados. Nesse sentido, Habermas parte do princípio de que os cidadãos – considerados como iguais, livres e organizados – podem endereçar suas demandas às esferas centrais do sistema político e que, por sua vez, os atores administrativos estão prontos a escutar e a inserir tais demandas nos processos decisórios.

De modo contrário, argumento que esse modo bilateral de descrever a *circulação da comunicação política* não é suficiente para explicar a totalidade do processo deliberativo. É preciso admitir também a existência de trocas comunicativas periféricas entre os cidadãos, as quais não são destinadas aos espaços centrais de ação dos atores administrativos. Da mesma forma, existem discussões políticas parlamentares que não chegam a transformar-se em assunto de conversação entre os cidadãos comuns. Existem ainda algumas iniciativas tomadas pelos cidadãos que alcançam e influenciam os contextos administrativos por outras vias que não somente aquela do uso público da razão no processo deliberativo mais amplo.

De modo geral, podemos assim afirmar que o processo deliberativo é o resultado da interconexão entre várias ações que, desenvolvidas em arenas cívicas diferenciadas, colocam em cena algumas tentativas de entendimento comum acerca de algum problema ou fato. A deliberação deve ser entendida, portanto, como um processo capaz de conectar diferentes espaços discursivos, articulando-os em uma rede que se mantém graças aos princípios normativos que servem de "guia" para a busca da legitimidade do processo público de confrontação e troca de razões, permitindo também uma vinculação não coercitiva entre os potenciais parceiros discursivos.

## Contextos deliberativos específicos e diferentes modos de comunicar

A deliberação, como vimos anteriormente, não se resume a uma atividade argumentativa que se desenvolve em um contexto específico. Em vez disso, ela se constitui através de um processo social, político e comunicativo que implica várias práticas de intercompreensão. Estas últimas, são elaboradas em arenas sociais diferenciadas e requerem modos apropriados de comunicação a fim de permitirem aos indivíduos encontrar os termos de um acordo, ainda que ele seja provisório.

Diferentes fluxos de comunicação política alimentam o processo deliberativo, que, a longo prazo, consegue colocar em relação uma série de conversações e falas cotidianas. Donald Searing, Pamela Conover, Ivor Crewe e Fred Solt (2007), por exemplo, argumentam que existem, entre outros, três modos de comunicação que podem ser utilizados pelos diferentes participantes de um determinado processo deliberativo: a conversação cívica, o debate político mediatizado e a deliberação formalmente estruturada. Nesse sentido, existe uma multiplicidade de formas de comunicação que podem circular entre vários níveis de trocas discursivas. Como salienta Habermas, essas formas de comunicação vão desde a "conversação cotidiana, passando pelo discurso público e pela comunicação mediatizada, até aos discursos institucionalizados no centro do sistema político" (2006, p. 415).

Habermas (2005) reconhece que as rotinas e as interações cotidianas são as fontes fundamentais da construção das atitudes políticas dos cidadãos. Ele admite também que, ainda que a deliberação seja uma forma exigente de comunicação, ela ganha seus contornos nas "rotinas cotidianas de troca de razões. No curso de suas práticas cotidianas, os atores são sempre expostos a um conjunto de razões" (HABERMAS, 2006, p. 413). No quadro das reflexões atuais de Habermas e de certos autores (KIM; KIM, 2008; GASTIL, 2008; ROJAS, 2008; MAIA, 2008), a conversação cívica e a discussão política adquirem um estatuto muito importante no que se refere à formulação e à expressão de pontos de vista, à formulação de justificativas aos argumentos submetidos a testes de validade e à conquista da confiança necessária para participar de deliberações mais amplas (MARQUES; MAIA, 2008).

A distinção entre os modos de comunicação empregados nos diferentes espaços que integram o circuito deliberativo mais amplo pode nos ajudar a compreender como se constroem as relações mantidas pelos participantes dentro de cada um desses espaços. De acordo com Habermas (2008), as conversações cotidianas e as formas de expressão utilizadas pelos cidadãos em suas atividades de participação na vida pública circulariam, se interceptariam e tomariam formas específicas em diferentes contextos comunicativos. A abertura a essas formas de comunicação e de expressão indicam que a deliberação é também um processo poroso às contribuições específicas de cada participante. Estas últimas trazem ao debate tanto argumentos racionais quanto formas de comunicação mais afetivas e estéticas, como o testemunho, as narrativas biográficas, a retórica e a comunicação gestual (YOUNG, 1996; DRYZEK, 2000; MANSBRIDGE, 1999).

Além das diferentes formas de comunicação utilizadas nas trocas argumentativas, Habermas salienta que, em cada contexto comunicativo, os indivíduos desenvolvem uma relação singular com a linguagem, por meio de seu uso reflexivo. Em um primeiro momento, a discussão sobre questões moralmente importantes – e também aquelas relativas ao bem viver e à interpretação de necessidades – se constitui "nos contextos privados de formação das biografias particulares para, em um segundo momento, reverberar na esfera pública" (HABERMAS, 1997, p. 40). Uma vez na esfera pública, essas questões participam da construção conflitual de argumentos que podem ser considerados como públicos, ou seja, potencialmente aceitáveis para todos os interlocutores. Em seguida, o processo de tomada de decisões, a aprovação de uma lei e a constituição de normas são realizados nos espaços institucionais formais, onde os atores frequentemente interagem por meio da discussão pública e da negociação (incluindo a negociação realizada sob fortes constrangimentos de poder).

Bohman (1996, p. 53), apoiando-se nas afirmações de Habermas, defende que "a política deliberativa não tem um domínio específico: ela inclui atividades diversas, como formular e obter objetivos coletivos, tomar decisões políticas sobre meios e fins, resolver conflitos de interesse e princípio e solucionar problemas que emergem na vida social corrente". Assim, a deliberação não pode ser caracterizada como uma atividade restrita a um único contexto, nem como uma prática discursiva exclusiva e linear. Todavia, uma visão reticular do processo deliberativo não implica que cada um desses diferentes contextos comunicativos e cada um dos atores que aí se encontram (partidos políticos, veículos mediáticos, movimentos sociais, cidadãos comuns, etc.) desenvolvam trocas dialógicas sincronizadas ou intencionalmente articuladas. Dito de outro modo, as deliberações que acontecem nas instituições administrativas formais do sistema político possuem uma temporalidade que difere das conversações cívicas entre os cidadãos que procuram, em seu cotidiano, desenvolver uma orientação para a busca de um entendimento recíproco (ainda que essa orientação seja perpassada por motivações estratégicas e persuasivas) sobre um problema de interesse coletivo e suas diferentes implicações. Uma discussão política governamental pode não provocar um debate entre os cidadãos, assim como as conversações cívicas podem ficar limitadas ao bairro ou à associação na qual foram foram geradas.

A política deliberativa é elaborada, então, em uma rede complexa de discussões e discursos na qual os cidadãos aprendem a construir argumentos, a se expressarem e a assumirem uma posição, justificando-a sempre que for necessário para chegar a uma compreensão mútua acerca de um problema público. Tal construção partilhada de entendimentos e opções de ação faz parte do cerne da atividade comunicacional. É somente ao olharmos o processo deliberativo como uma combinação de práticas de intercompreensão que se constituem de maneira específica, em temporalidades variadas, que podemos apreender as reais contribuições trazidas pela deliberação à legitimação de normas democráticas nas sociedades contemporâneas (GUTMANN; THOMPSON, 2002).

## A deliberação como processo social e comunicativo

A tentativa de definir o processo deliberativo pelo viés comunicacional ressalta o fato de que, para além dos procedimentos e princípios discursivos, a teoria deliberativa deve ser acompanhada de uma construção comunicativa do problema em pauta, das relações estabelecidas entre os diferentes interlocutores, dos argumentos defendidos por cada participante e da opinião pública resultante das trocas constituídas pela via da comunicação intersubjetiva. Vários autores destacam que a especificidade do ponto de vista da comunicação sobre os processos deliberativos está centrada no interesse de investigar como os indivíduos se implicam em trocas discursivas que acontecem em situações variadas a fim de produzirem informações de maneira coletiva e recíproca, de confrontar seus argumentos e de buscar alternativas apropriadas aos problemas que enfrentam em seu cotidiano (GOMES; MAIA, 2008; PAGE, 1996; GASTIL, 2008).

Para compreender as dimensões comunicacionais da deliberação, em vez de insistir sobre a lógica dos procedimentos, é preciso levar em conta que uma abordagem comunicacional da teoria deliberativa não pode ser reduzida unicamente à investigação da troca argumentativa. É preciso sobretudo observar as situações e os contextos nos quais essa troca se produz, assim como a construção, por meio do debate, das regras às quais os interlocutores se submetem.

Como processo social e comunicativo, a deliberação deve permitir identificar e avaliar o grau de relevância das questões de interesse geral, tornando disponíveis informações pertinentes, a fim de especificar interpretações possíveis a tais questões (HABERMAS, 2006, p. 416). Além disso, o processo social e comunicativo da deliberação não pode ser reduzido às trocas argumentativas submetidas às regras e aos princípios discursivos ideais. Ele é, principalmente, uma prática de intercompreensão por meio da qual indivíduos e grupos aprendem a definir problemas, a negociar seus interesses, a buscar soluções capazes de se adequarem a uma coletividade, a reivindicar direitos e a conquistar um *status* de cidadão valorizado e politicamente autônomo. Sob esse aspecto, a pluralidade de interesses e visões sustentadas pelos diferentes parceiros de debate poderia levar

> [...] os interlocutores a serem mais reflexivos na definição dos problemas e na proposição de estratégias para sua solução – o que tenderia a uma discussão livre dos preconceitos que comumente limitam a consideração de opções dentro de grupos definidos mais estritamente. (COHEN, 1997, p. 431)

A construção das capacidades comunicativas necessárias ao debate não é fácil, pois a ação de tornar explícitos os pontos de acordo e desacordo em uma controvérsia está intimamente ligada às relações de poder localizadas no centro das interações sociais. É necessário, então, verificar na prática discursiva dos indivíduos como as opressões simbólicas, as desigualdades econômicas, a invisibilidade social e a falta de habilidade para usar racionalmente a linguagem criam barreiras ao engajamento na deliberação. É a partir dessa avaliação que podemos melhor descrever os riscos e as dificuldades impostos pela ação de se apresentar diante do outro (de contar a própria história e de oferecer razões de modo a se fazer entender pelo outro, na tentativa de compreender posições contrárias), de interpelá-lo e de ser por ele interpelado, enfim, de defender proposições e de lutar por reconhecimento. O ato de deliberar implica, assim, o investimento e o engajamento em uma dinâmica que define e redefine constantemente a estrutura dos vínculos sociais que permitem aos cidadãos atualizar e perpetuar suas práticas comunicativas. Nesse sentido, podemos dizer que os constrangimentos impostos por relações sociais e econômicas desequilibradas, assim como os desafios impostos pela deliberação são dois dos principais fatores que afetam o desenvolvimento de processos comunicacionais ligados à troca argumentativa e à orientação dos sujeitos em direção ao mútuo entendimento.

Perceber a deliberação como processo social e comunicativo implica a concepção de uma dinâmica capaz de articular diferentes contextos e atores. Assim, a deliberação se configura como um processo que se realiza, grande parte das vezes, como um processo continuado ao longo do tempo, resultando de debates, de conversações cívicas e de discussões políticas (que acontecem tanto a longo quanto a curto prazos) produzidas em múltiplos contextos (não necessariamente articulados), sejam eles formais, informais ou mediáticos.

## Os *media* e o processo deliberativo

Ao definir o lugar ocupado pelos *media* no sistema político, Habermas ([1962]1993) apresenta, em suas primeiras reflexões sobre o espaço público, uma visão pessimista sobre a influência que os meios de comunicação exercem sobre o uso público da razão. Contudo, em suas obras posteriores (1987, 1992, 1997, 2006), ele revê seu posicionamento com relação ao papel desempenhado por esses meios na constituição de esferas públicas destinadas ao debate político entre os cidadãos e à formação da opinião pública. Os *media* são agora por ele descritos como um espaço limítrofe e poroso entre os diferentes espaços comunicativos que integram o centro (ocupado primordialmente pela elite política) e a periferia (movimentos sociais, associações cívicas, cidadãos comuns, etc.) do sistema político.

Habermas atribui aos *media* um lugar central na esfera pública ao admitir que eles possuem a função de captar, de organizar e de tornar públicas e disponíveis ao debate uma vasta gama de perspectivas e opiniões. Segundo ele, o *sistema dos media* e seus atores agem de maneira a organizar as questões em feixes de opiniões tematicamente especificadas (*clusters of synthesized issues*). Estas últimas, tornadas visíveis pelos meios de comunicação, alimentam os fluxos comunicativos e deliberativos que circulam na esfera pública. Assim, os *media* ajudam a estruturar a esfera pública ao articular, por meio de mecanismos e estratégias específicas, discursos e mensagens mediáticas diferenciadas (incluindo as emissões caracterizadas como entretenimento) e ao construir o que Habermas chama de "opiniões publicadas" (2006, p. 416).

É preciso, todavia, salientar que as críticas construídas por Habermas em seus estudos iniciais possuem ainda grande atualidade, sobretudo no que diz respeito à maneira pela qual a produção de informações jornalísticas é limitada por constrangimentos internos e externos diversos. Considerar o espaço mediático como um âmbito de circulação de perspectivas e pontos de vista variados implica também reconhecer que os *media*, ao praticarem uma seleção de certas fontes e proposições e ao conferirem visibilidade e destaque a apenas certos aspectos dos acontecimentos, privilegiam alguns segmentos sociais em detrimento de outros (HABERMAS, 1997, p. 351).

A intervenção dos *media* no processo deliberativo é controversa. Se, de um lado, eles tornam visíveis os discursos de atores localizados em diferentes arenas comunicativas, de outro lado, "os profissionais dos *media* produzem um discurso de elite alimentado por atores que disputam entre si por acesso e influência" (HABERMAS, 2006, p. 417). Nesse sentido, o papel mediador desempenhado pelos meios de comunicação é visto permanentemente de maneira cética, uma vez que eles privilegiam não só o discurso de atores localizados no centro do sistema político, mas também dão forma à discussão a partir de astúcias e poderes ligados a mecanismos hierárquicos de seleção, de organização e de publicização das informações.

Enquanto instituições encarregadas de filtrar, constituir e hierarquizar enunciados, os *media* tornam acessíveis aos cidadãos uma série de informações a que os diferentes públicos são expostos. Desse modo, os *media* estabelecem uma conexão entre discursos originários de várias arenas comunicativas e os coloca em contato (geralmente de forma conflitual). A visibilidade garantida pelos *media* certamente faz sair da opacidade vários atores, suas demandas e suas proposições. Procedendo dessa maneira, tal visibilidade tende a permitir a ampliação e a construção de espaços de discussão ao trazer novas vozes para o debate público. O espaço de visibilidade mediática não é, portanto, um campo neutro de simples exposição de pontos de vista e de discursos de origem diversa, mas uma arena conflitual, em que os atores sociais tentam tornar seus argumentos inteligíveis e aceitáveis, ao mesmo tempo em que tentam convencer seus interlocutores da validade dos enquadramentos interpretativos que construíram para avaliar um determinado problema ou questão (GARNHAN, 1992; PAGE, 1996; GOMES; MAIA, 2008). Em resumo, ao mesmo tempo em que os *media* se afirmam como contextos desiguais de expressão e de visibilidade, eles instauram e articulam espaços de disputa discursiva, reverberam demandas e argumentos para além de seus contextos originários e contribuem para a construção de problemas públicos.

É preciso ressaltar, assim, que os *media* podem igualmente contribuir para a exposição de fatos e de argumentos na cena pública, assim como para fornecer os recursos discursivos necessários para a construção da opinião pública. Além disso, eles se apropriam e dão continuidade aos debates iniciados em outras instâncias de interação social. Como atores, os *media* selecionam e canalizam os fluxos de comunicação provenientes de diferentes setores sociais, tornando, assim, disponíveis diferentes pontos de vista em oposição (BOHMAN, 2007). Paralelamente, o entrecruzamento de diferentes perspectivas no espaço de visibilidade midiática nos oferece a ocasião de avaliar tal espaço como uma arena discursiva capaz de reunir uma pluralidade de perspectivas que se intersectam e se afrontam de maneira a compor um debate que pode ser pontual ou pode se prolongar no tempo (SIMON; XENOS, 2000; BENNETT *et al.*, 2004; MAIA, 2004; MARQUES, 2007). Acredito que uma pesquisa que tem por objetivos definir e explorar o contexto argumentativo proporcionado pelos *media* deve se preocupar com o processo de formação de redes discursivas que, apreendidas a longo termo, podem revelar as condições nas quais eles estruturam, mantêm ou mesmo transformam o pano de fundo simbólico que regula as relações sociais, éticas e morais entre os indivíduos (MARQUES, 2008; MARQUES; REIS, 2007).

Por outro lado, faz-se necessário dizer que a atividade comunicativa voltada para a discussão de questões de interesse geral, sobretudo de natureza política, precisa ir além da visibilidade. Ela requer ainda a busca de informações que possam oferecer aos interlocutores a oportunidade de questionarem-se reciprocamente e de construirem interesses convergentes ou divergentes pelo caminho da discussão e da definição coletiva de suas necessidades e prioridades. O entrelaçamento das discussões políticas formais com as conversações cívicas informais permite ver como a deliberação pode se tornar uma prática adaptada às experiências concretas de atores sociais e políticos.

Não podemos também nos esquecer que, na trajetória de desenvolvimento dos procedimentos deliberativos no espaço dos *media*, a chegada das novas tecnologias de informação e comunicação, por exemplo, as várias possibilidades de interlocução proporcionadas pela Internet e as desigualdades ligadas ao seu uso afastam os cidadãos social e economicamente desfavorecidos das novas esferas de debate público. Sob esse aspecto, a análise dos procedimentos deliberativos tornados possíveis pelos meios de comunicação não pode ser dissociada das tensões políticas e econômicas preexistentes nas práticas de indivíduos e grupos.

Considero igualmente importante o estudo do modo através do qual as negociações discursivas são textualmente encadeadas no espaço de visibilidade mediática, uma vez que esse estudo pode demonstrar como as disputas argumentativas que se dão nesse espaço podem manifestar uma dinâmica específica (MAIA, 2008). Em tal dinâmica, o discurso é empregado como uma forma reflexiva de posicionamento diante dos outros e como processo de validação ou questionamento das razões oferecidas por cada participante. Não podemos nos esquecer, entretanto, do forte grau de assimetrias entre os interlocutores e as chances desiguais de intervenção que eles possuem na produção, na apresentação, na avaliação e na regulação de mensagens dentro do espaço de visibilidade mediática.

Nas sociedades complexas atuais, torna-se cada vez mais necessário entender como certas questões, ao ganharem visibilidade, mobilizam uma pluralidade de atores sociais e pontos de vista diferenciados, os quais enfrentam-se reflexivamente e de forma cooperativo-conflitiva, de modo a melhorar tanto as instituições e suas formas operatórias quanto os modos de ver, entender e reconhecer o outro. De modo geral, os textos apresentados neste livro trazem uma concepção da deliberação pública não como um processo voltado somente para a obtenção rápida de soluções em espaços institucionais formais, mas como o desenvolvimento conjunto de embates discursivos, travados também em espaços informais e cotidianos entre cidadãos diferenciados, com os objetivos de: a) possibilitar um melhor entendimento de questões que afetam a todos; b) contribuir para que cada participante articule melhor e revise seus próprios interesses e necessidades; c) prover uma variedade de alternativas de solução para essas questões.

## Referências

AVRITZER, L. Teoria Democrática e deliberação pública. *Lua Nova*, n. 50, p. 25-46, 2000.

AVRITZER, L.; NAVARRO, Z. (Orgs.). *A inovação democrática no Brasil. O Orçamento Participativo*. São Paulo: Cortez, 2003.

BENHABIB, S. Towards a Deliberative Model of Democratic Legitimity. In: BENHABIB, S. (Ed.). *Democracy and Difference – Contesting the Boundaries of the Political*. Princeton: Princeton University Press, 1996. p. 67-94.

BENNETT, L.; PICKARD, V.; IOZZI, D.; SCHROEDER, C.; LAGOS, T.; CASWELL, E. Managing the Public Sphere: Journalistic Construction of the Great Globalization Debate. *Journal of Communication*, v. 53, n. 3, p. 437-455, 2004.

BLONDIAUX, L.; SINTOMER, Y. L'impératif délibératif. *Politix*, v. 15, n. 57, p. 17-35, 2002.

BOHMAN, J. Political Communication and the Epistemic Value of Diversity: Deliberation and Legitimation in Media Societies. *Communication Theory*, v. 17, p. 348-355, 2007.

BOHMAN, J. *Public Deliberation: Pluralism, Complexity, and Democracy*. Cambridge, Mass.: MIT Press, 1996.

CHAMBERS, S. Deliberative Democracy Theory. *Annual Review of Political Science*, v. 6, p. 309, 2009.

CHAMBERS, S.; COSTAIN, A. *Deliberation, Democracy and the Media*. New York: Rowman 7 Littlefield Publishers, 2000.

COELHO, V. S.; NOBRE, M. (Orgs.). *Participação e Deliberação: Teoria Democrática e experiências institucionais no Brasil contemporâneo*. São Paulo: Ed. 34, 2004.

COHEN, J. Deliberation and Democratic Legitimacy. In: BOHMAN, J.; REHG, W. (Eds.). *Deliberative Democracy: Essays on Reason and Politics*. Cambridge: MIT Press, 1997. p. 67-91.

COOKE, M. Five Arguments for Deliberative Democracy. *Political Studies*, v. 48, p. 947-969, 2000.

COSTA, S. *As cores de Ercilia*. Belo Horizonte: Ed. UFMG, 2002.

DAGNINO, E. (Org.). *Sociedade civil e espaços públicos no Brasil*. São Paulo: Ed. Paz e Terra, 2002.

DRYZEK, J. *Deliberative Democracy and Beyond – Liberals, Critics, Contestations*. Oxford: Oxford University Press, 2000.

GARNHAM, N. The Media and the Public Sphere. In: CALHOUN, C. (Ed). *Habermas and the Public Sphere*. Cambridge: MIT Press, 1992.

GASTIL, J. *Political Communication and Deliberation*. London: Sage, 2008.

GOMES, W.; MAIA, R. *Comunicação e Democracia: problemas e perspectivas*. São Paulo: Paulus, 2008.

GOODIN, R. Sequencing Deliberative Moments. *Acta Politica*, v. 40, p. 182-196, 2005.

GUTMANN, A.; THOMPSON, D. Deliberative Democracy Beyond Process. *The Journal of Political Philosophy*, v. 10, n. 2, p. 153-174, 2002.

GUTMANN, A.; THOMPSON, D. *Why Deliberative Democracy?* Princeton: Princeton University Press, 2004.

HABERMAS, J. (2006). Comunicação política na sociedade mediática: o impacto da teoria normativa na pesquisa empírica. Tradução de Ângela C. S. Marques. *Líbero*, n. 21, p. 9-22, 2008.

HABERMAS, J. Concluding Comments on Empirical Approaches to Deliberative Politics. *Acta Politica*, v. 40, p. 384-392, 2005.

HABERMAS, J. *Droit et Démocratie: entre faits et normes*. Paris: Gallimard, 1997.

HABERMAS, J. (1962). *L'espace public: archéologie de la publicité comme dimension constitutive de la société bourgeoise*. Paris: Payot, 1993.

HABERMAS, J. L'espace public 30 ans après. *Quaderni*, n. 18, 1992.

HABERMAS, J. Political Communication in Media Society – Does Democracy Still Enjoy an Epistemic Dimension? The impact of Normative Theory on Empirical Research. *Communication Theory*, v. 16, p. 411-426, 2006.

HABERMAS, J. Three Normative Models of Democracy. In: BENHABIB, S. (Ed.). *Democracy and Difference: Contesting the Boundaries of the Political*. Princeton: Princeton Universtity Press, 1996. p. 21-30.

HABERMAS, J. *The Theory of Communicative Action. Lifeworld and System: a Critique of Functionalism Reason*, v. II. Boston: Beacon Press, 1987.

KIM, J.; KIM, E. J. Theorizing Dialogic Deliberation: Everyday Political Talk as Communicative Action and Dialogue. *Communication Theory*, v. 18, p. 51-70, 2008.

LAMIZET, B. La communication deliberative. In: CASTAGNA, B.; GALLAIS, S.; RICAUD, P.; ROY, J.-P. (Dir.). *La situation deliberative dans le débat public*. Tours: Presses Universitaires François-Rabelais, Maison ds Sciences de l'Homme, 2004. p. 41-51.

MAIA, R. (Org.). *Mídia e Deliberação*. Rio de Janeiro: FGV, 2008.

MAIA, R. C. M. Dos dilemas da visibilidade midiática para a Deliberação Pública. In: LEMOS, A. *et al.* (Orgs.). *Livro da XII Compós: Mídia.br.* Porto Alegre: Sulina, 2004. p. 9-38.

MANIN, B. L'idée de démocratie délibérative dans la science politique contemporaine. *Politix*, v. 15, n. 57, p. 37-55, 2002.

MANSBRIDGE, J. Everyday Talk in Deliberative System. In: MACEDO, S. (Ed.). *Deliberative Politics: Essays on Democracy and Disagreement*. Oxford: Oxford University Press, 1999. p. 211-239.

MARQUES, A. C. S. *O Processo Deliberativo a partir das margens*. 2007. Tese de Doutorado em Comunicação Social, Faculdade de Filosofia e Ciências Humanas, Universidade Federal de Minas Gerais (FAFICH-UFMG), Belo Horizonte, 2007.

MARQUES, A. Os meios de comunicação na esfera pública: novas perspectivas para as articulações entre diferentes arenas e atores. *Líbero*, n. 21, p. 23-36, 2008.

MARQUES, A.; MAIA, R. A conversação sobre temas políticos em contextos comunicativos do cotidiano. *Politica & Sociedade*, v. 7, p. 143-175, 2008.

MARQUES, A.; REIS, R. Apreensão e análise do acontecimento mediático: interseções entre a comunicação e a deliberação pública. *Verso e Reverso*, São Leopoldo, v. 47, p. 2, 2007.

MENDONÇA, R. F.; MAIA, R. Exclusão e deliberação: buscando ultrapassar as assimetrias do intercâmbio público de razões. *Contracampo*, Rio de Janeiro, n. 15, p. 201-218, 2006.

PAGE, B. *Who deliberates? Mass Media in Modern Democracy*. Chicago: The University of Chicago Press, 1996.

PAILLIART, I. Les enjeux locaux de la démocratie électronique. *Hermès*, n. 26-27, p. 129-139, 2000.

PORTO, M. Mídia e deliberação política: o modelo do cidadão interpretante. *Política & Sociedade*, n. 2, p. 67-108, 2003.

ROJAS, H. Strategy *versus* Understanding: How Orientations Toward Political Conversation Influence Political Engagement. *Communication Research*, v. 35, n. 4, p. 452-480, 2008.

SANDERS, L. Against Deliberation. *Political Theory*, v. 25, p. 347-376, 1997.

SEARING, D.; CONOVER, P.; CREWE, I.; SOLT, F. Public Discussion in the Deliberative System: Does it Make Better Citizens? *British Journal of Political Science*, v. 37, p. 587-618, 2007.

SHAPIRO, I. Optimal Deliberation. *The Journal of Political Philosophy*, v. 10, n. 2, p. 196-211, 2002.

SIMON, A.; XENOS, M. Media Framing and Effective Public Deliberation. *Political Communication*, v. 17, n. 4, p. 363-376, 2000.

SURAUD, M.-G. Communication ou délibération: les échanges dans la société civile. *Hermès*, v. 47, p. 177-184, 2007.

YOUNG, I. Communication and the Other: Beyond Deliberative Democracy. In: BENHABIB, S. (Ed.). *Democracy and Difference – Contesting the Boundaries of the Political*. Princeton: Princeton University Press, 1996. p. 120-36.

# Parte I

## A deliberação pública como troca argumentativa
### Introdução ao conceito

# O que é a deliberação pública?
## Uma abordagem dialógica[1]

*James Bohman*

A deliberação foi pensada por Aristóteles (1941) para ser a atividade paradigmática da virtude política e da autorregulação. Somente aqueles que podem deliberar bem podem manter seu próprio autogoverno. Mas, como a democracia direta, o ideal aristotélico de deliberação pressupõe uma comunidade política pequena e homogênea. A deliberação é sem dúvida facilitada se os cidadãos concordam de antemão com a maioria dos problemas relativos ao valor e à crença. Mas as democracias modernas expandiram o exercício da deliberação para diversas comunidades as quais incluem todos como politicamente iguais, independentemente de credo, *status* ou cultura. Sob essa forma, elas possuem uma longa e nobre história, incluindo as assembleias constitucionais da França e os encontros ocorridos em pequenas cidades dos Estados Unidos e na Nova Inglaterra. Mas alguns veem nesses casos mais exemplares a prova de que o bom funcionamento dos arranjos deliberativos é ou comum ou raro. A deliberação parece estar limitada ao poder constituinte dos momentos fundantes das instituições, ao invés de ser exercido na política ordinária das formas já constituídas do poder político. Pode a deliberação funcionar como ideal governante de sociedades modernas complexas, pluralistas e ainda estáveis? A crescente globalização da cultura e do poder desmente as suposições dos modelos-padrão da deliberação cívica.

Apesar desses obstáculos potenciais, as democracias constitucionais modernas abriram um espaço para muitas formas de deliberação pública. Certamente, os direitos por elas assegurados, como liberdade de fala, expressão, associação e investigação, oferecem todas as condições necessárias

---

[1] "What is Public Deliberation? A Dialogical Account". Originalmente publicado em: *Public Deliberation: Pluralism, Complexity and Democracy* (BOHMAN, 1996). Texto traduzido com a permissão do autor. (N.T.).

para uma deliberação bem sucedida. Esses direitos também são exercidos em práticas partilhadas com os outros, incluindo o debate, a discussão e a escrita dirigida para uma audiência na qual todos os cidadãos são livres e iguais. Mas, embora esses direitos sejam encontrados em muitos documentos, incluindo a Constituição Norte-Americana e a Declaração Universal dos Direitos do Homem, as instituições que eles criaram são agora bem menos fóruns para a deliberação e mais frequentemente locais para jogos estratégicos. Os direitos podem tornar a deliberação possível, em parte impondo limites a ela, mas eles não nos dizem nem o que é a deliberação nem como ela pode ser mais bem conduzida sob condições e constrangimentos correntes.

Será que esses fatos significam que a deliberação, assim como a participação direta dos cidadãos em todas as decisões políticas, não são mais possíveis? Faltaria às sociedades modernas a unidade necessária para as práticas deliberativas? Seria tal sociedade não mais que a união de uniões sociais? À luz do argumento desenvolvido na introdução, o ideal deliberativo precisa ao menos ser plausível com relação aos fatos sociais e históricos relevantes. Três modelos parecem, à primeira vista, se apresentar como possíveis candidatos: pré-cometimento (comprometimento), procedimentalismo e abordagens dialógicas da deliberação. Cada modelo refere-se a alguns desses fatos. Poderíamos simplesmente evitar deliberar, especialmente sobre questões controversas, e nos comprometermos irrevogavelmente com um conjunto de regras vinculatórias e uma agenda pública definida. Embora mínimo em suas pressuposições, o modelo do pré-cometimento dificilmente parece uma opção realista em vista de demandas em processo e conflitos na vida política democrática. Para muitos, o pluralismo torna alguma forma de procedimentalismo a única opção desejável, uma vez que ele evita fazer pressuposições excessivamente fortes e substantivas sobre o acordo entre cidadãos. Apesar de todas as suas forças práticas, rejeito essas duas opções. Em vez do pré-cometimento e do procedimentalismo, argumento a favor de uma abordagem da deliberação baseada no diálogo, pois é somente em diálogo com os outros – falando com eles, respondendo à eles, e considerando seus pontos de vista – que as muitas e diversas capacidades para a deliberação são exercidas conjuntamente. O diálogo público é possível, mesmo com aqueles de quem discordamos e com aqueles que não estão literalmente presentes entre nós.

O objetivo deste capítulo é fornecer uma abordagem geral da deliberação pública que seja apropriada para as instituições democráticas contemporâneas e suas esferas públicas. Apesar das discussões sobre a deliberação travadas entre os teóricos democráticos, poucos dizem o que ela realmente é. Muitos proponentes da deliberação também se satisfazem em meramente descrever algumas de suas condições e regras procedimentais gerais. Frequentemente essas condições e regras são tidas como suficientes para mostrar que a deliberação preenche os requerimentos da igualdade política através da maximização de oportunidades para a deliberação e o número de cidadãos que delas extraem vantagens. Embora isso seja certamente verdade, há pouca discussão acerca do que torna a deliberação pública, o que ela pode realmente alcançar e quando ela é verdadeiramente bem sucedida. A deliberação no sentido aqui examinado é interpessoal: ela diz respeito ao processo de formação da razão pública – aquela que todos no processo deliberativo acham aceitável. Uma análise mais fina desse processo é necessária para mostrar que não só as razões elaboradas para a produção de decisões são mais convincentes que as razões que não passaram pelo escrutínio do teste público em um diálogo livre e aberto de todos os cidadãos, como também são epistemologicamente superiores a essas últimas.

Tal troca prática de razões tem sido normativamente reconstruída de vários modos, tendo Aristóteles de um lado e Kant de outro. Essa reconstrução é complicada pelo fato de que vários contextos demandam diferentes tipos de deliberação: moral, direcionada para fins, individual, interpessoal, etc. A deliberação nas democracias atuais é interpessoal num sentido político específico: ela é pública. Em políticas democráticas atuais, todos os cidadãos são igualmente empoderados e autorizados a participar conjuntamente da deliberação e da troca de razões sobre decisões que afetam suas vidas. Como cidadãos, eles possuem voz igual no processo da deliberação e nos mecanismos que afetam as decisões. A cidadania democrática confere igualdade política, através da qual os cidadãos têm os mesmos direitos civis, o mesmo *status* diante da lei e voz igual ao tomar decisões. Minha abordagem propõe um ampla igualdade política, embora no capítulo 3[2] eu examine qual tipo de igualdade é demandada para a deliberação para que ela seja genuinamente pública.

"Público" aqui se refere não só ao modo como os cidadãos deliberam, mas também aos tipos de razões que oferecem na deliberação. "O público" denota não só o corpo de cidadãos, mas a existência de esferas superpostas de produção de decisão, discussão e sondagens de informação que deveriam, em princípio, estar abertas a todos. Esse termo também se refere às razões oferecidas para a deliberação em uma esfera pública, as quais possuem um escopo específico; ou seja, elas precisam ser convincentes para todos. Esse fato sobre a deliberação democrática providencia um padrão mínimo para o que

---

[2] O autor refere-se ao 3º capítulo de sua publicação mencionada em nota anterior, da qual foi retirado este artigo. (N.E.).

constitui um acordo entre cidadãos iguais e livres. Os cidadãos deliberam a fim de encontrar e construir o que T.M. Scanlon chama de "acordo geral informado e sem constrangimentos", ou, de modo alternativo, o que J. Habermas chama de "consenso não coercitivo"; ambas são descrições da mesma condição mínima para a legitimidade democrática dos resultados deliberativos (SCANLON, 1982, p. 110).[3] Isso significa que as únicas coisas que podem ser convincentes são as razões oferecidas por ou para cidadãos que também exercem livremente suas capacidades deliberativas.

O caráter público de uma razão depende de sua audiência pretendida. Os cidadãos deliberam conjuntamente diante da audiência de todos os outros cidadãos, que precisam ser tratados como politicamente iguais. Essa audiência apresenta certos constrangimentos às razões que são públicas. Elas precisam ser comunicadas de tal modo que os outros cidadãos possam ser capazes de entendê-las, aceitá-las e respondê-las livremente em seus próprios termos.[4] Razões formadas desse modo são mais propensas a resultarem em decisões que todos podem considerar legítimas num sentido especial: mesmo se não há nenhuma unanimidade, os cidadãos concordam suficientemente para continuar a cooperar na deliberação. Decisões políticas ilegítimas, as quais frequentemente causam injúria ou desvantagem para muitos cidadãos, são tomadas justamente através de razões não públicas e de modos não públicos. Elas não são dirigidas para uma audiência de cidadãos politicamente iguais.

À luz dessa caracterização do que a publicidade acarreta para a deliberação política, liberdade e igualdade são, portanto, os testes primários da razão pública, e a razão não pública é justamente aquela que viola essas normas excluindo alguns cidadãos, restringindo a audiência da comunicação ou endereçando aos cidadãos razões que não requerem seu assentimento. Com base nessas normas, opiniões irracionais estão excluídas; os cidadãos têm de

---

[3] A formulação de Habermas encontra-se em sua obra *Legitimation Crisis* (BEACON PRESS, 1979), parte III. Por razões explicitadas abaixo, eu amenizei o requerimento estrito de unanimidade implícita nos princípios de legitimidade desenvolvidos por Scanlon e Habermas. Considero seriamente as repetidas demandas de Habermas de que uma teoria democrática adequada teria que se preocupar em explicitar como as normas de publicidade estruturam a deliberação *atual*: também considero seriamente suas demandas de que somente "os próprios participantes" da deliberação podem determinar o que é bom e justo. Contudo, ambas essas considerações só podem ser desenvolvidas através de uma abordagem mais adequada das condições de sucesso de uma deliberação pública atual. Para uma boa síntese das objeções às quais qualquer teoria da democracia deliberativa deve responder, ver ELSTER, 1984b.

[4] Tal acordo hipotético, enquanto uma forma de justificação, é desenvolvido por Scanlon em "Contratualism and utilitarism". Para uma elaboração dessa forma de justificação em relação ao processo de tornar as ações de um indivíduo "responsivas" aos outros, ver FREEMAN, 1991, p. 281-303.

endereçar suas razões a uma "galeria" composta de um público ampliado, o que inclui grupos que podem ser o alvo dos preconceitos dos interlocutores e que podem estar em desvantagem sob seus esquemas deliberativos. Mesmo em grupos pequenos, as pessoas estão atentas ao fato de que muitos de seus proferimentos não podem ser tornados públicos: eles violam não só normas de civilidade, mas também normas do discurso público, que tornam possível comunicar com uma audiência implícita de todos os outros cidadãos.[5]

Mas a publicidade possui também um ganho epistêmico: a deliberação melhora a qualidade da justificação política e da produção de decisões, uma vez que ela as sujeita a um amplo leque de opiniões alternativas possíveis. Mas, certamente, isso pode ser questionado, pois nem todas as decisões públicas irão necessariamente ser melhores que as decisões não públicas, especialmente quando existem erros e preconceitos sustentados na comunidade. E essas decisões não serão necessariamente mais eficientes nem sempre promoverão consequências totais melhores ou utilidade social. Considere o quão averso ao risco é o público em comparação com os especialistas. Mesmo que decisões tomadas pelo público não sejam sempre confiáveis quanto às decisões que seriam tomadas por seus membros mais bem informados, a deliberação pública poderia ser ainda assim defendida positivamente em outros termos: poderíamos simplesmente argumentar que ela é constitutiva da autonomia dos cidadãos. Embora a autoexpressão seja um valor político, esse não é meu argumento aqui. Em vez disso, defendo que a melhor defesa para a deliberação pública é que ela parece ser o melhor meio de aperfeiçoar a qualidade epistêmica das justificações para decisões políticas. Quando a deliberação é desenvolvida em um fórum público aberto, a qualidade das razões parece também se aperfeiçoar. Em tal fórum, a opinião pública tende a formar-se a partir de todas as perspectivas relevantes, interesses e informações e tende menos a excluir interesses legítimos, conhecimento relevante ou opiniões dissonantes apropriadas. Aperfeiçoar a qualidade das razões empregadas na

---

[5] Ver GAMSON, 1993, especialmente a p. 19. Gamson gravou conversações sobre questões políticas entre pessoas que se conheciam e que foram reunidas em grupos (*focus groups with peers*). Nessas conversações, os participantes estavam cientes de que suas afirmações eram direcionadas a um amplo público. Eles também sabiam que as "considerações que as pessoas fizessem sob a forma de um discurso estritamente privado violariam as normas do discurso público" (p. 19). Essa consciência das diferenças existentes entre as "audiências" dos discursos público e privado tornou-se particularmente evidente em tópicos nos quais a raça desempenhava um importante papel, assim como a ação afirmativa. Gamson descreve que a consciência de se dirigir a um público amplo produziu altos graus de solidariedade entre os negros e também fez com que os brancos esclarecessem suas perspectivas quando percebiam que suas opiniões poderiam ser entendidas por outros como preconceituosas.

justificação política irá afetar, em última instância, a qualidade dos resultados que elas produzem: as razões serão mais públicas, no sentido de que refletem a ampla contribuição de todos os interlocutores que são afetados.

Com esse objetivo em mente, o que se segue é minha definição inicial da deliberação pública: um processo dialógico de troca de razões com o propósito de solucionar situações problemáticas que não podem ser resolvidas sem coordenação e cooperação interpessoais. Nessa definição, a deliberação é nada mais do que uma forma de discurso ou argumentação, como uma atividade cooperativa e coletiva. Essa definição elabora o próprio objetivo, as condições necessárias e o escopo da deliberação pública. Reconstruir uma versão idealizada de tal processo é útil para alguns propósitos críticos, especialmente porque pode iluminar deficiências nos arranjos deliberativos existentes. Entretanto, uma das principais vantagens de ver a deliberação primeiramente como uma atividade cooperativa é que o padrão de publicidade não precisa depender de fortes idealizações que não remetem a qualquer deliberação atual.[6]

Argumento a seguir que essa abordagem da deliberação pública baseada na cooperação e no não procedimentalismo oferece uma base epistêmica e moral para a participação democrática nas sociedades complexas. Muitas defesas "cognitivistas" similares da deliberação falham em torná-la consistente com a democracia participativa e, em troca, propõem instituições alternativas e mecanismos de tomada de decisão mais restritos para aperfeiçoar a qualidade das razões. Por um lado, alguns teóricos democráticos acreditam que a deliberação pode ser aperfeiçoada somente com a participação. Madison e Mill, entre outros, acreditavam que vários mecanismos de representação eram necessários para aperfeiçoar a opinião pública e habilidades críticas. Por outro lado, alguns teóricos concluem que a democracia pode ser defendida somente pela deliberação. Muitos teóricos da escolha racional argumentam que a votação elimina a necessidade da deliberação – isso porque, em razão dos problemas de coordenação num nível mais substantivo, a votação é o único modo igualitário de assegurar que todos tenham a mesma oportunidade de fala em sociedades amplas e complexas. Não questiono as vantagens da votação e da representação como

---

[6] Em seu livro *Political Liberalism*, Rawls defende sua abordagem construtivista da teoria ideal da seguinte maneira: "Na ausência de tal forma ideal para as instituições de fundo (*background institutions*), não há nenhuma base racional para o ajuste contínuo do processo social, nem para preservar a justiça de fundo (*background justice*), nem para eliminar injustiças existentes (1993, p. 285)". Uma teoria ideal é, a meu ver, útil para a crítica de instituições existentes, em vez de ser útil para a construção de uma teoria da deliberação democrática.

dispositivos políticos, mas não acredito que eles exaurem as possibilidades democráticas de sociedades complexas e pluralistas. De fato, existem boas evidências históricas de que esses dispositivos nem sempre solucionam os problemas que deveriam resolver: instituições representativas não necessariamente aperfeiçoam a opinião pública (como pensava Madison), e a votação não resolve os problemas das preferências diversas e de dar a todos uma fala equitativa em sociedades complexas.[7]

Para teorias mais "realistas" da democracia, é um passo fácil argumentar que as falhas de "meros" dispositivos de agregação e representação necessariamente implicam que a deliberação, com seus requerimentos e demandas crescentes, enfrenta ainda grandes obstáculos. Esse pequeno menosprezo é facilitado pela falha de muitos proponentes de formas mais fortes e participativas de democracia em especificar os mecanismos cognitivos que operam na deliberação pública atual. Antes de falarmos desses mecanismos, na próxima seção ofereço argumentos em prol de uma justificação não procedimentalista da deliberação pública. Tal justificação está baseada na troca dialógica livre e inclusiva, na qual os interlocutores oferecem razões, recebem considerações e providenciam respostas uns aos outros.

## O procedimentalismo ideal e o problema da participação

A democracia radical, do modo como aqui utilizo esse termo, tem dois componentes, um que consiste de padrões críticos e outro que consiste em ideais-guia positivos. Os padrões críticos são metodológicos: os ideais democráticos (e sua reconstrução filosófica) precisam ser constantemente testados contra os fatos sociais atuais da cultura política e das instituições. O ideal positivo é a participação de todos os cidadãos no processo de tomada de decisão e do poder largamente disperso na sociedade. Mesmo se a deliberação tem lugar nos corpos representativos, ela ainda envolve a deliberação de todos os cidadãos. Esses corpos permanecem deliberativos somente se os cidadãos votarem e escolherem seus representantes na base da participação em debates públicos e discussão de questões.

Políticos céticos e realistas sugerem que esses ideais participativos enfrentam um número de dificuldades quando são aplicados a sociedades

---

[7] Para uma discussão a respeito do desejo de Madison de limitar o escopo dos arranjos deliberativos ver FISHKIN, 1991, p. 14-17. A respeito de problemas de estabilidade primeiramente discutidos por Arrow, ver RIKER, 1982. Ver também a resposta de COHEN, 1986, p. 26-38.

complexas: conflitos entre igualdade e deliberação, entre a opinião pública informal e o processo institucional de tomada de decisão, entre a soberania popular e a complexidade social. Tipicamente, soluções participativas e deliberativas para esses problemas colocam uma grande ênfase nos efeitos que produzem nos cidadãos. Duas diferentes concepções de participação emergiram como caminhos plausíveis para superar as inadequações de meras oportunidades procedimentais, votação agregativa e direitos meramente negativos. De um lado, republicanos cívicos propõem que a participação tenha fortes efeitos educativos e, assim, seja capaz de transformar interesses e preferências, bem como de produzir uma concepção compartilhada do bem comum.[8] Por outro lado, procedimentalistas são céticos com relação à capacidade da deliberação de produzir a transformação necessária para vencer a fragmentação social e criar um compromisso com valores partilhados. Tudo o que é preciso é especificar as condições com que todos podem concordar, levando a produzir decisões sustentadas por razões públicas amplas; assim, um procedimento deliberativo poderia ser construído para encampar essas condições de publicidade.

Em vez de seguir a linha de argumento dos procedimentalistas ou dos republicanos cívicos, gostaria de propor uma terceira defesa geral da democracia participativa, uma que ultrapassa a fragilidade dessas abordagens mais comuns. Teorias deliberativas da participação política dizem tanto muito quanto pouco. Republicanos cívicos ou pressupõem essas virtudes e valores sobrepostos de que a democracia é desnecessária ou não nos oferecem nenhuma assistência para especificar como resolver conflitos e desentendimentos sobre valores.[9] Procedimentalistas ou idealizam bastante que eles proveem qualquer modo de guiar a prática política ou fazem muito pouco para indicar como os próprios participantes podem resolver "democraticamente" e com sucesso esses problemas sob constrangimentos procedimentais. Como alternativa, proponho uma abordagem dos processos atuais da deliberação pública que não é somente mais informativa para as instituições democráticas

---

[8] Para um excelente panorama da história desses argumentos ver PATEMAN, 1970. Pateman defende o ideal de uma "sociedade participativa", ou a participação democrática como um mecanismo de tomada de decisões em todas as esferas sociais.

[9] Muitos teóricos democráticos defendem o poder transformativo da deliberação. Ver MANSBRIDGE, 1980; BENHABIB, 1987; BARBER, 1984; WARREN, 1992, p. 8-23; SUNSTEIN, 1988, p. 1539-1590. Para argumentos sobre a necessidade de uma consciência cívica para manter unidas associações diversas ver COHEN; ROGERS, 1992, p. 420-421. Para críticas instigantes a respeito de tais demandas empíricas geralmente insustentáveis ver KNIGHT; JOHNSON, 1994, p. 277-294. Contrariamente a Knight e Johnson, argumento que tal transformação está menos relacionada às crenças e aos desejos dos indivíduos do que com a mudança de crenças e desejos de fundo (*background beliefs and desires*) da cultura pública.

correntes, mas também menos aberto para as objeções padrão concernentes à impossibilidade da participação democrática sob as condições sociais correntes. Minha abordagem, ao considerar ambos esses fatores, defende uma versão "radical-igualitária" ou participativa da democracia.

As democracias enfrentam algumas dificuldades que não cedem facilmente à ação social coletiva, incluindo potenciais obstáculos de escala, diversidade cultural e desigualdades sociais persistentes. Tais dificuldades geralmente levam teóricos democráticos a introduzir duas mediações institucionais como caminhos para realizar os ideais de suas análises normativas: o Estado e a sociedade civil. As instituições formais do Estado constitucional são geralmente vistas como o único caminho para implementar normas básicas, tais como direitos civis e direitos humanos, e uma esfera informal de associações voluntárias da sociedade civil deveria manter todas as condições da vida democrática que as instituições formais não podem preencher. Mas onde as pessoas deliberam juntas? Embora a existência tanto das instituições do Estado quanto da sociedade civil seja uma característica necessária de uma sociedade democrática, juntas elas não são suficientes para garantir a deliberação pública.[10] É difícil entender porque diferentes grupos na sociedade civil podem chegar a um consenso acerca de como implementar fundamentos constitucionais a respeito das bases públicas que justificam as políticas de Estado. Além disso, muitos grupos na sociedade civil podem apresentar resistência às incursões das forças de mercado ou de outras grandes instituições poderosas. Não é claro também como a sociedade civil poderia evitar cair em um pluralismo competitivo por recursos institucionais sem algum sistema partilhado de valores ou acordos públicos unificando as diversas associações voluntárias.

Em resposta à diversidade de valores e à ausência de conceitos compartilhados de bem viver, muitos teóricos democráticos liberais e radicais recorrem a *procedimentos ideais* para distinguir a justificação democrática. Tais visões dos procedimentalistas usualmente necessitam de um Estado "neutro" que mantenha as condições de deliberação, tais como fronteiras rígidas para conflitos morais racionais. Mas somente uma faixa muito estreita de questões pode ser solucionada através do apelo aos procedimentos "puros" e essas soluções referem-se precisamente a mecanismos não deliberativos de tomada de decisão (como em jogos de azar e loterias). Em casos em que procedimentos isolados são decisivos (como no procedimentalismo

---

[10] Para uma visão contrária, ver o capítulo 8 de COHEN; ARATO, 1992.

puro) torna-se difícil explicar por que os participantes acham os resultados das próprias deliberações convincentes e vinculantes.[11] Na verdade, uma vantagem das justificações procedimentalistas estritas é que elas podem ser aplicadas em qualquer assunto ou em qualquer tema, mas, em muitos casos, produtores de decisões igualitárias as enxergam como secundárias e necessitam de uma razão para sustentá-las. Por exemplo, nenhum critério base ou de súplica pode justificar tais resultados, como o caso de querelas igualitárias por recursos escassos deixam claro. Mas não há nenhuma razão prática para limitar o processo de decisão política a casos nos quais o critério procedimental puro seja suficiente. Quase toda questão na agenda pública hoje, incluindo a ação afirmativa, o aborto e políticas de bem-estar, envolvem questões de valor e princípio para a maioria dos cidadãos. Uma teoria da deliberação pública não deveria ser satisfeita meramente através de uma seleção de condições ideais de igualdade procedimental sem referência às condições sociais nas quais esses procedimentos operam.

A principal falha das abordagens procedimentais é que elas requerem definições de deliberação extremamente restritas. No diálogo e na comunicação, procedimentos sozinhos não definem padrões de justiça ou racionalidade. Considere um processo que permite a cada indivíduo em um grupo ter sua própria fala. Mesmo com uma igual chance de falar, nem todo interlocutor será capaz de influenciar o resultado da deliberação em seu favor. Como procedimentos abertos e informais como "ter a própria vez" não inibem a manipulação estratégica, é necessário considerar a efetividade do falante, e não só a oportunidade de ter suas razões consideradas. Em virtude do amplo leque de casos nos quais fundamentos procedimentais não proveem nenhuma razão para favorecer uma solução conjunta possível, é necessário fornecer uma descrição mais detalhada sobre o porquê de agentes reflexivos acharem razões convincentes após a participação na deliberação pública. Se a deliberação é uma atividade conjunta, como defendo, então procedimentos sozinhos, mesmo idealmente racionais ou intrinsecamente justos (como jogar cara ou coroa), não capturaram o critério e as condições de sucesso dessa atividade.

Teóricos deliberativos providenciaram listas detalhadas das condições procedimentais necessárias para a igualdade política. Ainda que

---

[11] Sobre os limites do puro procedimentalismo, ver RAWLS, 1971, p. 85. Para casos em que tais procedimentos "puros" são justos e vinculantes, ver ELSTER, 1989. Mas Elster discute somente casos nos quais a deliberação não melhora o resultado ou decisão; geralmente isso acontece simplesmente em razão do tempo necessário para chegar a um julgamento informado, como em casos de custódia de crianças.

saibamos as diferenças entre elas, Joshua Cohen e Robert Dahl providenciaram as listas mais sistemáticas dessas condições procedimentais.[12] Para Dahl, esses procedimentos destacam "as características gerais do processo democrático"; para Cohen, o "quadro analítico para a deliberação pública livre". A lista de Dahl foca o processo de tomada de decisão: votos iguais (no estágio decisivo quando os resultados são determinados), participação efetiva e igual (no processo de tomada de decisão), igual oportunidade de descobrir e validar razões, controle final dos cidadãos sobre a agenda e inclusividade (de todos os cidadãos adultos) (DAHL, 1985, p. 59-60). A lista de Cohen concerne diretamente ao processo de deliberação: a deliberação tem que tomar a forma argumentativa, como a troca de razões à luz de informações disponíveis, e precisa permanecer aberta a revisões futuras. Essas condições são asseguradas procedimentalmente através da igual alocação de votos, pela igualdade de oportunidades, etc. A situação ideal de fala proposta por Habermas necessita de uma lista similar. Contudo, mesmo se essas condições são necessárias para a igualdade deliberativa, elas falham em especificar quando uma razão é publicamente convincente.

Nenhuma lista como essa pode ser completa, porque ela depende sempre de instituições historicamente específicas. Contudo, essas condições gerais para a deliberação e o processo de tomada de decisão se aplicam a qualquer arranjo no qual decisões coletivas têm de ser tomadas através de discussões e da troca pública de razões. Elas são condições necessárias, mas não suficientes para nos dizer muita coisa sobre o motivo pelo qual as decisões frequentemente falham em ser democraticamente legitimadas, ou por que a deliberação em algumas circunstâncias não pode ser democrática. Mas elas nos dizem como ou quando a deliberação pública pode, de fato, ser bem sucedida? O procedimentalismo não pode responder esse tipo de questão, porque ele presta insuficiente atenção ao fato de que essas regras e condições devem surgir por meio da deliberação e entre aqueles que deliberam.

Procedimentalistas creditam a generalidade dessas condições ao modo como identificam procedimentos de discurso (ou seja, de argumentação e discussão). A deliberação é mais bem descrita, primeiramente, como uma

---

[12] Para ver essas listas consultar COHEN, 1989, p. 22; DAHL, 1985, p. 59; 1989, p. 112. Desentendimentos entre as duas listas estão centrados na questão da igual consideração de interesses, mas isso não me interessa aqui. Ver a resenha "Democracy and Its Critics" que COHEN (1991, p. 221-225) fez a respeito do livro de Dahl. As listas de Cohen e de Dahl são incrivelmente coerentes entre si.

atividade social particular que pode ser realizada somente através do discurso público, e assim, sendo uma atividade, ela possui seus próprios padrões e critérios de sucesso, os quais não são idênticos àqueles do discurso. As abordagens procedimentalistas da deliberação feitas por Cohen, Dahl e Habermas não estão erradas; porém, falta a elas uma abordagem do processo de deliberação e, por isso, elas não podem providenciar critérios para seu sucesso. A meu ver, a deliberação é uma atividade social coletiva, mergulhada na ação social do diálogo – da troca de razões. Essa deliberação é tipicamente iniciada em um contexto social específico. Ela começa com uma situação problemática na qual a coordenação se rompe; ela é retomada quando os atores voltam a cooperar. Um resultado bem sucedido da deliberação é aceitável para todos, mas num sentido mais fraco do que o demandado pelas teorias procedimentais: o sucesso é medido não pelo forte requerimento de que todos devem concordar com os resultados, mas pelo requerimento fraco de que os interlocutores são suficientemente convincentes para continuar sua cooperação em processo. O resultado de uma decisão atual é aceitável quando as razões que o sustentam são suficientes para motivarem a cooperação de todos os interlocutores.

Qual o critério preciso de sucesso para deliberação pública? A deliberação alcança sucesso quando os participantes da atividade conjunta reconhecem que eles contribuíram para ela e influenciaram seus resultados, mesmo quando não concordam com eles. Certos tipos de influência não são suficientes para induzirem à cooperação; por exemplo, um grupo pode influenciar uma decisão de modo que ela seja desfavorável a ele simplesmente por causa de preconceitos e parcialidades amplamente difundidos contra seus membros. Em muitas eleições, o mero fato de um grupo minoritário sustentar um candidato pode influenciar alguns membros da maioria a dar seus votos para outro. O diálogo deliberativo procura minimizar esse tipo de influência endógena e não pública e substituí-la pela influência de contribuições para o processo do debate público. Dado que um diálogo é livre e aberto, cada ator ou grupo de atores cooperam na deliberação, porque racionalmente esperam que seus pontos de vista sejam incorporados à decisão de algum modo que lhes seja favorável (ou ao menos não desfavorável). Procedimentos sozinhos descrevem condições discursivas muito gerais que capacitam a deliberação a ser bem sucedida como atividade coletiva, mas não determinam seu sucesso. Algumas dessas condições podem constranger certos resultados ruins e razões inalcançáveis, mas elas não especificam como, em qualquer caso particular, os próprios agentes descobrem soluções que resolvem legitimamente situações problemáticas. A estrutura da deliberação como atividade conjunta traz essas características. A conversação é, similarmente, uma atividade conjunta que precisa ser ativamente mantida pelos participantes, sob normas de sociabilidade. Entretanto, ao contrário da conversação, a atividade da deliberação é pública não somente no sentido de que a audiência à qual os interlocutores se dirigem precisa permanecer irrestrita, mas também no sentido de que a atividade coletiva da deliberação precisa também ser organizada de modo que todos os cidadãos possam dela tomar parte e, ao fazer isso, possam testar e manter seu caráter público. Essas condições não são encontradas no caso do grupo minoritário discutido acima.

Nas duas próximas seções, argumento que somente uma descrição mais rica do processo da deliberação pode explicar o caráter convincente das razões públicas. O ponto de partida para minha reconstrução da deliberação democrática é um pouco diferente daquele adotado pela maioria dos teóricos deliberativos: é a questão do por que as razões oferecidas na deliberação são convincentes para os outros. Em particular, uma razão torna-se publicamente convincente através da operação de "mecanismos dialógicos" – não porque é meramente o resultado de um procedimento justo, ou porque certos tipos de razão são usados na justificação, ou porque certas questões são excluídas. É por meio desses mecanismos dialógicos que os agentes alcançam sucesso em suas atividades deliberativas. Tal abordagem dialógica responde à fragilidade dos modelos mais comuns de procedimentalismo e pré-cometimento a serem discutidos a seguir.

O objetivo dessa abordagem é desenvolver um critério geral correspondente para a legitimidade democrática. A unanimidade é um forte critério para o acordo democrático; todavia, tudo o que é necessário é continuar a cooperação num processo dialógico contínuo de exposição de problemas e conflitos comuns. Antes de iniciar a descrição desses mecanismos, proponho uma abordagem geral do tipo de deliberação envolvido na democracia, no qual os cidadãos fazem uso público de suas razões. Essa abordagem será baseada nas possibilidades do diálogo, e não nas do discurso e da argumentação, pois é pelo do diálogo que a deliberação se torna pública e as decisões são legitimadas. A análise do discurso diz respeito a quais argumentos ou tipos de justificação podem ser publicamente convincentes; ao contrário, a análise do diálogo diz respeito a como a interação pública produz esses efeitos práticos nos participantes que tornam as razões convincentes.

## Deliberação, democracia e publicidade: sobre o uso público da razão

Dissemos na introdução que teóricos "deliberativos" precisam defender os antigos populares e agora quixotescos ideais de democracia participativa.[13] As teorias deliberativas são geralmente restritivas no sentido de que o critério de legitimidade política que empregam é o acordo racional entre cidadãos livres e iguais. Segundo Kant (1970), uma ordem política é legitimada quando permite a cada cidadão "expressar sua objeção ou veto sem obstáculos ou impedimentos". Tal padrão de legitimidade pode ser visto como um ideal impossível, permitindo discordâncias ao declarar decisões bem justificadas como ilegítimas. Gostaria de mostrar, entretanto, como tal padrão pode de fato guiar uma política deliberativa que é baseada no acordo público. A questão central para uma teoria deliberativa da democracia é mostrar como a norma da publicidade providencia a base somente para aqueles acordos que passam pelo teste específico mencionado por Kant. Sob a minha perspectiva, as razões que sustentam uma decisão política são públicas quando são convincentes o bastante para motivar cada cidadão, mesmo alguém que discorde, a continuar a cooperar na deliberação, mesmo depois que a decisão tenha sido tomada. Razões desse tipo precisam ser produzidas e testadas em uma deliberação livre e racional na qual os cidadãos possuem igual *status* e voz efetiva. Essas são as condições de não tirania, igualdade e publicidade.

Qualquer teoria democrática precisa especificar alguns meios para formar acordos. Não importa quão mínimo esse mecanismo seja, ele precisa compartilhar algumas características e constrangimentos comuns com todas as formas de democracia. Embora elas façam isso através de mecanismos que agregam votos ou através da participação ativa, os cidadãos em uma democracia concordam livremente com as regras e objetivos de sua vida em comum. Enfim, esses mecanismos para a produção do acordo precisam ser construídos de forma que as decisões tomadas através deles não sejam tirânicas (ou seja, que não sejam dependentes da coerção ilegítima ou de vantagens que garantam a alguns grupos uma influência indevida). Assim, a primeira qualificação dos acordos democráticos é que eles preenchem o

---

[13] Ao lado das defesas da democracia deliberativa feitas por Mansbridge, Fishkin, Barber e Dryzek, ver também MANIN, 1987, p. 338-368. Em particular, Manin oferece bons argumentos para explicar por que as teorias deliberativas não dependem da unanimidade, mesmo como um ideal político. Ver também as críticas desenvolvidas por SUNSTEIN, 1993, a respeito de teorias da democracia baseadas na preferência. Para uma abordagem da democracia deliberativa em funcionamento no Congresso Norte-Americano ver BESSETTE, 1994.

que James Fishkin chama de "constrangimento da não tirania".[14] Como regra básica, a não tirania estabelece requerimentos institucionais que constrangem a distribuição do poder e é tipicamente alcançada via separação de poderes ou via direitos legalmente garantidos. A não tirania precisa ser construída no processo da deliberação, especialmente em vista dos perigos impostos pela regra da maioria. A não tirania tem que apelar não só para o produto, mas também para o processo da deliberação tornando-o mais capaz de fazer com que as decisões sejam tomadas à luz de razões amplamente convincentes, em vez de baseadas em assimetrias de poder. O princípio da não tirania assegura que as decisões refletem o processo deliberativo, que nenhum grupo automaticamente alcance o sucesso e que nenhum grupo precise aceitar uma decisão que imponha sentimentos de exclusão.

Quaisquer instituições deliberativas específicas ou esquemas que os cidadãos empregam para tomar decisões precisam incluir um último princípio: a igualdade política. Certamente, a igualdade democrática é um conceito contestável, e deve merecer meu próprio ponto de vista no próximo capítulo. Mas, independentemente de seu conteúdo, uma norma de igualdade tem que ser operativa na democracia deliberativa e no processo de tomada de decisão. Por exemplo, se o processo de tomada de decisão é definido em termos da discussão e do debate, então cada cidadão precisa ter uma chance igual de falar e empregar o amplo complexo de expressões disponíveis a todos; cada um precisa também ter um igual acesso a arenas relevantes de debate e discussão, assim como igual consideração e oportunidades no processo de tomada de decisão. Se definirmos essas condições de consideração e acesso em termos de direitos, então todos precisam ter os mesmos direitos; mais centrais para a deliberação são os direitos de igual liberdade de expressão, consciência e associação. Se o processo é definido de modo que a votação encarne seu procedimento decisório, todos os votos dos cidadãos precisam ser contados igualmente. Em cada caso, a igualdade de condições que governa a democracia assegura minimamente igual *status* e consideração para todos os cidadãos. Embora a igualdade de condições seja geralmente contrafactual, ela precisa ser capaz de ser realizada na deliberação em curso. Assim, esses princípios ideais tornam-se limiares ou requerimentos de filtro no *design* das instituições democráticas. A igualdade deliberativa precisa ser forte o

---

[14] Ver o capítulo 1 do livro de Fishkin, *Democracy and Deliberation*, para um conjunto similar de condições. As condições que aponto aqui são menos numerosas que as dele, uma vez que rejeito, do modo como ele a formulou, sua "condição isolante", essa condição tem mais a ver com as violações da igualdade das quais trato no capítulo 3. Para uma intenção mais elaborada de especificar esse tipo de condição ver DAHL, 1989, p. 307.

suficiente para assegurar a inclusão de todos os cidadãos na deliberação e a exclusão de formas extrapolíticas, ou de formas endógenas de influência, como o poder, a riqueza e as desigualdades sociais preexistentes. Por exemplo, condições de igualdade filtram influências indevidas, ameaças e a barganha não pública (FISHKIN, 1991, p. 32).[15]

Um problema semelhante imposto à igualdade deliberativa é o de que os participantes entram na deliberação com recursos, capacidades e posições sociais desiguais. Se amplas o suficiente, essas diferenças podem afetar os resultados de forma não democrática, mesmo com garantias formais de aplicação da fórmula de "uma pessoa, um voto". Uma vez que o principal processo deliberativo que defendo é dialógico, as condições apropriadas de igualdade devem expandir oportunidades e acessos às arenas deliberativas, implementando o tipo de diálogo que permanece livre e aberto e estabelecendo requerimentos e limites necessários para fazer com que as razões de cada um sejam contadas no curso da discussão através da expressão efetiva das vozes dos interlocutores.

Mesmo que esses ideais exijam muito, os princípios da igualdade e da não tirania são suficientes somente para tornar a deliberação minimamente democrática. Uma última condição precisa ser introduzida para tornar a deliberação totalmente democrática: a publicidade. Assim como a não tirania e a igualdade, essa condição aplica-se tanto aos resultados quanto ao processo da deliberação e, por isso, possui muitos significados. A publicidade aplica-se tanto ao espaço social no qual a deliberação ocorre quanto ao tipo de razões oferecidas pelos cidadãos que dela tomam parte. Podemos distinguir um sentido forte e um sentido fraco de publicidade. Quando relacionada a uma contribuição para a deliberação, a publicidade significa somente que as intenções dos interlocutores precisam ser confessadas, no sentido de que elas precisam tornar-se conhecidas. Quando relacionada ao processo político, a publicidade fraca requer que qualquer tentativa de influenciar a deliberação, como através de acordos entre partes, seja conhecida por todos. Mas, num sentido forte, a publicidade é uma norma do diálogo

---

[15] Fishkin utiliza o termo "condição isolante" (*insulation condition*) para caracterizar essa barganha. Contudo, alguns republicanos cívicos, incluindo Fishkin, acreditam que esse isolamento também objetiva excluir todos os apelos de interesse próprio e outros motivos particulares. Entretanto, o modelo dialógico da deliberação pública não requer tal exclusão. Na verdade, o verdadeiro cerne da deliberação é a discussão sobre as necessidades e os interesses dos cidadãos, alguns dos quais podem ser expressos através de razões publicamente convincentes. Nem todos os interesses precisam ser generalizados para se transformarem em um tópico apropriado para a deliberação pública. No próximo capítulo, criticarei as exclusões de noções liberais de neutralidade para situações semelhantes, alegando que elas excluem a questão central do conflito nas sociedades pluralistas.

que assegura que todos os interlocutores podem participar efetivamente na arena do debate e da discussão. A publicidade forte relaciona-se ao tipo de razão que pode ser formada em tal arena ou fórum, nos quais todos podem esperar que os outros lhes providenciarão respostas.[16] Quando decisões são tomadas, as publicidades forte e fraca podem também ser aplicadas como padrão através do qual podemos julgar a qualidade de um acordo. Acordos têm uma publicidade fraca se atendem a condições procedimentais mínimas, e têm publicidade forte se o processo deliberativo conforma a decisão e se sua justificação é, de fato, conhecida por todos os cidadãos. Uma imprensa livre assegura a publicidade fraca; corpos deliberativos bem ordenados compõem acordos com publicidade forte. Em qualquer caso, a publicidade admite diferentes graus, e qualquer mecanismo democrático requer uma publicidade forte para que as decisões sejam legitimadas.

## Da publicidade fraca à publicidade forte: imparcialidade e esfera pública

Enquanto a igualdade e a não tirania referem-se ao *status* dos cidadãos na deliberação, a publicidade constitui e governa o espaço social necessário para a deliberação democrática: a esfera pública. A publicidade opera em três níveis: a) ela cria um espaço social para a deliberação, b) ela governa o processo de deliberação e as razões nele produzidas, c) ela providencia um padrão para julgar acordos.[17] Em muitas situações deliberativas, o assunto sobre o qual os cidadãos deliberam é também algo público, no sentido que diz respeito a problemas sobre o bem comum ou características compartilhadas da vida social. Mas não é o conteúdo das questões que determina seu caráter público, uma vez que a definição de um problema como alvo de preocupações coletivas é, por si mesma, uma questão que exige deliberação.

---

[16] Nancy Fraser (1992, p. 134) distingue entre públicos "fracos" e "fortes" com relação ao seu poder de tomada de decisão; públicos fracos são informais e estão orientados para a formação da opinião, enquanto os públicos fortes estão presentes em instituições formais dotadas de poderes de produção decisória. A distinção que faço relaciona-se com a força da norma da publicidade, pois mesmo um público informal pode ter uma publicidade forte. Contudo, públicos informais não precisam necessariamente que suas razões sejam aceitas por todos, basta que elas sejam publicamente inteligíveis.

[17] Na página 213 de sua obra *Political Liberalism*, Rawls (1993) explica que "a razão pública é pública de três modos: enquanto a razão dos cidadãos, ela é a razão do público; seu objeto é o bem do público e os problemas de justiça fundamental; e sua natureza e conteúdo são públicos, ditados por ideais e princípios expressos pela concepção de justiça política da sociedade, e ela é conduzida de forma aberta ao escrutínio sob essas bases." Rawls expressa uma ampla capacidade orientada de visão, que se revela mais adequada ao sentido aqui empregado de deliberação: a deliberação é "um modo de formular os planos (de uma associação política), de estabelecer seus objetivos e construir suas decisões de acordo com o plano traçado. O modo como uma sociedade política faz isso é que dá forma à sua razão..." (p. 212).

Mais importante é o caráter público das razões endereçadas aos outros na deliberação. Ou seja, as razões oferecidas para convencer os outros precisam ser formuladas de tal modo que todos os interlocutores possam entendê-las e potencialmente aceitá-las. Se esse escopo da comunicação não puder ser alcançado, o problema em questão não constitui tema para um processo público de tomada de decisão. É razoável assumir que algumas questões e domínios da vida não devem ser submetidos ao escrutínio público; tal espaço social para a privacidade na democracia deliberativa serve como local para a liberdade individual, mas também para experiências de viver junto com membros selecionados. Embora os mesmos direitos de participação também permitam que alguns cidadãos se recusem a entrar na deliberação, a privacidade não assegura que decisões públicas tomadas com a ausência voluntária de um indivíduo não sejam ainda vinculatórias para aquele indivíduo.

O contrato da lei providencia um exemplo de publicidade fraca ou mínima: um contrato é executável somente se todas as suas cláusulas são publicamente conhecidas. Quando relacionada à política, a publicidade fraca significa simplesmente que as regras que governam a vida política e a justificação dessas regras são publicamente conhecidas, entendidas e interpretadas. Essa restrição sugere que mesmo a publicidade fraca tem implicações mais amplas: ela requer que somente políticas ou regras que possam ser publicamente conhecidas e endossadas sejam implementadas, particularmente se essas regras e políticas serão usadas em deliberações posteriores. A publicidade fraca assegura que decisões são, ao menos, candidatas à aceitação por todos, e que estão ao menos abertas às contribuições de todos. A publicidade fraca não torna a deliberação "à prova de estratégias", mas ao menos ela constrange os movimentos estratégicos que não são confessáveis.

A linguagem ordinária sugere que a publicidade pode também ser um forte critério. Precisamos requerer que não só uma política seja conhecida por aqueles que ela afeta, mas também que ela seja compreensível a eles. Em primeiro lugar, a publicidade aqui denota um tipo de compreensividade geral e inteligibilidade da forma de comunicação. Na discussão política como um todo, as sociedades pluralistas não podem ser bem sucedidas em produzir cooperação sem a publicidade no sentido forte. Essa audiência pública e irrestrita, ou galeria, compreende todos os cidadãos. Aqui o uso que Kant faz da distinção público-privado refere-se às diferenças entre formas de comunicação nesse sentido. Kant (1970, p. 38) considera a comunicação privada quando ela é direcionada para uma audiência específica e restrita. Por essa razão, apelos à autoridade ou à crença religiosa são não públicos; eles são convincentes apenas para aqueles que aceitaram, de antemão, tais demandas. A comunicação política realizada em uma base não pública pode falhar, uma vez que as condições de seu sucesso requerem que sua audiência seja restrita em suas crenças.[18] Contestar essas pressuposições restritivas faz com que a deliberação se torne pública.

Kant propõe o uso da razão pública como alternativa aos limites da autoridade. Segundo O'Nora O'Neil (1989a, p. 34), "uma comunicação que pressupõe outra forma de autoridade que a razão pode falhar em se comunicar com aqueles que estão sujeitos àquela autoridade; eles podem interpretá-la somente na hipótese de alguma demanda que rejeitam." A publicidade é, assim, uma condição para uma comunicação bem-sucedida, uma vez que assumimos que nenhuma pessoa ou autoridade está autorizada a fazer demandas específicas. Em vez de basear a comunicação nessas pressuposições restritivas, "o uso público da razão" endereça-se "ao mundo como um todo" e apela para justificativas que todos possam aceitar. Desse modo, mesmo a mesma razão que foi, num primeiro momento, direcionada para uma audiência restrita, pelo apelo à autoridade pode tornar-se uma razão pública e, assim, potencialmente convencer aqueles que não compartilham um conjunto particular de crenças. Aqui a "publicidade" refere-se a pressuposições pragmáticas da comunicação e não à sua audiência; uma conversação entre amigos pode tornar-se tão pública quanto uma investigação racional empreendida pela comunidade científica.

Razões "públicas" são convincentes sob essa abordagem precisamente porque elas são irrestritas em dois sentidos. Primeiro, elas são direcionadas para uma audiência irrestrita e inclusiva. Tais razões precisam ser formuladas não somente para serem compreensíveis para a audiência, mas também para serem testadas por ela. Segundo, e mais importante, tais razões precisam ser convincentes na ausência de restrições na comunicação entre a audiência e os falantes, no diálogo em que concordâncias e discordâncias são expressadas. O uso público da razão nesse sentido forte é não somente dialógico; mas também autorreflexivo ou recursivo em qualquer sentido importante da deliberação. Seu uso na comunicação torna possível revelar as limitações e restrições às razões e ao próprio processo deliberativo. Foi à luz desse caráter autorreflexivo do uso público da razão que Kant argumentou que a publicidade e o iluminismo estão interconectados. A ausência de restrições permite que os participantes do diálogo sejam autocríticos. Quando os interlocutores tornam-se desconfiados de razões previamente aceitas e do caráter genuinamente público de

---

[18] Para um maior desenvolvimento dessa interpretação da publicidade kantiana e seu papel fundador na crítica da razão, ver O'NEIL, 1989a, p. 42-48.

sua comunicação com os outros, então eles têm novas possibilidades: podem considerar pontos de vista alternativos e novas razões e assim rejeitar formas inteiras de justificação; ou eles podem ficar atentos a operações escondidas de poder, preconceito e autoridade em suas próprias comunicações e crenças.

Como Kant descreve a razão pública, alcançar uma audiência irrestrita requer as capacidades para consistência e um "pensamento ampliado" e ainda uma forma de pensar não afetada pelo preconceito, o que depende de uma capacidade de "pensar do ponto de vista do outro" e revisar, em conformidade, os próprios julgamentos.[19] Cada uma dessas máximas do entendimento humano comum captura algumas condições necessárias para o uso público da razão: que cada um seja capaz de abstrair seu próprio ponto de vista e "adotar o ponto de vista dos outros" ou que cada um "pense consistentemente", revisando crenças compartilhadas à luz de novas razões que são oferecidas (KANT, 1987, seção 49).[20] Para todos esses detalhes, as máximas de Kant apresentam uma falta de um mecanismo claramente público para tal reflexão. Na revisão intersubjetiva e procedimentalista de Habermas a respeito da publicidade kantiana, o discurso torna-se o meio da deliberação pública.

Por discurso, Habermas entende uma comunicação de segunda ordem sobre a comunicação; esse nível reflexivo de comunicação tem lugar nos argumentos, pragmaticamente entendido como a atividade em que um falante considera o proferimento de um ouvinte para providenciar a avaliação de uma demanda particular. É nesse processo de demanda de *accountability* na comunicação de segunda ordem que os interlocutores são forçados a adotarem os princípios de publicidade, a partir do momento em que respondem às críticas e às observações dos outros para tornarem suas contribuições ao menos compreensíveis e potencialmente aceitáveis. Tal inteligibilidade é requerida para a argumentação, na qual a justificação de algumas demandas é, em si mesma, o tema explícito da comunicação.[21] O ponto fraco dessa

---

[19] As máximas de Kant podem ser vistas na seção 49 da obra *Critique of Judgment,*1987. Para uma discussão esclarecedora sobre as implicações políticas da noção kantiana do julgamento universal ver ARENDT, 1982. Ver também a importante discussão dos temas da comunicação pública e do papel central da publicidade ao longo dos trabalhos de Kant em SANER, 1983.

[20] Na página 136 da obra *Situating the Self* (ROUTLEDGE, 1992), Benhabib argumenta que a capacidade para um pensamento ampliado é central para a interpretação intersubjetiva de Kant, mas a máxima de que devemos ver as coisas "do ponto de vista dos outros" não é necessariamente intersubjetiva. Além disso, essa não é uma expressão de julgamento (mas sim uma base para certos julgamentos de senso comum) e, por essa razão, está somente indiretamente relacionada com a deliberação.

[21] Para Kant, a publicidade é determinada pelo exercício do julgamento reflexivo e não pelo discurso. O apelo de O´Neil ao papel da comunicabilidade não resolve esse problema. A comunicação com os outros serve somente para "ampliar" a capacidade de julgamento.

versão discursiva da intersubjetividade da razão pública é que Habermas não a aprofunda para a teoria democrática: esse afastamento da versão kantiana de publicidade ainda se preocupa em construir ideais regulativos de convergência, unanimidade e imparcialidade nos termos políticos. No restante dessa seção, argumento contra esses ideais como pressupostos da deliberação pública. Embora eles possam às vezes caracterizar seus resultados, não são pressuposições necessárias para a discussão democrática ou para a argumentação pública.

Apesar de todas as suas fraquezas e todo o seu formalismo, a abordagem discursiva de Habermas nos permite ao menos um bom começo para caracterizarmos o que a atual deliberação pública representa. De acordo com essa abordagem, a deliberação requer uma forma especial de comunicação que começa quando formas de comunicação e entendimentos compartilhados são tensionados ou interrompidos. A deliberação política e moral, em particular, é originada para solucionar *situações problemáticas*, como problemas insolúveis para alcançar objetivos de uma prática ou um conflito insolúvel sobre a interpretação de um determinado objetivo ou norma. Nessas situações, não podemos simplesmente proceder como antes. Na abordagem que pretendo desenvolver aqui, os objetivos básicos da deliberação são resolver tais conflitos e restaurar a cooperação entre os atores e a coordenação de suas atividades. Ao invés da ênfase Kantiana na justificação imparcial, enfatizo a demanda menos formal de Habermas de que a racionalidade emerge nessa comunicação, "especialmente em situações difíceis" (HABERMAS, 1984, p. 10).

Habermas argumenta que a publicidade não é nada excepcional na vida social, mas, diferentemente disso, é uma de suas características inerentes, construída através da "infraestrutura da comunicação". Os atores sociais coordenam suas atividades cotidianas através dos mecanismos da comunicação, aceitando ou rejeitando ofertas ou demandas feitas através do discurso. Essas "demandas de validade" abrangem obrigações que tornam a aceitação de um discurso um ato vinculatório. De acordo com esse tipo de análise dos atos de fala, ouvintes e falantes estabelecem expectativas mútuas para uma interação futura oferecendo ou aceitando uma promessa. A base do caráter vinculatório de tais obrigações é a expectativa de que falantes serão capazes de trazer razões que garantam seus atos de fala e revisem suas demandas quando os outros participantes assim requerem. Quando a comunicação falha, essa suposição precisa ser implantada para que a interação seja restaurada. O discurso é, então, um mecanismo social de coordenação da ação e uma distinção entre tipos de discurso forma "o enquadramento ou uma estrutura classificatória que serve para ordenar situações problemáticas" que necessitam ser acordadas explicitamente (HABERMAS, 1993, p. 125). Várias formas de argumentação lidam com problemas recorrentes e gradualmente especializam-se em instituições como a lei e a ciência. Mas essas formas especializadas e cumulativas não são um modelo ideal para a deliberação em situações problemáticas, elas são ainda formas processuais de comunicação, que também são interrompidas em novas situações problemáticas e cujas práticas e normas podem ser desafiadas. Assim, a rotinização e estandardização de razões aceitáveis em discursos especializados não exaurem o potencial das questões da esfera pública e os mecanismos de solução de problemas; tais discursos precisam ser tornados públicos e não podem ser o caso paradigmático da resolução de situações problemáticas pela razão pública.

A fim de vencer essas fraquezas, precisamos distinguir entre duas formas de comunicação de segunda ordem ou reflexiva: o discurso e o diálogo. Na argumentação especializada, interlocutores precisam desenvolver abordagens generalizadas de como certas demandas podem ser garantidas. Na deliberação ordinária, em contrapartida, várias demandas são constantemente misturadas, ficando difícil de dizer com antecedência qual tipo de razão será convincente em uma situação particular. A deliberação pública nesse nível é dialógica, e não discursiva num sentido estrito. Ela emerge quando a comunicação de segunda ordem, a troca e o teste de razões, são necessários para solucionar situações problemáticas atípicas ou não padronizadas, ou falhas de coordenação; mas usualmente não há nenhum meio bem estabelecido para solucionar tais problemas, ou esses próprios meios são questionados. As condições para a atividade do diálogo são mais importantes que a argumentação em si mesma, para entender como razões públicas são convincentes sob tais circunstâncias. A argumentação é deliberativa somente quando ela é dialógica, na troca de argumentos entre os interlocutores.

Antes de aprofundar essas diferenças, devo primeiro descrever porque minha abordagem aproxima-se do modelo discursivo de deliberação proposto por Habermas. Após descrever a deliberação como uma atividade conjunta e dialógica, vou criticar os dois outros modelos dominantes de deliberação: o procedimentalismo e o pré-cometimento. Embora meu modelo tenha herdado muito da concepção de Habermas sobre a racionalidade comunicativa, a abordagem que ele desenvolve da publicidade demanda muito das formas discursivas de justificação e imparcialidade. Os modelos correntes de deliberação são baseados em concepções restritivas e inadequadas de publicidade, e nenhuma delas pode capturar o quadro completo dos problemas da deliberação nas sociedades complexas. Também irei mostrar, contudo, que cada um deles captura um aspecto de uma noção adequada de publicidade. Em Habermas destaca-se a generalização das estruturas de comunicação; nos modelos de pré-cometimento, o entendimento da deliberação como atividade conjunta; e no procedimentalismo é a especificação de termos justos para a participação na qual todos têm igual consideração. Todos esses modelos demandam a presença de uma esfera pública que funcione bem, como o lugar social da atividade deliberativa.

Em vez de simplesmente providenciar máximas de julgamento público, Habermas torna explícito o modo pelo qual a estrutura geral e inevitável da comunicação torna-se a base do discurso público. Sob essa perspectiva, a publicidade não se refere "nem à função nem ao conteúdo da comunicação cotidiana, mas ao espaço social que ela gera" (HABERMAS, 1992, p. 435). O espaço linguisticamente constituído para a interação, sob essas pressuposições comunicativas, pode ser estendido para uma variedade de contextos, incluindo a mídia impressa e outros tipos de mídia. Em cada caso, uma comunicação é pública quando não se restringe às características espaciais e temporais da interação face a face. Através da extensão da comunicação ordinária, novas dimensões temporais de deliberação emergem. A mídia escrita permite essa extensão temporal, o que Habermas mostra ser crucial para a criação da esfera pública moderna (esfera pública burguesa). A distância temporal entre a recepção da audiência e sua resposta permite que a deliberação crie um tipo diferente de audiência: um público não simultâneo de leitores e críticos. Tomadas juntas, todas essas formas de comunicação estendidas e descontextualizadas podem ser generalizadas em uma esfera pública aberta a uma audiência ilimitada de comunicação. (HABERMAS, 1989, cap. 2) A esfera pública providencia a implementação prática que uma teoria radical da democracia frequentemente não oferece; para o controle democrático sobre instituições complexas, a deliberação requer uma forma de publicidade espacial e temporalmente estendida.

A generalização da comunicação na esfera pública tem dois efeitos práticos. A generalização através de contextos específicos e através de características pessoais dos falantes produzem tanto uma grande abstração quanto ambiguidade. De um lado, essa generalização reduz a influência de características privadas da comunicação, como a autoridade individual dos falantes. Por outro lado, ela aumenta demandas por constante interpretação e explicação, produzindo menos vocabulários culturalmente específicos e dispersando vocabulários compartilhados amplamente especializados. As pressuposições contextuais da coordenação ordinária na comunicação ingênua são geralmente suspensas quando a deliberação toma lugar na esfera pública, permitindo um espaço para formas reflexivas de comunicação que a deliberação pública requer.

A concepção de esfera pública ajuda a explicar as condições para a deliberação democrática. Ela também sugere uma interpretação próxima à de Kant da natureza da comunicação pública descontextualizada. As abordagens neokantianas da deliberação pública, como aquelas propostas por Habermas e Rawls, são demasiadamente racionalistas de duas maneiras. Primeiro, o cognitivismo kantiano agrega a racionalidade da comunicação pública especificamente à argumentação – à lógica dos discursos especializados que tornam as razões de um determinado tipo convincentes em domínios específicos. Nessas pressuposições, a generalização e a abstração que ocorrem na esfera pública invariavelmente apontam em direção a formas especializadas de discurso, em vez de uma noção deliberativa do debate político entre cidadãos com pontos de vista e critérios diversos e mesmo conflitantes. Entretanto, o debate público não precisa ser especializado nesse sentido, especialmente se ele deve ser inclusivo. A ciência natural providencia um bom exemplo de argumentação especializada; ela parece demandar mais concordância entre os participantes do que outras práticas, ao menos no nível de crenças de fundo compartilhadas sob a forma de teorias. A imparcialidade no debate político não provê um conjunto semelhante de fortes constrangimentos; ela é somente uma das muitas considerações que podem tornar uma razão publicamente convincente.

Em virtude da variedade de possíveis situações problemáticas a serem resolvidas, o uso da razão pública na política não pode ser limitado a um único tipo de conhecimento ou um único conjunto de razões. Diferentemente disso, ela deve incluir uma variedade de razões públicas possíveis, incluindo objetivos pragmáticos, considerações de justiça e autoentendimentos culturais. A exclusão de tipos completos de razões da discussão política por razões epistêmicas pode violar a igualdade política. Tais exclusões podem filtrar objeções razoáveis e tornar o processo mais difícil para aqueles cidadãos que querem desafiar práticas e visões correntemente aceitáveis. Ao invés de servir como modelo para a deliberação pública, discursos especializados são mais bem vistos como restritos a instituições formais, como procedimentos da corte de justiça. Em tais casos, regras procedimentais podem limitar o uso público da razão, direcionando os participantes para tipos muito específicos de razões; procedimentos formais de justiça, por exemplo, podem ser guiados por regras estritas de evidência para proteger os direitos daqueles que estão vulneráveis. Outras tentativas de limitar o discurso político através de constrangimentos formais introduzem uma limitação desnecessária e constrangimentos "conversacionais" altamente artificiais, incluindo restrições à informação e tópicos favorecidos por algumas formas recentes de liberalismo.[22]

O segundo e mais profundo problema concerne à imparcialidade como requerimento para razões públicas. A imparcialidade não é idêntica à publicidade. Por exemplo, a comunicação expressiva pode ser publicamente convincente sem ser imparcial nesse sentido estrito; minhas necessidades permanecem minhas mesmo se são publicamente compreensíveis. Como no caso das considerações procedimentalistas para igual oportunidade, a imparcialidade não é sempre a característica mais saliente da deliberação pública no caso de demandas conflitantes. Como mostra Scanlon, a urgência pode tomar precedência nas decisões temporalmente indexadas quando as demandas são, de outra maneira, iguais (SCANLON, 1975, p. 659-660). A decisão de dar prioridade a demandas urgentes sobre outras considerações (como eficiência) é uma decisão a ser tomada na deliberação, pois não pode ser sustentada somente por considerações formais ou imparciais.

Por que mais teóricos democráticos kantianos dão prioridade à imparcialidade? Novamente aqui é porque as instituições formais são um modelo incompleto para a razão pública sem constrangimentos. Em tais instituições, a imparcialidade opera como um mecanismo de filtragem e, mais importante, como constrangimento nos processos de julgamento. Juízes supostamente tomam decisões sob constrangimentos especiais de coerência e completude, motivados pelos constrangimentos de tornar claras as razões para suas decisões públicas, assim como pelos constrangimentos de coerência dos precedentes. Mas as decisões judiciais são um caso especial e não devem

---

[22] Essas versões do formalismo incluem o conceito de "véu de ignorância" de Rawls e a noção de "conversação constrangida" de Bruce Ackerman, governada por um princípio de neutralidade estrita. Para a discussão de Ackerman, ver sua obra *Social Justice and the Liberal State* (1980, p. 11-12; 44-45). Para excelentes críticas do formalismo, especialmente sobre a versão de Rawls, ver BEITZ, 1989, p. 104. A contribuição de Scanlon para esse debate é a de que a justificação contratual (ou apelos para ao "acordo informado e não coercitivo entre todos") funciona sempre quando constrangimentos formais como esse são removidos.

ser generalizadas como modelo para toda deliberação pública.[23] Habermas (1992, p. 411) toma o julgamento como seu modelo quando discute o que torna uma razão publicamente convincente: é a imparcialidade, ele diz, "que confere às razões sua força produtora de consenso". Em outros aspectos, Habermas acredita que agentes diferentemente situados não são convincentes pelas mesmas razões e, por isso, nenhum consenso é alcançado. Esse requerimento estrito do consenso não se aplica à deliberação pública mais do que uma interpretação particular da imparcialidade ou da separação liberal do direito e do bom (moral e ética).[24]

Como na maioria das versões liberais da democracia deliberativa, Habermas restringe desnecessariamente o escopo de razões convincentes de um modo especialmente problemático para uma deliberação política vibrante nas sociedades pluralistas. As razões públicas não são sempre convincentes simplesmente porque são imparciais; além disso, discussões sobre o que conta como imparcialidade estrita podem ser difíceis de resolver em circunstâncias de diversidade cultural e desigualdade social. Não há também nenhuma contribuição ao avanço da deliberação que diga qual padrão de imparcialidade pode ser atingido ou como constranger melhor a parcialidade estratégica. Algumas razões, sobretudo, podem convencer partes em conflito, porque são suficientemente abstratas e vagas, e não por causa de suas qualidades imparciais; outras razões podem ser convincentes somente quando refletem experiências compartilhadas pelas partes em deliberação. Acima de tudo, a imparcialidade é somente um dos muitos tipos de razões que são convincentes sob condições de publicidade.

Como uma alternativa para explicar o caráter convincente das razões públicas através da imparcialidade, proponho uma concepção menos restritiva (e menos singular) da publicidade forte: a publicidade não consiste do conhecimento total de todas as razões e interesses relevantes; em vez disso, ela é o modo particular no qual razões são oferecidas de modo que possam ser comunicadas aos outros. Estes, por sua vez, devem providenciar

---

[23] No livro *Political Liberarism*, Rawls considera que a Suprema Corte é o "ideal da razão pública" em nossa sociedade (1993, p. 231). Para todas as suas críticas da ênfase que Ronald Dworkin coloca no papel desempenhado pelo Juiz, Habermas não oferece uma abordagem detalhada da deliberação legislativa em *FG*. O foco na lei como uma instituição é ambíguo tanto em Rawls quanto em Habermas quando teorizam sobre a razão pública. Para um estudo mais minucioso da deliberação atual no Congresso Norte-Americano, ver BESSETTE, *The Mild Voice of Reason*.

[24] Em resposta às discussões críticas sobre seu trabalho recente sobre lei e democracia, ver as considerações de Habermas a propósito das contribuições apresentadas no simpósio sobre sua obra em *Cardozo Law Review* 17 (1996).

respostas a essas razões. Oferecer uma razão é chamar por uma resposta dos outros; se a audiência potencial dessa resposta é irrestrita e geral, tanto a razão quanto a audiência à qual ela é dirigida podem ser chamadas de "públicas". Um público nesse sentido deve ser distinguido de um "coletivo", pois uma comunicação generalizada não requer nenhum conjunto específico de crenças ou valores idênticos ou compartilhados em primeira ordem (embora eles provoquem conflitos mais fáceis de serem solucionados). A esfera pública não requer uma consciência coletiva ou mesmo uma comunidade, embora ambas possam emergir de práticas públicas. Contudo, sustentar tal esfera pública e tal processo de reflexão através do tempo – um tempo que não é meramente episódico ou etéreo na interação comunicativa – requer algum quadro analítico comum. Tal quadro analítico de convenções formais e informais, acordos em processo e leis explícitas tornam possível uma deliberação pública continuada e sustentável. Esse quadro analítico precisa ser garantido por razões públicas e, central para essa forma reflexiva de justificação pública, é o que o quadro analítico possibilita a própria deliberação. Para fazer isso, o quadro analítico precisa estar constantemente aberto à novas razões e revisões.

Nessa seção, desenvolvi uma concepção dialógica da publicidade que opera na democracia deliberativa e contrastei-a com discursos especializados (como a ciência e a lei) e com ideias liberais de neutralidade e imparcialidade. Antes de deter-me nos detalhes de minha abordagem dialógica da deliberação (o objetivo principal que deve explicar por que razões tornam-se convincentes como razões públicas), permitam-me considerar brevemente dois modelos alternativos de deliberação que possuem alguns proponentes entre teóricos deliberativos: o pré-cometimento (pré-compromisso) e procedimentalismo puro. O modelo de pré-cometimento descreve a racionalidade do processo deliberativo em termos de ele ser governando por constrangimentos irrevogáveis (geralmente incorporados aos "direitos" constitucionais); o modelo do procedimentalismo ideal vê regras procedimentais e constrangimentos como suficientes para a racionalidade da deliberação. Argumento que esses modelos pressupõem a igualdade de crenças e desejos de maneira que tornam-se inapropriados para o processo do debate político. Eles também não podem, em princípio, fornecer uma abordagem adequada para o processo através do qual o quadro analítico da deliberação é revisado. Finalmente, ilustrarei a superioridade prática de meu modelo dialógico para os problemas colocados pelo que Martha Minnow (1990, cap. 1) chama de "dilemas da diferença" – dilemas que requerem que pensemos sobre a deliberação de novas maneiras.

## Modelos alternativos de deliberação: atividade conjunta *versus* procedimentalismo e pré-cometimento

Modelos que enfatizam o pré-cometimento (compromisso) enxergam as regras do autogoverno democrático como uma estratégia para alcançar cooperação social, isto é, como um comportamento autorrestritivo ou auto limitador. Tais estratégias são necessárias para produzir uma cooperação estável entre sujeitos pertencentes a facções ou que se preocupam com o próprio interesse, se forem seres humanos ou, como diria Kant, se pertencerem à "raça dos demônios". Na política, constituições ou contratos podem ser considerados acordos prévios para constrangimentos irrevogáveis: assim como Ulisses atou-se ao mastro para evitar os chamados das sereias, os cidadãos constrangem-se a si próprios através de suas constituições para evitar conflitos (ELSTER, 1984c, p. 36).[25] Como comenta John Elster (1984c, p. 37), "as sociedades, assim como os indivíduos, acharam que seria útil vincularem-se, por exemplo, através de uma constituição" a fim de resolverem problemas derivados de sua racionalidade imperfeita e de sua fraqueza de vontade. De modo semelhante, Samuel Freeman entende o acordo obtido pela posição original de Rawls como um "pré-compromisso conjunto com certos princípios" (FREEMAN, 1990, p. 143), os quais podem tornar-se uma base pública "irrevogável" para a justificação. Em uma perspectiva mais deliberativa, Elster argumenta que o engajamento em todo diálogo envolve "um pré-compromisso com uma decisão racional" (ELSTER, 1984b, p. 113).[26]

A analogia entre pré-compromissos e constituições acarreta dois problemas. Em primeiro lugar, como esses acordos poderiam ser alcançados? Mesmo se forem estabelecidos, qual papel poderia ser desempenhado por pré-cometimentos estritos na vida social? A concordância com esses compromissos teria de ser, ela própria, unânime e dependente de um forte consenso sobre os objetivos da vida política. Assim, Freeman entende tais acordos como apelos a um "interesse social compartilhado", no qual "cada indivíduo deseja o mesmo objeto, um pano de fundo de instituições sociais" (FREEMAN, 1990, p. 143). Tomando como base esse desejo compartilhado, Freeman entende a governança democrática como um "empreendimento

---

[25] Paralelamente à análise de Elster sobre esse exemplo, ver SCHELLING, 1987, p. 163-200.

[26] A norma da racionalidade, entretanto, é geralmente o objeto do debate público e, por isso, não pode ser sua pressuposição.

coletivo, onde cada um é apoiado pelos outros em sua decisão, assegurando assim a perpetuação e irrevogabilidade dos princípios acordados" (FREEMAN, 1990, p. 145).

Embora minha visão da deliberação compartilhe com modelos procedimentalistas uma ênfase nas condições de comunicação na esfera pública, ela compartilha com modelos de pré-cometimento uma ênfase na política como um "empreendimento coletivo". Na verdade, as condições gerais tanto para a comunicação pública quanto para a atividade deliberativa conjunta precisam ser asseguradas constitucionalmente. De acordo com os pressupostos do modelo de pré-cometimento, entretanto, a atividade coletiva da política é baseada em um comportamento estratégico de segunda ordem, e não em um certo tipo de diálogo ou planejamento públicos. Embora ambos possam impor ações futuras conjuntas, eles fazem isso de modos totalmente diferentes, transformando o diálogo em algo típico do planejamento de atividades conjuntas, das quais o pré-cometimento é um caso especial. Nesse sentido, a atividade conjunta opera somente até o ponto em que o compromisso é irrevogável, e ele é irrevogável até onde a obediência assegura o benefício mútuo.

É difícil imaginar que aqueles que estão comumente em desvantagem em uma atividade como essa irão querer continuar um tal arranjo, a não ser que a estabilidade seja um valor mais importante que qualquer outra coisa. Como na imparcialidade, o pré-cometimento permanece ou "cai" na suposição de que todos os cidadãos têm o mesmo desejo pelo mesmo objeto, e que eles compartilham o objetivo de possuir algum pano de fundo institucional para a política. Certamente, o desejo por uma vida política compartilhada depende das concepções dos agentes e, portanto, não podem ser supostamente idênticas entre todos os participantes da deliberação.[27] Mesmo se os cidadãos têm desejos idênticos, estes podem mudar a partir do momento que os cidadãos começam a deliberar sobre as instituições e seus princípios gerais. Se os pré-cometimentos requeridos são muito específicos, muitos cidadãos não irão cooperar na deliberação; se os compromissos são muito gerais, eles não constituem uma base sobre a qual os conflitos podem ser evitados e o comportamento estratégico limitado. O problema básico é que pré-compromissos coletivos funcionam somente se estabelecem um mecanismo de execução para manter os outros comprometidos com seus

---

[27] Sobre a ideia de um desejo dependente de uma concepção (ou conceito) como aquele que depende de uma doutrina moral compreensiva, ver RAWLS, 1993, p. 81. Rawls caracteriza "o desejo de ter uma vida política compartilhada em termos que sejam aceitáveis aos outros enquanto livres e iguais", como dependente de uma concepção (*conception-dependent*) (p. 98).

compromissos.[28] Dado que a não tirania requer que os cidadãos sejam os executores de seus próprios compromissos, o problema original simplesmente se repete em casos de conflito com aqueles que acham o acordo original inaceitável. Os casos especiais nos quais os pré-compromissos podem tornar-se efetivos não podem ser generalizados para toda deliberação democrática. O único argumento para eles – o de que eles são o único modo de realizar os diferentes desejos de uma vida política compartilhada – é difícil de ser estabelecido empiricamente.

Os pré-cometimentos são também insuficientes para levar em consideração as qualidades recursivas e dinâmicas da deliberação na qual os cidadãos adquirem mais compromissos e revisam outros. Mas, acima de tudo, os pré-cometimentos desse tipo dependem de uma identidade de crenças e desejos, que é uma forte suposição política desnecessária. Diante disso, seria difícil ver por que o pré-cometimento é necessário em primeiro lugar. Pode ser verdade que algumas leis funcionem como pré-cometimentos, como quando indústrias são proibidas de produzir fluocarbonetos. Mas os pré-cometimentos não auxiliam a estabelecer seja conflitos de interesse, seja disputas sobre princípios que ocorrem quando as pessoas têm crenças e desejos suficientemente diferentes. A crença na finalidade dos fundamentos constitucionais também simplesmente ignora suas novas especificações dialógicas e renegociações em todas as formas correntemente existentes de democracia.

Essas revisões podem ser somente substantivas, deixando o quadro procedimental intacto, exatamente como o pré-cometimento coletivo exige. Contudo, isso não está de acordo com os fatos de uma prática democrática estável. De acordo com Bruce Ackerman, esse tipo de revisão dos fundamentos constitucionais é uma característica constante da história Americana:

---

[28] Esse é um dos principais resultados do estudo sobre a emergência de um comportamento cooperativo. Tudo o que esses atores podem fazer para incitar um comportamento cooperativo nos outros é tornar claro que eles agirão de maneira consistente ao seguir normas ou regras. É o meu compromisso com uma certa ação, e não minha insistência em fazer com que os outros se atenham aos seus compromissos, que induz à cooperação. Ver AXELROD, 1984; KNIGHT, 1992, p. 130-131. Exemplos como aquele desenvolvido em *Ulysses and the sirens* mostram o problema com relação ao modelo da imposição: Ulisses tampa o ouvido de seus homens para que eles não ouçam suas próprias súplicas por liberdade. Uma vez que todos preferem estar a salvo, esses homens não são impositores, mas mudos obstáculos às mudanças de preferências de Ulysses. Meu problema com o modelo como um todo é que ele não é simplesmente aplicável a todas as situações políticas que emergem em democracias constitucionais, como mostro a seguir. Knight oferece uma análise semelhante: "Embora possamos encontrar muitos exemplos como esse em situações isoladas de barganha, é difícil encontrar tecnologias similares e mais sistemáticas nessas interações capazes de produzir instituições sociais. Pré-cometimentos requerem também o envolvimento de uma terceira parte com quem um acordo com um dos lados possa ser estabelecido ou algum outro mecanismo capaz de penalizar falhas em seguir de acordo com os compromissos estabelecidos por uma das partes"(p. 131).

revisões constitucionais na Reconstrução e o *New Deal* "foram tão criativas procedimentalmente quanto substantivamente" (ACKERMAN, 1991, p. 44). Além de a interpretação de direitos civis específicos ter sido ampliada pela Reconstrução e a propriedade dos direitos ter sido diminuída pelo *New Deal*, o próprio processo de revisão foi alterado para dar mais poder para instituições de nível nacional acima dos Estados. A doutrina federalista de separação dos poderes modificou-se de modo comparável, mudando da divisão anterior de poderes entre a nação e o Estado para uma separação de poderes dentro das instituições do governo nacional. Revisões similares dos fundamentos constitucionais, e não o reconhecimento gradual de algum pré-cometimento na Constituição, também caracterizam o mais recente movimento pelos direitos civis. A fim de permanecer democrática, mesmo uma democracia constitucional estável precisa ser capaz de revisar compromissos existentes e de criar um novo quadro institucional em tempos de crise. Em períodos específicos, diferentes ramificações do governo têm sido mais responsivas à voz pública do que outras e, por isso, adquiriram mais poder político – tanto que Ackerman pode chamá-las de "regimes constitucionais" diferentes (ACKERMAN, 1991, p. 59). Esse dinamismo é necessário para manter as instituições democráticas enraizadas nas necessidades e na vontade pública dos cidadãos, as quais foram frustradas e não cumpridas pelos regimes anteriores.

Os pré-cometimentos são, no mínimo, dispositivos específicos que podem retirar algumas questões da agenda pública por breves períodos. Como tais, eles são às vezes democráticos e às vezes não: eles podem proteger minorias e seus direitos, mas podem também perpetuar as maiorias e seu poder sobre as minorias. Julgar os pré-cometimentos exige algum critério independente, e parece imprudente torná-los imunes à revisão. Se as constituições devem ser instrumentos do pré-cometimento, elas foram pessimamente designadas para esse propósito. É melhor percebê-las como provedoras de compromissos ordinários de planejamento e seus constrangimentos sobre a ação futura do que como estabelecedoras de decisões irrevogáveis.[29] Assim como os planos de agentes individuais os auxiliam a coordenar seus muitos desejos e objetivos quando novas situações e contingências aparecem, as constituições personificam

---

[29] Na obra *Intentions, Plans and Practical Reason*, Michael Bratman oferece boas razões para pensarmos que os pré-compromissos são raros e dramatizam os efeitos constrangedores de um planejamento complexo, mesmo em casos individuais. Exemplos dramáticos de pré-compromissos são quase fascinantes, comenta ele, "mas temos uma visão distorcida da intenção direcionada para o futuro se os tomamos como paradigmáticos da intenção" (1987, p. 12). Eles nos fornecem, de modo semelhante, uma visão distorcida da lei, tanto que esses modelos tornam quase misterioso o modo como as constituições supostamente deveriam coordenar planejamentos em processo ou regular a deliberação de modo mais geral.

intenções orientadas para o futuro, planos e normas que auxiliam na coordenação da atividade aberta e coletiva da deliberação.

Modelos procedimentais não possuem os problemas (muito semelhantes entre si) de postular a unanimidade dos desejos e a finalidade interpretativa das normas que aborrecem os pré-cometimentos. Contrariamente a esses cometimentos, os procedimentos podem passar nos testes deliberativos e autorreferenciais e podem ser reflexivamente revisados para promover uma deliberação melhor e mais bem sucedida. Teorias procedimentalistas não são nem instrumentalistas nem estratégicas; elas estão orientadas para a justiça, e não para tipos específicos de resultados ou conclusões. Ao invés de perceberem as constituições como dispositivos de pré-cometimento, os procedimentalistas as veem como especificadoras de procedimentos que conduzem a uma decisão social bem definida, isto é, "um conjunto de regras que descreve um mecanismo institucional através do qual decisões são de fato tomadas" (BEITZ, 1989, p. 22-23). Mas o caráter muito formal dos procedimentos torna-os abertos a objeções parecidas com aquelas que levantei contra o modelo do pré-cometimento: procedimentos não são autojustificativos e necessitam ser aplicados em uma deliberação futura. Sempre que são interpretados e aplicados, os procedimentos ainda precisam de uma razão, e essa razão é a deliberação. Eles promovem a deliberação somente se o seu caráter básico possa ser especificado independentemente dos procedimentos. Procedimentos formais são autorreferencialmente justificados somente se tornam a deliberação mais pública; senão, o fato de meramente seguir um procedimento, não importa quão justo, não influenciará a qualidade do acordo alcançado ou das razões que o sustentam.

As justificações procedimentalistas da democracia possuem ainda uma falha, uma que as faz enfatizar em excesso questões constitucionais: elas confundem a justificação pública com o *design* de instituições que possibilitam um lugar ao discurso e à deliberação. Argumentei anteriormente que a racionalidade de um procedimento nem sempre providencia uma razão convincente para endossar qualquer decisão particular.[30] Em vez de providenciar a base para a justificação pública, os procedimentos tornam explícitas algumas condições da deliberação democrática, tais como constrangimentos instituídos sobre desigualdades sociais preexistentes. Considerações procedimentais, contudo, nem sempre esclarecem os modos através dos quais os cidadãos podem explorar arranjos democráticos justos, nem podem

---

[30] John Dryzek (1990, cap. 2) desenvolve a noção de "*designs* discursivos" para instituições que promovem a deliberação dentro de suas estruturas.

esclarecer por que grupos em desvantagem devem continuar a cooperar (a menos que contemplados com uma abordagem da deliberação pública como atividade conjunta na qual todos esperam influenciar racionalmente os resultados). Uma vez que precisam ser interpretados de uma nova forma em cada situação de deliberação, os procedimentos são muito indeterminados para guiar a prática deliberativa de sua aplicação. Apelar meramente para regras ou procedimentos é dificilmente suficiente, porque a tarefa da deliberação é aplicar essas normas a novas situações e contextos.

Passarei agora a um exemplo que ilustra tanto minhas críticas a essas outras visões quanto as vantagens de uma deliberação mais dinâmica e dialógica. Talvez a melhor ilustração das diferenças existentes entre o modelo da atividade conjunta da deliberação atual e os modelos procedimentalistas e de pré-cometimento seja aquela à qual já fiz alusão anteriormente: o papel da deliberação pública em desenvolver e expandir direitos constitucionalmente protegidos desde o *New Deal*. Nos anos 1930, o Congresso, em conjunção com o desenvolvimento de novas proteções e direitos para os trabalhadores, aprovou novas leis para solucionar conflitos sociais que eram insolúveis sob a interpretação do *laissez-faire* dos direitos de propriedade. Em 1937, após um período de grande resistência, a justiça da Suprema Corte, apontada pelo Presidente Franklin Roosevelt, aprovou essas proteções e descartou precedentes que durante muito tempo foram tidos como irrevogáveis e imunes à intervenção e regulação do governo. Antes do *New Deal*, o entendimento das liberdades constitucionais orientadas para a propriedade fez dessas proteções as ferramentas legais para a exclusão de muitas desigualdades da agenda pública, incluindo direitos associativos dos trabalhadores de se organizarem em sindicatos. Pela infame decisão *Lochner*, a Corte repudiou uma lei de 1905 que pretendia "limitar" as horas de trabalho a 60 horas por semana.

Como esse entendimento dos direitos e procedimentos se transformou? A experiência da Depressão de 1929 alterou o entendimento público desses direitos. Essas mudanças também levaram os legisladores a alterar o quadro institucional do governo e a abandonar efetivamente o incômodo e facilmente subvertido processo federalista como único modo de fazer com que o corpo de cidadãos pudesse dar voz às suas demandas de revisão constitucional (ACKERMAN, 1991, p. 47). O *New Deal* também pôs fim a um certo entendimento da regra da lei extendendo gradualmente os direitos para além de ideais meramente formais de igualdade e introduzindo ideais corretivos de igualdade política. Na verdade, emendas corretivas à Constituição emergiram da experiência vivida na Guerra Civil e na Reconstrução. Com o *New Deal*, a classe trabalhadora e os cidadãos pobres "procuraram utilizar a emenda" de modo a generalizar suas proteções para além de seus contextos originais de experiência (ACKERMAN, 1991, p. 115).[31] Situações problemáticas parecidas levaram outros grupos a desafiar interpretações restritas de várias oportunidades procedimentais e direitos civis, na medida em que pressupunham desigualdades de gênero e raça na identidade dos cidadãos; essas mudanças levaram a um bem-estar e a práticas de emprego diferentes por meio do aumento da inclusão de pessoas adversamente afetadas pela agenda e pelo quadro deliberativo anterior. Nesses casos, a deliberação enriqueceu substancialmente o conteúdo de concepções políticas básicas acerca de direitos e proteções, precisamente porque as oportunidades procedimentais existentes e abertas a todos não serviam ao propósito de oferecer igual consideração às preocupações de todos os cidadãos no processo político.

Devo agora voltar-me para uma abordagem não kantiana do processo deliberativo e de como ela pode produzir razões públicas convincentes, mesmo sob a ausência de uma argumentação especializada, da unanimidade e da imparcialidade. É difícil perceber como esses requerimentos normativos estritos podem tornar-se consistentes com os princípios de uma democracia em funcionamento. Argumentarei que a deliberação demanda uma forma singular de atividade cooperativa que pode continuar mesmo quando há conflito. Ela não requer nem um acordo unânime entre todos, nem algum acordo agregativo de cada um, mas um ideal distributivo de acordo que outorga a cada um sua própria motivação para cooperar em um processo de julgamento público. Uma abordagem dialógica da deliberação captura melhor o processo de reinterpretação das normas e procedimentos à luz de novas experiências e situações problemáticas.

## O processo dialógico da deliberação pública

Em que sentido a cooperação democrática é racional? Definida de modo geral, a racionalidade nesse contexto diz respeito não ao conteúdo das crenças, mas a "como os atores adquirem e utilizam o conhecimento" (HABERMAS, 1984, p. 9). Essa definição implica que práticas sociais são racionais na medida em que promovem a aquisição e o uso do conhecimento. Vários teóricos democráticos tentaram identificar uma ou outra característica dos discursos ou instituições

---

[31] Ackerman entende as mudanças trazidas pelo *New Deal* à Constituição como uma luta sobre como aplicar o igualitarismo da décima terceira e décima quarta emendas. Antigamente, os juízes resistiam à intenções de redefinir e de limitar os direitos de propriedade e manter suas restritas aplicações. As experiências vividas específicas por trás dessas emendas permitiam a esses juízes interpretar os direitos de propriedade como pré-compromissos: as bases da República "enquanto fonte de princípios gerais que deveriam ser seguidos de modo geral, exceto em contextos especiais regulados pela Reconstrução" (1991, p. 115). Desses debates, podemos extrair que lutas por inclusão e por uma justiça corretiva igualitária não estão sempre contra princípios universais, mas, sim, contra sua interpretação particularmente restrita.

políticas como o cerne da racionalidade das práticas democráticas, geralmente sobre o modelo da justificação pública na ciência, na lei ou na moralidade; contudo, a deliberação política é mais complexa do que essa descrição de sua racionalidade indica. A política deliberativa não possui um domínio singular; ela inclui atividades diversas como formular e alcançar objetivos coletivos, tomar decisões políticas sobre meios e fins, resolver conflitos de interesse e princípio e resolver os problemas assim como emergem no curso da vida social.[32] A deliberação pública tem que tomar muitas formas. Ainda assim, essas atividades são democráticas na medida em que são consistentes com os princípios de igualdade, não tirania e publicidade.

A diversidade do domínio político torna mais amplo o ponto de partida da legitimidade: as decisões precisam somente ser justificadas por alguma razão pública. A deliberação, em geral, diz respeito à solução de problemas típicos com o auxílio de recursos disponíveis às instituições políticas. O procedimentalismo está correto ao mencionar que a publicidade não pode ser um critério determinante para decisões específicas. Quando iniciada em situações problemáticas, a deliberação assume que a vida social está em processo e é, às vezes, frágil. Em vez de formar um novo consenso quando a coordenação falha, é melhor ver a deliberação pública como uma forma cooperativa e conjunta da ação social. Essa mudança para a ação cooperativa entendida como o próprio modelo para a deliberação não só se adéqua ao modo como os problemas políticos são resolvidos atualmente (se eles puderem ser resolvidos), mas também traduz um melhor sentido para os requerimentos de acordos políticos que emergem em sociedades complexas e diversas. No lugar de ser um outro apelo para práticas com base em acordos compartilhados, a deliberação depende de um aspecto diferente da ação social: a *accountability* da ação inteligível aos outros e a habilidade reflexiva dos atores de continuar a cooperação estendendo aquela a todos os atores e a novas situações.[33]

Quando estendida para além de contextos de rotina, a *accountability* pública é medida em termos de seus ganhos práticos no processo. Mesmo

---

[32] Habermas caracteriza o discurso político como complexo da mesma forma. Ele argumenta ainda que a complexidade discursiva é uma objeção decisiva para a democracia radical. O que quero evidenciar aqui é que essa linha argumentativa deriva de uma visão extremamente imparcial da publicidade. Ver o capítulo 3 de *FG*; ver também "On the pragmatic, the ethical and the moral employments of practical reason", no livro de Habermas, *Justification and Application: Remarks on Discourse Ethics*. (1993).

[33] Como indicado anteriormente, retiro da etnometodologia a noção de "*accountability*" dos atores sociais bem informados. Para uma discussão mais longa sobre o problema da reflexividade da ação social na teoria social, e sobre quão bem informada uma ação social ainda é possível ser, mesmo em sociedades complexas, ver minha obra *New Philosophy of Social Science: Problems of Indeterminacy* (1991), especialmente o capítulo 2.

na vida cotidiana, ela é requerida em situações nas quais as expectativas e a coordenação falham. Quando alguém que conhecemos recusa-se a agradecer a um cumprimento, podemos exigir uma justificação se a possibilidade de uma interação futura deve ser almejada. Esses ganhos processuais podem tornar-se reflexivos e recursivos na deliberação pública, a qual possui o seu próprio tipo de expectativas e formas de *accountability*. Um proferimento público precisa ser inteligível e passível de ser respondido diante das objeções dos outros; se ele não é, os atores podem perder seu *status* público como *accountable* diante de uma audiência indefinida. O espaço público se fecha.

A *accountability* deliberativa pode ser ligada a qualquer número de mecanismos complexos de coordenação, como aqueles encontrados em instituições formais que expandem o potencial de serem responsivas aos outros a contextos mais amplos que a interação face a face. O processo de deliberação pública traz junto de si duas capacidades sociais que são cruciais para o estabelecimento da cooperação: a *accountability* em processo dos atores em situações problemáticas e a capacidade dos atores de engajarem-se em uma comunicação generalizada na esfera pública. No mínimo, a *accountability* pública demanda uma esfera pública política em todas as instituições nas quais atores políticos devem ser responsivos ao público.

Expectativas mútuas e a *accountability* trabalham de dois modos distintos nas ações sociais cotidianas: não só como bases para a ação coordenada, mas também como meio de desafiar e sancionar outros atores quando essa coordenação falha. É justamente tal quadro de expectativas (e não só a estrutura da comunicação) que a deliberação pública reflexivamente retira de contextos específicos e generaliza dentro de novas situações problemáticas. A prática da deliberação pública cria uma nova base recursiva e reflexiva para expectativas gerais, geralmente explicitadas em associações sob a forma de regras de ordem e, mais importante, nas constituições com seus procedimentos, direitos e divisão de poderes. Tal prática é recursiva na medida em que seu quadro analítico pode ser usado para mudar práticas de *accountability*. As regras e os direitos de uma constituição estão elas mesmas disponíveis para renegociação e reinterpretação no processo da vida social; uma deliberação adequada requer tal quadro analítico comum e público com propriedades recursivas planejadas e suficientes para torná-la aberta, acessível e dinâmica.[34] Podemos incluir aqui todas as práticas de revisão de decisões

---

[34] Para uma discussão desse ponto, ver O' NEIL, 1989b, p. 49. Como aponta Habermas em *The Structural Transformation of the Public Sphere* (p. 51), membros da esfera pública são reflexivos: eles "leem e discutem sobre si mesmos" e estão preocupados sobre como manter seu próprio caráter público. Essa

democráticas, como a revisão judicial e a mudança legislativa. Mas, mais importante, a revisão começa com demandas mútuas para a *accountability* dos atores na esfera pública.

Tendo em vista essas propriedades gerais de um quadro analítico reflexivo de *accountability* pública, é possível especificar como as razões oferecidas na deliberação tornam-se convincentes e efetivamente reparam uma situação problemática. Enquanto atividade conjunta, a deliberação produz resultados de modo não agregativo. Mesmo se essa atividade em si fosse analisada novamente como requerendo a mesma "intenção coletiva" de cada ator, ela poderia deixar obscura se essa intenção pode ou não ser consumada (TUOLEMA; MILLER, 1988, p. 367-389). Como alternativa para as análises coletivistas e individualistas, John Searle e outros propuseram uma abordagem alternativa da atividade cooperativa que é tanto intersubjetiva quanto pública (SEARLE, 1990). A deliberação pública é uma dentre as muitas atividades cooperativas que demandam um agente ou sujeito plural em vez de coletivo ou individual. A deliberação não pode ser realizada por um único ator, pois a deliberação individual tem uma estrutura diferente, nem é necessariamente realizada somente por um grupo unânime. Atividades coletivas são realizadas apenas por sujeitos plurais, constituídos por indivíduos autônomos. Muito parecida com um jogo, a deliberação pública é estruturada de tal modo que cada sujeito de uma pluralidade de atores distintos coopera respondendo aos outros e influenciando-os.

O objetivo da deliberação pública é solucionar um problema junto com outros que possuem perspectivas e interesses distintos, um processo que precisa começar com uma definição compartilhada do problema. Esse tipo de atividade altamente contestatória requer os constrangimentos de práticas históricas regularizadas, as quais podem ser livremente organizadas em convenções implícitas ou estritamente organizadas por regras formais. Nesses ambientes, os atores engajam-se em atividades de solução de problemas que não poderiam realizar sozinhos. Eleger um presidente ou aprovar uma legislação é parecido com tocar *jazz* em trio ou construir um automóvel em uma fábrica: a intenção específica de um é somente uma parte do amplo resultado de uma atividade compartilhada que não está inteiramente sob o controle de um só indivíduo. Como qualquer ouvinte de *jazz* pode atestar, essa atividade compartilhada e improvisada facilmente falha por falta de coordenação. Quando bem sucedida, a deliberação

---

autorreferência tem motivado especialmente reações contra a censura do Estado como parte do processo de autodefinição da esfera pública.

produz uma intenção compartilhada que é aceitável para uma pluralidade de agentes que participam de sua própria formação. Na democracia deliberativa, a votação pode ser vista pelos cidadãos como um método para formar intenções coletivas.

Em tais casos, intenções compartilhadas podem ser explicadas como partes da relação na qual os meios são individuais, mas o objetivo é definido pela interação do grupo. O resultado, se público, pode ser "sem sujeito", como define Habermas (1992, p. 210), no sentido de que ele não se submete às crenças e desejos particulares de nenhum dos participantes. Cada um dentre uma pluralidade de agentes deliberativos pode aceitar tal objetivo ou resultado a partir do momento que podem reconhecer suas próprias intenções como parte da atividade deliberativa, mesmo se ela não for diretamente uma parte de seu resultado específico. Como um bom trio de *jazz*, a deliberação alcança sucesso somente quando cada indivíduo mantém sua distinção e o grupo mantém sua pluralidade; a coesão é somente um produto da contribuição distinta de cada pessoa.

Mas a analogia entre a deliberação e as ações sociais coletivas não é perfeita. Nem todas essas ações têm as características reflexivas especiais da deliberação pública. Essas características são específicas da comunicação dialógica. Diferentemente da atividade coletiva que está engajada em alcançar um objetivo coletivo, o sucesso do diálogo não pode sempre ser especificado através de meios e fins. Os resultados de um diálogo são geralmente imprevisíveis do ponto de vista de cada ator particular. Mesmo se um diálogo deve supostamente produzir um acordo, ele não pode facilmente predizer como ou quando tal acordo será produzido. Salientar um conflito às vezes ajuda a resolvê-lo: desacordos claros e astutos podem, na verdade, melhor promover a deliberação do que tentativas prematuras de consenso. Essas considerações mostram que atividades instrumentais cooperativas "pressupõem a comunidade" (SEARLE, 1990, p. 414), enquanto o diálogo não. Nem podemos predizer, no curso do diálogo, o conteúdo do "tipo de razões que estamos preparados para reconhecer" como legítimas, nem se elas são públicas.[35] As razões públicas simplesmente dão continuidade ao diálogo cooperativo.[36]

---

[35] BEITZ (1989, p.100) considera isso o centro de seu "procedimentalismo complexo".

[36] Essa concepção de cooperação se assemelha à ideia de Bruce Ackerman de que os cidadãos deveriam ser guiados pelo Imperativo Pragmático Supremo para continuar o diálogo sobre o "bem". Argumento que tal diálogo, se deliberativo, pode solucionar os reais problemas de conflito e de desacordo, os quais Ackerman sugere que os cidadãos não deveriam discutir em nome da coexistência. Ver ACKERMAN, 1989, p. 5-22. Para uma crítica dessa perspectiva sob o ponto de vista de uma concepção discursiva da esfera pública, ver BENHABIB, 1992, p. 96.

## Mecanismos dialógicos na deliberação pública

O diálogo é uma atividade coletiva particular com as características necessárias para a deliberação. Não podemos nos engajar no diálogo por nós mesmos, e nossas contribuições particulares formam uma parte de um todo que não podemos determinar ou dirigir completamente. Geralmente o diálogo é um meio para se atingir um fim, como quando eu convenço você pelo diálogo a me dar um *motorhome*; mas esse pedido não precisa ter um propósito externo ou resultado pretendido. Muito frequentemente o diálogo tem lugar com base em valores e crenças compartilhados, como valores de fundo, mas ele também serve para apontar desacordos sobre esses valores. Ele pode produzir um *insight*, entendimento ou mesmo amor, mas o diálogo pode também falhar e produzir o oposto.

A deliberação pública é um diálogo com um objetivo particular. Ela almeja superar uma situação problemática através da solução de um problema ou resolução de um conflito. A atividade conjunta através da qual a deliberação se constitui na esfera pública é dialógica e não meramente discursiva. Os discursos empregam critérios regulativos específicos de justificação, e eles são tipicamente estruturados em direção a um tipo ou outro de demanda. Por exemplo, discursos científicos estão orientados em direção a demandas de verdade, enquanto discursos legais são constrangidos por argumentos e demandas que são consistentes com o corpo da lei. Em contrapartida, o diálogo é a mera troca de razões. Ele não almeja necessariamente produzir demandas bem justificadas, mas sim demandas que são amplas o suficiente em escopo e suficientemente justificadas para serem *accountable* diante de um público indefinido de concidadãos.

O discurso se constitui pelo diálogo. Apesar disso, o discurso e o diálogo precisam ser distinguidos em várias dimensões. Essas distinções separam minha visão dialógica da abordagem discursiva de Habermas da política deliberativa. Primeiro, a deliberação é dialógica, porque ela não suspende os constrangimentos às ações. A deliberação opera quando uma pluralidade de agentes que atuam juntos tentam convencer-se mutuamente a coordenar suas atividades de modos particulares. Segundo, o discurso é mais exigente que o diálogo; como uma comunicação de se Cgunda ordem, ele pressupõe idealizações, ou, mais que isso, pressupõe um acordo unânime sobre regras básicas e critérios de justificação racional.[37] Terceiro, os discursos são abertos

---

[37] Para uma abordagem sistemática dessas idealizações e regras procedimentais, ver ALEXY, 1990. Suas regras básicas incluem a sinceridade e a consistência, assim como um acordo prévio acerca dos significados. Regras pragmáticas de justificação são, para Alexy, baseadas similarmente na unanimidade; todas começam com a frase: "todos precisam aceitar que...". Diferentemente das regras básicas, que devem ser formuladas como máximas e não como pressuposições, a deliberação pública requer somente normas que possam ser reflexivamente empregadas na própria deliberação pública.

somente em princípio, pois os requisitos necessários para a participação ativa precisam ser bastante elevadas. O diálogo não requer uma especialidade epistêmica específica e está aberto a todos os cidadãos que desejam formular o resultado da deliberação.

O discurso e o diálogo têm características em comum. Primeiro, a justificação está em questão em ambos. No diálogo, entretanto, o que é crucial para a justificação é que ela seja convincente para os outros, que incorporam essa razão proferida e responde a ela na interação subsequente. Segundo, cada uma dessas formas de comunicação precisa das razões dos agentes. Apesar disso, diálogos não são constrangidos do mesmo modo que os discursos: há uma troca de razões, e, às vezes, essas razões entram em conflito. Essa troca de razões pode ramificar-se por meio da oposição inicial em cada resposta dos interlocutores. Ao mesmo tempo, o diálogo sempre precisa ser mantido por cada interlocutor que permanece *accountable*, aos outros por meio de suas contribuições.

No diálogo há movimento. Cada interlocutor incorpora e reinterpreta as contribuições dos outros às suas próprias. Depois de um determinando período de tempo, os interlocutores começam a utilizar expressões que não empregavam antes, afinal, o processo de tentar convencer os outros pode alterar não só o modo de expressão de alguém, mas também as razões que esse indivíduo considera convincentes. Ouvimos frequentemente alguém dizer coisas quando deve prestar contas aos outros atores específicos que não poderiam ser aceitas de outro modo. Esse movimento de troca de razões é parte de um processo mais amplo de interpretação, como quando propomos interpretações de um texto e as revisamos através de leituras futuras do texto (GADAMER, 1989, p. 199-201). Reinterpretações de romances significam o sucesso de um diálogo, medido na consideração e entendimento de outros pontos de vista e razões derivadas da própria interpretação dos interlocutores no curso da discussão.[38] Seguindo J. L. Austin, denomino esse processo de "assegurar o entendimento" no diálogo.[39]

Mas a deliberação política não é somente a interpretação mútua das contribuições dos outros. Ela ocorre dentro de um quadro analítico de interação social *accountable* que é reflexivamente chamado em questão

---

[38] Por isso, meu uso do termo "*uptake*" (gastar um tempo longo ou curto para entender algo) cunhado por Austin inclui tanto atos perlocucionários quanto ilocucionários; alguns efeitos perlocucionários, como o alcance de uma perspectiva entre aqueles que são resistentes a ela, promovendo a deliberação. Os meios disponíveis para um "falante" promover a deliberação passam por essa ampla distinção entre tipos de atos de fala. Sendo assim, utilizo o termo mais geral de Austin "*uptake*". Para debates sobre essa questão, ver: *Essays on J. L. Austin,* ed. I. Berlin (WARNOCK, 1973).

[39] Cf. AUSTIN, 1962. (N.T.).

quando utilizado. Vários modelos de equilíbrio, incluindo o equilíbrio reflexivo de Rawls e o conceito de aprendizado de Piaget, têm sido propostos para capturar esse processo dinâmico de reflexão e revisão. A característica importante que esses modelos capturam é que a situação deliberativa é dinâmica e aberta. A resolução de situações problemáticas pode tornar-se relativamente permanente quando instituições novas ou renovadas emergem de uma solução de problemas bem sucedida e da coordenação das ações (KNIGHT, 1992, cap. 3). Mas, no nível da análise da deliberação pública, precisamos não pressupor que instituições formais existem previamente ou que a situação deliberativa irá sempre produzir algum ponto de equilíbrio em direção ao qual interesses e razões convergem. Vários mecanismos dialógicos que operam na deliberação pública nem sempre dizem respeito à restauração do equilíbrio do processo e do equilíbrio de razões, tampouco à revisão de entendimentos comuns que estão operando na atividade cooperativa em processo.

Aqui eu providencio somente uma lista inacabada de tais mecanismos para restaurar a atividade conjunta. Minha lista de cinco desses mecanismos não exaure as possibilidades da deliberação pública baseada no processo de oferecer razões e responder aos outros através do diálogo. O fio comum que interliga todos esses mecanismos é que eles produzem um "entendimento deliberativo rápido" entre todos os participantes da deliberação – ou seja, eles promovem a deliberação baseada em razões endereçadas aos outros, que devem respondê-las no diálogo. Esse entendimento é diretamente expresso na interação dialógica, na troca de razões de vários tipos.

(1) A concepção de Rawls do equilíbrio reflexivo providencia um modelo para o primeiro tipo de mecanismo dialógico: os interlocutores trabalham para tornar *explícito* o que está *latente* em seus entendimentos comuns, intuições compartilhadas e atividades em processo. Na tentativa de fortalecer a essência de seus entendimentos comuns, os agentes empregam "noções e princípios compartilhados" que fazem parte supostamente de uma "cultura pública" (RAWLS, 1980, p. 518). O movimento de troca e de disputa de interpretações dessa cultura comum pode tornar esses princípios explícitos, geralmente através de maneiras narrativas. A fim de encontrar os requerimentos limítrofes da deliberação pública, entretanto, uma descrição puramente hermenêutica desse processo precisa ser modificada. Não somente uma continuação do quadro normativo da deliberação é democrático. Em oposição ao modelo de interpretação do conteúdo

de pressuposições partilhadas guiado pela tradição, aqui o questionador (e assim aquele que entra em dissenso) tem prioridade para demandar justificações para práticas e interpretações correntes. O ganho epistêmico aqui é que as razões sustentadas pela tradição podem tornar-se menos convincentes quando explicitadas, especialmente se elas têm o propósito de parecerem naturais. Formular essas razões com detalhes suficientes é geralmente suficiente para revelar o caráter arbitrário e convencional da justificação. Acima de tudo, tornar as razões explícitas requer prover respostas a objeções específicas daquele que discorda; se elas não podem ser respondidas, elas falham em satisfazer o teste da publicidade. Diálogos desse tipo podem operar do lado oposto também. Disputas sobre interesses diferentes podem ser resolvidas quando a solução faz parte de um amplo contexto de princípios, como aqueles que tornam explícitas demandas de igualdade política. Por exemplo, diálogos cambiantes sobre interesses e valores no nível dos princípios podem persuadir membros em vantagem a considerar os encargos que seus princípios requerem. Quando esses mecanismos dialógicos são empregados, a deliberação chega a um fim quando os parceiros em diálogo explicaram seus entendimentos comuns suficientemente para chegar a alguma resposta mutuamente inteligível para seus problemas. Esse mecanismo dialógico é apropriado quando ainda há um amplo grau de consenso, quando há valores compartilhados e quando há pouca desigualdade social. Nesses casos, passar de um nível implícito e não formulado de acordo geral para um nível explícito leva à produção de razões publicamente convincentes. Esse é talvez o tipo mais comum de deliberação dentro de instituições estabelecidas com contratos e normas explícitas e uma longa história de sua interpretação. A contribuição dessas formulações explícitas é que elas proveem um novo quadro para a interpretação, restabelecido com um grau suficiente de cometimento comum ou um alto nível de princípios abstratos (para usar as metáforas mais comuns que descrevem como esses mecanismos operam). Mecanismos interpretativos operam melhor dentro de um quadro aceito de antemão, como a tradição legal, o qual pode ser modificado por novas interpretações.

(2) Talvez um dos mecanismos dialógicos mais comuns que não dependem de valores compartilhados e compromissos sejam trocas recíprocas em torno de diferenças presentes em experiências históricas biográficas e coletivas. Diferentes experiências biográficas podem

revelar os limites e o caráter perspectivo dos entendimentos compartilhados por muitos na comunidade política. Essas discrepâncias são particularmente importantes na interpretação das necessidades, onde as instâncias normativas são geralmente identificadas com membros prototípicos de grupos de uma política, incluindo raça, gênero ou classe. Tais protótipos operam nas interpretações de rotina de atores institucionais. Esse mecanismo dialógico envolve mais que a simples escuta do discurso confessional de alguém ou a escuta da autoexpressão de alguém: nesses casos o entendimento é mínimo e dependente das próprias capacidades do ouvinte de empatia ou identificação. Diferentemente disso, através da troca de razões do diálogo, os limites dos entendimentos dos ouvintes tornam-se claros quando o diálogo opera entre as experiências das histórias de vida de indivíduos ou grupos e o quadro corrente de entendimentos e normas. O resultado cria novas categorias ou amplia as antigas a fim de incorporar essas histórias de vida e suas novas experiências. Por exemplo, é precisamente através de um processo deliberativo desse tipo que pressuposições parciais e normalizadoras sobre o estado de bem-estar tornaram-se claras. Um lar "normal" é entendido na lei, particularmente em termos de como as necessidades econômicas são interpretadas. O mesmo pode ser dito para quadros de horário e provisões diárias de cuidado em lugares "normais" de trabalho. O movimento feminista desafiou tais pressuposições articulando suas implicações mais completas através de um quadro alternativo mais amplo. Grupos de conscientização deliberam do mesmo modo, assim como os movimentos sociais que lutam por interpretações de necessidades.[40] Esses mecanismos dialógicos são apropriados para a construção da solidariedade e do reconhecimento mútuo. Embora não sejam um meio de resolver problemas, eles criam as condições necessárias para solucionar disputas sobre identidades pessoais e culturais, como nos casos do racismo e do sexismo. Seu sucesso pode ser medido em termos da abertura de um espaço para a deliberação sobre um amplo leque de identidades e experiências.

(3) A deliberação pública geralmente diz respeito a como aplicar uma norma determinada ou princípio a um caso particular. O mecanismo dialógico tipicamente utilizado em questões políticas desse

---

[40] Ver FRASER, "Rethinking the public sphere". Ver também as críticas que Iris Young (1990, cap. 4) faz a Habermas, em *Justice and the Politics of Difference*.

tipo é a troca de razões entre uma norma geral e sua especificação concreta. Tal deliberação tem a estrutura geral que Klaus Günther (1993, p. 15-40) chama de "discursos de aplicação". Tais discursos não almejam a justificação de alguma norma geral, mas ao seu uso correto em conflitos particulares ou em novas situações sociais. Tal diálogo pode, por exemplo, dizer se é correto definir uma situação problemática como a violação de um direito civil. O diálogo de troca de razões entre membros de um grupo e representantes de uma instituição irá relacionar-se a como definir a situação relativa a alguma norma geral (aqui um direito) e os apreços relevantes que tornam a norma aplicável. Esse diálogo também toma a forma de uma dialética entre as normas institucionais e a realidade social na qual os cidadãos comparam demandas de direitos justificáveis com desigualdades factuais. Em casos de normas complexas, como a norma legal que "trata casos semelhantes igualmente e casos dessemelhantes desigualmente", especificar as características relevantes de uma situação torna-se a questão, como quando diferentes falantes oferecem maneiras nas quais são parecidas ou diferentes de outras interpretações aceitas. Henry Richardson (1990, p. 284) argumenta que essa grande especificação de uma norma geral e abstrata geralmente retorna à "motivação racional" para adotar a norma em primeiro lugar.[41] O "ponto problemático" sobre essa motivação não é necessariamente decisivo; mas uma aplicação particular torna-se convincente somente em relação a alternativas que aparecem na troca dialógica e comparações entre várias especificações possíveis dessa norma. O processo deliberativo aqui articula descrições alternativas da situação e é convincente com relação à conveniência daquela descrição. Com relação ao caráter reflexivo dos diálogos desse tipo, a norma original pode também adquirir novas características relevantes. Esses mecanismos dialógicos são apropriados quando disputas continuam mesmo após uma mudança para o nível de princípios abstratos; aqui o que torna algumas soluções mais aceitáveis que outras está ligado a julgamentos sobre descrições da situação.

(4) Um outro conjunto de mecanismos dialógicos relacionados à aplicação de normas sociais poderia, segundo Charles Taylor, ser

---

[41] Para um tratamento mais amplo da questão, ver outra obra de Richardson: *Practical Reasoning About Final Ends* (1994).

chamado de "articulação".[42] Aqui a dialética é entre um ideal vago e abstrato e várias propostas para torná-lo mais rico e compreensível. Não é a especificação de uma norma que está em questão, mas tornar seu conteúdo mais rico e complexo. O modo como essa articulação pode solucionar conflitos também mostra como ela se diferencia dos mecanismos de equilíbrio reflexivo. A articulação pode resolver conflitos incorporando demandas opositoras como partes componentes de uma proposta mais elaborada. Esse processo não só modifica um quadro analítico, mas também cria outros novos. John Dewey geralmente pensa sobre a deliberação, através desse modelo, como uma dialética de preservação e modificação, e emprega deliberadamente a linguagem Hegeliana para discuti-la. A deliberação aqui almeja articular tanto os meios quanto o objetivo de uma ação de modo que todos os valores conflitantes e perspectivas sejam considerados. Isso transforma "a forma original" do ideal, possibilitando preenchê-lo de "maneira sublimada" (DEWEY, 1922, p. 192).[43] A troca prática de razões que ocorre nos diálogos desse tipo almeja preservar os objetivos originais dos atores modificando-os ao torná-los parte de um todo mais complexo. Geralmente, o que acreditamos ser compromissos, são, na verdade, articulações "sublimadas" de conflitos. Esses mecanismos dialógicos podem produzir soluções para conflitos ao articular uma grande complexidade e diferenciação de esferas sociais às quais vários princípios universais se aplicam; diferentes esferas de escolha podem preservar a liberdade e a privacidade junto com a publicidade. Às vezes a nova articulação da norma é mais vaga e abstrata a fim de englobar novas situações complexas. Conflitos políticos como aqueles entre princípios de liberdade e igualdade certamente apresentarão esse tipo de problema público. Nesses casos, os interlocutores procuram resolver o problema num alto nível de articulação, no qual o conflito não é mais aparente ou está envolvido em contextos sociais amplos. Michael Walzer (1984) chama essas soluções de "arte da separação", o emprego criativo de distinções de esferas sociais e domínios de valor.

(5) Alguns mecanismos dialógicos empregam as capacidades de assumir perspectivas e papéis implícitos na comunicação – capacidades de

---

[42] De uma maneira verdadeiramente hegeliana, Charles Taylor percebe todos os conflitos sobre valores como solucionados desse modo. Ver, por exemplo, em seu livro *Sources of the Self* (1989, p. 91).

[43] Para uma análise semelhante, ver WALLACE, 1988, p. 86.

pensar sob o ponto de vista de qualquer participante. Esse mecanismo é aquele de mudar e trocar perspectivas no curso do diálogo – mudanças entre ouvinte e falante – ; a fim de convencer você de que eu tenho de tomar a sua perspectiva e vice-versa. Mesmo que eu não adote o seu ponto de vista, uma mudança de perspectiva pode levar-me a modificar minhas próprias razões, particularmente se elas não convencem aqueles que discordam de mim. Tais mecanismos utilizam os tipos de conhecimento envolvidos na resolução de conflitos diretos face a face.[44] Em interações complexas há múltiplas perspectivas e papéis, tais como as perspectivas de representantes organizacionais e institucionais ou aquelas relacionadas à distribuição do conhecimento social. Na deliberação sobre questões altamente técnicas, o conhecimento é desigualmente distribuído entre perspectivas leigas e especialistas. Especialistas não podem assumir que seus conhecimentos especiais terão efeitos práticos, ao menos que possam considerar a perspectiva dos leigos; similarmente, as pessoas leigas podem considerar a perspectiva dos especialistas, tornando-se "cidadãos bem informados" (SCHUTZ, 1964, p. 120). Esse tipo de tomada de perspectiva é tipicamente feito por um público informado. O efeito surpreendente dessa esfera pública literária é que ela reduz demandas à autoridade especialista. A questão dos riscos do poder nuclear, não importa quão pequenos, tem menos a ver com seu acesso exato do que com aspectos morais e políticos de sua distribuição entre grupos sociais ou como esses grupos valorizam essa questão. Os grupos afetados não pensam em termos dos riscos agregados dos especialistas, mas em termos dos valores imutáveis de suas comunidades. Uma tomada de perspectiva desse tipo pode operar contra a obstrução de questões práticas pela autoridade dos especialistas. Esse mecanismo não precisa ser limitado à tomada de perspectivas das pessoas que atualmente estão em deliberação. Existem também perspectivas temporais, como quando um interlocutor advoga em consideração às gerações passadas ou futuras como participantes virtuais na deliberação. A deliberação pode produzir decisões ruins quando ela não considera tais perspectivas temporais: ela pode ser míope em não considerar o futuro, como é geralmente o caso de culturas políticas comercialistas; ou ela pode

---

[44] Para um estudo dos problemas sobre resolução de conflitos entre adolescentes que não adquiriram essa habilidade, ver Robert Selmen, *The Growth of Interpersonal Understanding* (1985).

descartar o presente para o bem de algum futuro indefinido, como é o caso dos regimes stalinistas (ELSTER, 1984a, p. 37-47). Quando bem-sucedida, a tomada de perspectiva temporal amplia horizontes estreitos do discurso. Ela é também crucial para a introdução de novas formas de expressão e modos de ver as consequências das atividades sociais: a introdução da memória do passado e de oportunidades para futuras gerações tem produzido novos vocabulários morais e visões utópicas em discussões políticas.[45] A discussão de George Herbert Mead sobre a tomada de perspectiva mostra que essa habilidade geral depende da capacidade de tomar um tipo particular de perspectiva: não aquela de outros particulares, mas aquela do "outro generalizado". A tomada de decisão por ela mesma contribui pouco para o sucesso da deliberação se os participantes não são capazes de coordenar todas as várias perspectivas em direção a uma perspectiva comum, através de um processo dialético de constante enriquecimento e novas articulações. A introdução dessa perspectiva generalizada não só permite formas mais complexas de coordenação, como também permite mudança para uma abordagem reflexiva de como o discurso pode construir justificações generalizadas para certos tipos de políticas e decisões. Os participantes de culturas políticas democráticas precisam ser capazes de engajar-se em uma deliberação pública de nível ampliado desse tipo, uma vez que decisões legislativas e judiciais são colocadas para a visão e a revisão pública. Essa tomada de perspectiva ajuda a deliberação ao tornar as razões mais convincentes diante do conjunto total dos interlocutores. A perspectiva generalizada capacita os interlocutores a ver a inteligibilidade das razões de novos modos reflexivos, juntamente com as múltiplas perspectivas e outros pontos de vista. O diálogo público não pode proceder sem que os participantes dirijam com sucesso perspectivas e papéis mutantes. Tais habilidades permitem que os cidadãos participem de uma variedade de esferas públicas e arenas abertas. A afirmação de Bruce Ackerman de que "as razões de todos os cidadãos são tão boas quanto outras" ignora os limites da tolerância do diálogo democrático: minhas razões são convincentes somente se são endereçadas aos outros e por eles respondidas.

---

[45] Essa orientação para o futuro aparece particularmente nos ensaios políticos de Kant, como, por exemplo, "What is enlightenment?" e "What is orientation in thinking?" (ambos publicados em *Kant´s Political Writings*). A importância do futuro sustenta uma teoria planificada da deliberação pública.

A estrutura geral desses mecanismos dialógicos da deliberação pública devem agora estar claros: cada um providencia uma abordagem de como as razões podem assegurar o entendimento na deliberação. Qual é o propósito dessa lista de cinco mecanismos? Embora não seja exaustiva, ela estabelece que a troca dialógica, a base para a deliberação pública, emprega um número de mecanismos através dos quais as razões podem tornar-se convincentes de forma geral. Todos os mecanismos discutidos dependem da simetria e de outras condições que estabelecem o quadro geral de igualdade, não tirania e não exclusão na esfera pública; necessário para acordos formados democraticamente. Claro que violações dessas condições podem levar a qualidade de troca de razões da deliberação dialógica a um estado de paralisia. Por exemplo, alguém que experimentou assimetrias de poder sabe que desigualdades de vários tipos vão reduzir a necessidade de mais participantes poderosos para mudar perspectivas. Uma vez que interlocutores desiguais não serão capazes de participar efetivamente, seus pontos de vista em desentendimento tenderão a ser assimilados às contribuições dos participantes mais efetivos. Assim, no capítulo 3, eu argumentarei que as desigualdades sociais bloqueiam a operação dos mecanismos dialógicos e, desse modo, minam a deliberação.

Além das desigualdades, há muitas outras falhas em minha abordagem. Não considerei como criar condições nas quais esses mecanismos possam operar melhor nem descrevi as instituições que promovem seu uso em situações de conflito. Além disso, como a deliberação tem lugar no contexto de decisões passadas e é uma atividade temporalmente estendida, a coerência e a consistência constrangem a operação desses mecanismos na deliberação em ambientes institucionais.[46] Sem essa consistência, a coordenação de atividades temporalmente estendidas e frequentemente separadas espacialmente falha de tal modo que a deliberação cessa de ser pública. A coerência nesse processo é uma indicação de seu sucesso ou insucesso. Em sociedades complexas, a ameaça dessa falha é melhor evitada através de uma divisão do trabalho deliberativo e outros mecanismos sociais; esses desenhos lidam com a complexidade social e abrem múltiplos caminhos para o teste público e para circunscrever barreiras institucionais e vantagens acumuladas. Esferas diferentes de atividade e tomada de decisão deveriam também enfatizar os mecanismos dialógicos que são apropriados para situações problemáticas em seu domínio.

---

[46] Ver a análise que Michael Bratman faz do planejamento enquanto um constrangimento de coerência para ações futuras em *Intentions, Plans and Practical Reasoning*, especialmente o capítulo 3.

# Conclusão

Na seção precedente eu destaquei uma série de mecanismos dialógicos empregados no processo da deliberação pública por agentes que tentam construir conjuntamente razões publicamente convincentes. Esses mecanismos identificam as características da deliberação pública que possibilitam aos interlocutores produzir decisões amparadas por razões públicas convincentes. Na conclusão, quero ilustrar a superioridade dessa visão dialógica da deliberação pública de resolver problemas colocados pelo que Minnow (1990) chama de "dilemas da diferença": problemas que podem ser resolvidos democraticamente através de especificações da norma de igualdade.

A ação afirmativa é uma das questões políticas atuais mais controversas. Essas políticas emergem como modos de lidar com a persistência de desigualdades e erros passados; elas não são meramente demandas procedimentais. A situação deliberativa através da qual essas políticas são formadas emprega o mecanismo da autoexpressão, que aponta para a discrepância da experiência de alguns grupos e para a interpretação coletiva de um problema: essas políticas foram adotadas através de narrativas biográficas que minam a interpretação estreita de normas legais gerais. Ao defender o caso *Brown v. Board of Education,* Thurgood Marshall emprega essa estratégia para mostrar os efeitos específicos da segregação na história de vida de crianças afro-americanas; a apresentação contundente dessas experiências, juntamente com apelos mais gerais de justiça, ajudou a fazer com que a segregação escolar fosse tratada sob a norma de igual proteção. Esse tipo de expansão não procedimental e não formal do discurso sobre a igualdade também ocorreu em debates sobre o bem-estar social e a saúde pública. Aqui a deliberação sobre a aplicação da lei descortinou modelos normativos e papéis sociais rígidos do problema que limitam soluções, assim como o *New Deal* reinterpretou as medidas corretivas da Reconstrução.

A deliberação sobre essas políticas continua incorporando uma grande preocupação com a diversidade de necessidades dentro o estado de bem-estar. A mudança mais importante diz respeito ao papel da mulher na família. As políticas de bem-estar social foram "normalizadas" no sentido foucaultiano, uma vez que pressupõem e ajudam a reproduzir tipos muito particulares de lares. Com a crescente pluralização de tipos de lares, suas necessidades diversas e problemas permanecem insatisfeitos. De forma semelhante, políticas de igual proteção para os incapacitados deveriam proporcionar a participação em amplas áreas da vida social. A participação efetiva diz respeito a ter acesso formal para dar aos indivíduos afetados a oportunidade de articular o que as atuais barreiras são para eles (Minow, 1990, parte I).[47]

Esse mecanismo deliberativo torna possível a articulação do que Minnow (1990, p. 74) chamou de "pressuposições implícitas que fazem os dilemas da diferença parecerem intratáveis". Uma vez que essas pressuposições são explicitadas, fica fácil ver como a situação problemática poderia ser reconsiderada e por que as versões do *status quo* da igualdade não são neutras. Em particular, a deliberação pública do tipo descrito aqui torna as decisões dependentes da negociação de vários eixos possíveis de igualdade e diferença. A deliberação pública ativa pode aplicar melhor o princípio complexo de "tratar casos iguais igualmente, mas casos diferentes de forma diferente". Aplicações muito estreitas e muito amplas podem ser checadas através da operação de mecanismos dialógicos para a especificação de normas gerais de várias perspectivas. Ainda assim, o reconhecimento explícito de todas as diferenças presentes na implementação de uma política ou lei é uma demanda impossível e sem sentido. A deliberação descobre modos de lidar com diferenças específicas através de arranjos cooperativos processuais. No caso de direitos de bem-estar, as diferenças que são relevantes agora estão diretamente ligadas a experiências históricas de mudança de papéis de gênero na divisão social do trabalho.[48] Essa transformação altera a definição das necessidades que têm de ser satisfeitas a fim de tornar todos os cidadãos politicamente iguais e capazes de atuar politicamente. Esses dilemas da diferença são exatamente o tipo de situação problemática que requer uma nova especificação e a elaboração de uma norma – aqui, a norma dos direitos iguais. A dialética entre especificidade e compreensibilidade na aplicação de normas básicas pode ser fundada através da história da revisão constitucional e vários movimentos civis por direitos.

Tais processos históricos de transformação tornaram-se possíveis através da introdução de novas razões públicas na deliberação participativa, aqui por

---

[47] A construção positiva que Minow faz do papel dos "direitos de fala" lhes confere uma caracterização dialógica; como tal, eles não são retirados da agenda pública. Contrariamente, essa fala remete essas questões ao centro de muitas situações deliberativas.

[48] Nesse caso, as soluções ideais que Minow (1990, P. 31) oferece aos dilemas da diferença são frequentemente muito otimistas e de custos elevados. Por exemplo, a solução que ela apresenta para o problema da educação bilíngue é que todos os estudantes aprendam as línguas uns dos outros. Essa é claramente uma solução que estaria limitada a duas línguas, em vez dos casos multilíngues, que são cada vez mais comuns. Tais soluções idealizadas ignoram o papel fundamental-mente pragmático da deliberação em solucionar situações problemáticas e restaurar a cooperação. Tratarei de questões de diferenças culturais de modo mais aprofundado no próximo capítulo e argumentarei que compromissos morais funcionais são soluções adequadas para esses conflitos.

representantes institucionais e por movimentos sociais na esfera pública. Ao contrário dos modelos de pré-cometimento e procedimentalismo, as soluções oferecidas em longos processos históricos de deliberação constituem um modelo de articulação: os conteúdos básicos do quadro constitucional são preservados através de interpretações cada vez mais ricas e complexas, das quais necessidades cada vez mais diversas tornam-se partes componentes. Mas a aquisição de uma redefinição pública dos direitos e benefícios de bem-estar, particularmente com relação ao gênero do beneficiário, requer participação mais efetiva das mulheres e minorias. Somente quando aqueles afetados são capazes de articular suas necessidades e experiências na esfera pública é que uma reforma adequada pode ter lugar; nenhum conjunto contrafactual de reflexões pode tomar o lugar de um diálogo no qual o público vê os problemas da perspectiva dos beneficiários. Desse modo, também as pessoas deficientes têm articulado novos entendimentos do tratamento desigual que recebem. Esses dilemas da diferença não podem ser solucionados de uma vez por todas; eles são uma parte constante do processo de deliberação que se aplica e enriquece as normas de igualdade em novos contextos históricos.[49]

Esse exemplo de sucesso também mostra que a deliberação pública pode tornar-se cada vez mais difícil quanto mais preocupações tiverem de ser consideradas e pesadas. Como é que, em políticas diversas e pluralistas, os cidadãos podem deliberar juntos sem caírem em um conflito ou uma babel de vozes incomensuráveis? Uma vez que as habilidades para a efetiva deliberação, manifestadas na esfera pública, tornam-se amplamente disponíveis na sociedade, novas possibilidades de cooperação emergem, junto com novas possibilidades para conflitos aprofundados e irreconciliáveis. Mas a publicidade e a diversidade não são normas opostas, pois um público é constituído de um grupo plural. Não só a realidade política ficou atrás dos ideais de um acordo público; esses ideais ficaram atrás da realidade da nova esfera pública nas democracias pluralistas. Talvez o principal desafio da democracia deliberativa seja solucionar os crescentes conflitos comuns sem abrir mão da igualdade política dos cidadãos, da não tirania dos resultados e da publicidade do diálogo.

---

[49] No capítulo 9 de *FG*, Habermas argumenta que o debate sobre os direitos de bem-estar revelam a emergência de um "novo paradigma procedimentalista" de interpretação legal. Isso pode ser verdadeiro no sentido de que tais direitos produziram um novo regime constitucional no sentido proposto por Ackerman. Essas discussões não são uma forma nova de deliberação, mas sim a questão sempre em voga da criação de novos quadros institucionais em resposta à experiência histórica. É enganoso acionar uma autoconsciência desse processo histórico procedimentalista.

# Referências

ACKERMAN, B. *Social Justice and the Liberal State*. New Haven: Yale University Press, 1980.

ACKERMAN, B. *We the People*. Cambridge, MA: Harvard University Press, v. 1, p. 44, 1991.

ACKERMAN, B. Why Dialogue? *Journal of Philosophy*, n. 86, p. 5-22, 1989.

ALEXY, R. A theory of practical discourse. In: *The Comunicative Ethics Controversy*, ed. BENHABIB, S.; DALLMAYR, F. Cambridge, MA: MIT Press, 1990.

ARENDT, H. *Lectures on Kant's Political Philosophy*. Chicago: University of Chicago Press, 1982

ARISTOTLE. *Basic works*. In: MC KEON, R. (Ed.). New York: Random House, 1941.

AUSTIN, J. L. *How to do Things with Words*. Oxford: Oxford University Press, 1962.

AXELROD, R. *The Evolution of Cooperation*. New York: Basic Books, 1984.

BARBER, B. *Strong Democracy*. Berkeley: University of California Press, 1984.

BEITZ, C. *Political Equality*. Princeton: Princeton University Press, 1989.

BENHABIB, S. *Critique, Norm and Utopia*. New York: Columbia University Press, 1987.

BENHABIB, S. *Situating the Self*. New York: Routledge, 1992.

BESSETTE, J. *The Mild Voice of Reason: Deliberative Democracy and American Governement*. Chicago: University of Chicago Press, 1994.

BOHMAN, J. *New Philosophy of Social Science: Problems of Indeterminacy*. Cambridge, MA : MIT Press/Polity Press, 1991.

BRATMAN, M. *Intentions, Plans and Practical Reason*. Cambridge, MA: Harvard University Press, 1987.

COHEN, J. An epistemic conception of democracy, *Ethics*, n. 97, p. 26-38, 1986.

COHEN, J. Deliberation and democratic legitimacy. In: HAMLIM, A.; PETTIT, P. (Ed.). *The Good Polity*. Oxford/New York: Basil Blackwell, 1989.

COHEN, J. Democracy and Its Critics. *Journal of Politics*, n. 53, p. 221-225, 1991.

COHEN, J.; ARATO, A. *Civil Society and Political Theory*. Cambridge, MA: MIT Press, 1992.

COHEN, J.; ROGERS, J. Secondary associations and democratic governance. *Politics and Society*, n. 20, p. 420-421, 1992.

DAHL, R. *A Preface to Economic Democracy*. Oxford: Oxford University Press, 1985.

DAHL, R. *Democracy and Its Critics*. New Haven: Yale University Press, 1989.

DEWEY, J. *Human Nature and Conduct*. New York: Henry Holt, 1922.

DRYZEK, J. *Discursive Democracy*. Cambridge, UK: Cambridge University Press, 1990.

ELSTER, J. *Solomonic Judments*. Cambridge, UK: Cambridge University Press, 1989.

ELSTER, J. *Sour Grapes*. Cambridge, UK: Cambridge University Press, 1984a.

ELSTER, J. The market and the forum. In: *Foundations of Social Choice Theory*. ELSTER, J.; HYLLAND, A. (Ed.). Cambridge, UK: Cambridge University Press, 1984b.

ELSTER, J. *Ulysses and the Sirens*. Cambridge, UK: Cambridge University Press, 1984c.

FISHKIN, J. *Democracy and Deliberation*. New Haven: Yale University Press, 1991. FRASER, N. Rethinking the public sphere. In: CALHOUN, C. (Ed.). *Habermas and the Public Sphere*. Cambridge, MA: MIT Press, 1992.

FREEMAN, S. Contratualism, moral motivation, and practical reason. *Journal of Philosophy*, n. 88, p. 281-303, 1991.

FREEMAN, S. Reason and agreement in social contract views. *Philosophy and Public Affairs*, n. 19, p. 122-157, 1990.

GADAMER, H.-G. *Truth and Method*. New York: Crossroads, 1989.

GAMSON, W. *Talking politics*. Cambridge, UK: Cambridge University Press, 1993.

GÜNTHER, K. *The Sense of Appropriateness*. Albany: SUNY Press.

HABERMAS, J. *Faktizität und Geltung*. Frankfurt: Suhrkamp, 1992.

HABERMAS, J. *Justification and Application: Remarks on Discourse Ethics*. Cambridge, MA: MIT Press, 1993.

HABERMAS, J. On the pragmatic, the ethical and the moral employments of practical reason. In: *Justification and Application: Remarks on Discourse Ethics*. Cambridge, MA: MIT Press, 1993.

HABERMAS, J. *The Structural Transformation of the Public Sphere*. Cambridge, MA: MIT Press, 1989.

HABERMAS, J. *Theory of Communicative Action*. Boston: Beacon, 1984. v. 1, p. 9.

KANT, I. *Critique of Judgment*. Werner S. Pluhar (trad.). Indianápolis: Hackett, 1987.

KANT, I. *Critique of Pure Reason*, A487 and B766. London: Macmillan, 1923.

KANT, I. What is enlightenment? In: REISS, H. S. *Kant's Political Writings*. Cambridge, UK: Cambridge University Press, 1970.

KNIGHT, J. *Institutions and Social Conflict*. Cambridge, MA: Cambridge University Press, 1992.

KNIGHT, J.; JOHNSON, J. Agregation and Deliberation: On the possibility of democratic legitimacy. *Political Theory*, n. 22, p. 277-294, 1994.

MANIN, B. On legitimacy and political deliberation, *Political Theory*, n. 15 p. 338-368, 1987.

MANSBRIDGE, J. *Beyond Adversary Democracy*. New York: Basic Books, 1980.

MINOW, M. *Making All the Difference*. Ithaca: Cornell University Press, 1990.

O'NEIL, O. *The Constructions of Reason*. Cambridge, UK: Cambridge University Press, 1989a.

O'NEIL, O. The public use of reason. In: *The Constructions of Reason*. Cambridge, UK: Cambridge University Press, 1989b.

PATEMAN, C. *Participation and Democratic Theory*. Cambridge, UK: Cambridge University Press, 1970.

RAWLS, J. A Theory of Justice. Cambridge, MA: Harvard University Press, 1971, p. 85.

RAWLS, J. Kantian constructivism in moral theory. *Journal of Philosophy*, n. 77, p. 518, 1980.

RAWLS. *Political Liberalism*. New York: Columbia University Press, 1993.

RICHARDSON, H. *Practical Reasoning About Final Ends.* Cambridge, UK: Cambridge University Press, 1994.

RICHARDSON, H. Specifying norms as a way to resolve concrete ethical problems. *Philosophy and Public Affairs*, n. 19, p. 284, 1990.

RIKER, W. *Liberalism Against Populism*. Long Grove: Waveland, 1982.

SANER, H. *Kant's PoliticalThought*. Chicago: University of Chicago Press, 1983.

SCANLON, T. M. Contratualism and utilitarism. In: SEN, A.; WILLIAMS, B. (ed.). *Utilitarism and Beyond*. Cambridge, UK: Cambridge University Press, 1982.

SCANLON, T. M. Preference and urgency. *Journal of Philosophy*, n. 72, 1975, p. 659-660.

SCHELLING, T. Ethics, law and the exercise of self-command. In: *Liberty, Equality and Law: Selected Tanner Lectures*. Cambridge, UK: Cambridge University Press, 1987, p. 163-200.

SCHUTZ, A. The well-informed citizen. In: *Collected Papers*. Haia: Nijhoff, 1964, v. II, p.120.

SEARLE, J. Collective intentions and actions. In: COHEN, P.; MORGAN, J.; POLLACK, M. (Ed.). *Intentions in Communication*. Cambridge, MA: MIT Press, 1990.

SELMEN, R. *The Growth of Interpersonal Understanding*. Humanities Press, 1985.

SUNSTEIN, C. Beyond the republican revival. *Yale Law Journal*, n. 97, 1988, p. 1539-1590.

SUNSTEIN, C. Democracy and shifting preferences. In: COOP, D. *et al.* (Ed.). *The Idea of Democracy*. Cambridge, UK: Cambridge University Press, 1993.

TAYLOR, C. *Sources of the Self.* Cambridge, MA: Harvard University Press, 1989.

TUOLEMA, R.; MILLER, K. We intentions. *Philosophical Studies*, n. 53, p. 367-389, 1988.

WALLACE, J. *Moral Relevance and Moral Conflict*. Ithaca: Cornell University Press, 1988.

WALZER, M. Liberalism and the art of separation. *Political Theory,* n. 12, p. 315-330, 1984.

WARREN, M. Democratic theory and self-transformation. *American Political Science Review*, n. 86, p. 8-23, 1992.

# Deliberação e legitimidade democrática[1]

*Joshua Cohen*

Neste ensaio[2], exploro a ideia de uma "democracia deliberativa".[3] Por democracia deliberativa entendo, aproximadamente, uma associação cujas relações são governadas pela deliberação pública de seus membros. Proponho uma abordagem do valor dessa associação que trata a própria democracia como ideal político fundamental, e não simplesmente como um ideal derivativo que pode ser explicado em termos dos valores de justiça ou igualdade de respeito.

O ensaio encontra-se dividido em três seções. Na primeira seção, focalizo a discussão de Rawls sobre a democracia e utilizo essa discussão tanto para introduzir certas características de uma democracia deliberativa quanto para lançar algumas dúvidas sobre se, de fato, sua importância é naturalmente explicada em termos da noção de um sistema justo de cooperação social. Na segunda seção, desenvolvo uma abordagem da democracia deliberativa nos termos da noção de um *procedimento deliberativo ideal*. A caracterização desse procedimento provê um modelo abstrato de deliberação que conecta o

---

[1] "Deliberation and Democratic Legitimacy". Originalmente publicado em *Deliberative Democracy – Essays on Reason and Politics* (BOHMAN; REHG, 1997). Texto traduzido com a permissão do autor. (N.T.).

[2] Tive inúmeras discussões a respeito do tema deste artigo com Joel Rogers e gostaria de agradecê-lo por seu auxílio inquebrantável e pelos generosos conselhos. Para nossa abordagem conjunta das questões aqui discutidas, ver COHEN e ROGERS (1983, capítulo 6). As principais diferenças entre o tratamento das questões aqui desenvolvidas e o tratamento a elas conferido no livro está na abordagem explícita do procedimento deliberativo ideal, o tratamento mais completo das noções de autonomia e bem comum e a abordagem da conexão dessas noções com o procedimento ideal. Uma versão anterior deste artigo foi apresentada ao *Pacific Division Meetings* da Associação Filosófica Americana. Gostaria de agradecer a Alan Hamlin, Loren Lomasky e Philip Pettit, pelos comentários que foram de grande utilidade para essa versão.

[3] Deparei-me originalmente com o termo "democracia deliberativa" em SUNSTEIN (1985). Ele menciona (n. 26) um artigo de Bessette, o qual eu não consultei.

ideal intuitivo de associação democrática a uma visão mais substantiva da democracia deliberativa. Três características do procedimento deliberativo ideal figuram proeminentemente neste ensaio. Primeiro, ele ajuda a explicar alguns julgamentos familiares sobre o processo, em particular sobre os aspectos nos quais esse processo deve ser diferente da barganha, do contrato e de outras interações típicas do mercado, tanto em sua atenção explícita a considerações acerca de vantagens comuns quanto nos modos como essa atenção auxilia na formação dos objetivos dos participantes. Segundo, ele explica a visão comum de que a noção de associação democrática está ligada às noções de autonomia e bem comum. Terceiro, o procedimento deliberativo ideal provê uma estrutura distinta para lidar com questões institucionais. Finalmente, na seção III deste artigo, atenho-me a essa estrutura distinta, ao tentar responder a quatro objeções à abordagem da democracia deliberativa.

## I

O ideal da democracia deliberativa é um ideal familiar e tem sido enfocado na recente discussão sobre o papel de concepções republicanas de autogoverno, ao dar forma à tradição constitucional americana e à lei pública contemporânea.[4] Esse ideal é igualmente representado na democracia radical e em críticas socialistas à política de sociedades industrialmente desenvolvidas.[5] Algumas de suas características centrais são enfocadas na abordagem que Rawls desenvolve sobre políticas democráticas em uma sociedade justa, particularmente naqueles trechos de sua abordagem em que procura incorporar a "liberdade dos antigos" e responder aos democratas radicais e socialistas que argumentam que "as liberdades básicas podem provar ser meramente formais". Na discussão que se segue, devo dizer primeiramente algo sobre os apontamentos que Rawls faz a respeito de três dessas características e, assim, considerar suas explicações sobre elas.[6]

Primeiro, em uma democracia bem-ordenada, o debate político é organizado em torno de concepções alternativas do bem comum. Portanto, um esquema pluralista ideal, no qual a política democrática consiste em uma

---

[4] Sobre alguns exemplos representativos, ver SUNSTEIN (1984, 1985, 1986), MICHELMAN (1986) e ACKERMAN (1984, 1986).

[5] Tenho em mente, em particular, críticas que se detêm nos modos pelos quais desigualdades materiais e partidos políticos fracos restringem a democracia através do constrangimento que causam ao debate público político ou das dificuldades que impõem à igualdade dos participantes nesse debate. Para ver uma discussão sobre essas críticas e suas conexões com o ideal de ordem democrática, ver COHEN e ROGERS (1983, capítulos 3 e 6) e UNGER (1987, capítulo 5).

[6] Na discussão que se segue, baseio-me em *Theory of Justice* (RAWLS, 1971), especialmente nas seções 36, 37, 43, 54; e "The basic liberties and their priority"(RAWLS, 1982).

barganha justa entre grupos, sendo que cada um persegue seu interesse particular ou sectário, não é apropriado para uma sociedade justa (RAWLS, 1971, p. 360-361).[7] Cidadãos e partidos que operam na arena política não deveriam "tomar uma perspectiva restrita baseada no interesse de grupo" (p. 360), e os partidos deveriam somente ser responsivos a demandas que são "instadas à abertura no que se refere a uma concepção do bem comum"(p. 226, 472). Explicações e justificações públicas de leis e políticas têm de ser eleitas em termos de concepções do bem comum (concepções que, na perspectiva de Rawls, precisam ser consistentes com os dois princípios de justiça), e a deliberação pública deve ter como objetivo calcular os detalhes dessas concepções e aplicá-los a questões particulares da política pública (p. 362).

Segundo, o ideal da ordem democrática tem implicações igualitárias que precisam ser satisfeitas através de modos que são manifestos aos cidadãos. A razão é que, em uma sociedade justa, oportunidades políticas e poderes precisam ser independentes da posição econômica ou social – as liberdades políticas precisam ter um valor justo [8]–, e o fato de que elas são independentes precisa ser mais ou menos evidente para os cidadãos. Assegurar esse valor manifesto de justiça exigirá, por exemplo, um fundo público dos partidos políticos e restrições nos gastos políticos privados, assim como a implantação progressiva de taxas (impostos) que sirvam para limitar as desigualdades de riqueza e para assegurar que a agenda política não seja controlada por interesses de grupos econômica e socialmente dominantes (RAWLS, 1971, p. 225-226, 277-278; 1982, p. 42-43). Em princípio, esses requerimentos distributivos podem ser mais estritamente igualitários que aqueles fixados pelo princípio da diferença (RAWLS, 1982, p. 43).[9] Isso acontece, em parte, porque o ponto principal dessas medidas não é simplesmente assegurar que políticas democráticas procedam sob condições justas nem somente encorajar uma legislação justa, mas também assegurar que a igualdade dos cidadãos seja manifesta e declarar um compromisso com essa igualdade "como intenção pública" (RAWLS, 1971, p. 233).

Terceiro, a política democrática deveria ser organizada de maneira que providenciasse uma base para o autorrespeito, o qual encoraja o desenvolvimento de um sentido de competência política e contribui para a formação de um

---

[7] Essa rejeição não é particularmente idiossincrática. Sunstein (1984, 1985) por exemplo, argumenta que o pluralismo ideal nunca foi aceito como um ideal político na lei pública Americana.

[8] Oficialmente, o requerimento de valor de justiça diz que "todos têm uma oportunidade justa de sustentar um argumento público e de influenciar o resultado de decisões políticas" (RAWLS, 1982, p. 42).

[9] Qualquer que seja sua austeridade, esses requerimentos distributivos têm prioridade sobre o princípio da diferença, uma vez que o requerimento do valor de justiça é parte do princípio de liberdade; ou seja, o primeiro princípio de justiça (RAWLS, 1982, p. 41-42).

sentido de justiça;[10] ela deveria fixar "os fundamentos para a amizade cívica e [dar forma] ao *ethos* da cultura política" (RAWLS, 1971, p. 234). Assim, a importância da ordem democrática não está confinada ao seu papel de obstrutor da classe da legislação, a qual pode ser produzida por sistemas nos quais os grupos estão efetivamente excluídos dos canais de representação política e de barganha. Além disso, a política democrática deveria também dar forma aos modos através do quais os membros da sociedade entendem a si mesmos e a seus próprios interesses legítimos.

Quando conduzida de modo apropriado, a política democrática envolve a *deliberação pública focada no bem comum*, requer alguma forma de *igualdade manifesta* entre os cidadãos e *dá forma às identidades e aos interesses* dos cidadãos de modo a contribuir para a formação de uma concepção pública do bem comum. Como o ideal de um sistema justo de cooperação social pode prover um modo de explicar a atração e a importância dessas três características do ideal democrático deliberativo? Rawls sugere duas linhas de argumentos: uma formal e outra informal. O argumento formal consiste no fato de que partidos em sua posição original escolheriam o princípio da participação[11] com a justificativa de que liberdades políticas possuem seu valor justo. As três condições são importantes, porque elas precisam ser satisfeitas, já que os arranjos constitucionais existem para assegurar direitos de participação, para garantir um valor justo a esses direitos e, plausivelmente, para produzir uma legislação que encoraje a distribuição justa, de acordo com o princípio da diferença.

Rawls também sugere um argumento informal para o ordenamento das instituições políticas; devo enfocá-lo aqui:

> A justiça, enquanto processo justo, começa com a ideia de que princípios comuns são necessários e, para a vantagem de todos, eles devem ser trabalhados do ponto de vista de uma situação inicial definida e conveniente de igualdade, na qual cada pessoa é representada de forma justa. O princípio da participação transfere essa noção da posição original para a constituição... [preservando, assim] a igual representação da posição original a ponto de isso ser viável (RAWLS, 1971, p. 221-222).[12]

---

[10] A importância da política democrática na abordagem de uma aquisição do sentido de justiça é desenvolvida por RAWLS (1971, p. 473-474).

[11] O princípio de participação defende que "todos os cidadãos possuem o mesmo direito de tomar parte em e de determinar o resultado de processos constitucionais que estabelecem as leis com as quais devem concordar" (RAWLS, 1971, p. 221).

[12] Suponho que o princípio da participação deva ser entendido aqui como algo que inclua o requerimento do valor de justiça da liberdade política.

Ou, como ele aponta em outro momento: "A ideia [do valor justo da liberdade política] é incorporar à estrutura básica da sociedade um efetivo procedimento político que *espelhe* nessa estrutura a representação justa de pessoas alcançada pela posição original"(RAWLS, 1982, p. 45; grifo nosso). A sugestão é que, a partir do momento em que aceitamos o ideal intuitivo de um sistema justo de cooperação, deveríamos desejar que nossas próprias instituições políticas se adequassem, até onde for viável, ao requerimento de que os termos da associação devem ser operacionalizados sob condições justas. E assim chegamos diretamente ao requerimento das liberdades iguais e com valor justo, em vez de chegarmos até ele indiretamente, através de uma escolha hipotética desse requerimento sob condições justas. Nesse argumento informal, a posição original serve como um *modelo abstrato* do que as condições justas são e daquilo que deveríamos nos empenhar para refletir em nossas instituições políticas, em vez de uma situação de escolha inicial na qual princípios regulativos para essas instituições são selecionados.

Acredito que Rawls esteja certo ao querer acomodar as três condições. O que considero menos plausível é elas sejam consequências naturais do ideal de justiça. Tomando a noção de justiça como fundamental, e almejando (como no argumento informal) modelar arranjos políticos na posição original, não está claro por que, por exemplo, o debate político deveria focar-se no bem comum ou por que a igualdade manifesta dos cidadãos seria uma característica importante da associação democrática. A concepção pluralista da política democrática como sistema de barganha, com uma representação justa para todos os grupos, parece um espelho igualmente bom do ideal de justiça.

A resposta a essa objeção está suficientemente clara: a conexão entre o ideal de justiça e as três características da política democrática depende de pressupostos psicológicos e sociológicos. Essas características não têm origem diretamente no ideal de um sistema justo de cooperação, ou desse ideal como foi modelado na posição original. Pelo contrário, nós chegamos a elas quando consideramos o que é requerido para preservar arranjos justos e para alcançar resultados justos. Por exemplo, o debate público político deveria ser conduzido em termos de considerações sobre o bem comum, porque não podemos esperar resultados que o contemplem a não ser que as pessoas estejam procurando por eles. Nem mesmo um esquema pluralista ideal, com igual poder de barganha e nenhuma barreira impedindo a entrada, pode criar expectativas razoáveis de promover o bem comum como definido pelo princípio da diferença (RAWLS, 1971, p. 360).

Mas acredito que isso seja, de modo indireto e instrumental, um argumento para as três condições. Assim como defesas utilitárias da liberdade, ele se atém a uma série de julgamentos sociológicos e psicológicos altamente especulativos. Gostaria de sugerir que a razão pela qual as três são atraentes não se explica com o uso de argumentos como, por exemplo, "nenhuma deliberação explícita sobre o bem comum é injusta" e "nenhuma igualdade manifesta é injusta" (embora, é claro, elas sejam). Pelo contrário, essa razão se explica pelo fato de que elas compreendem elementos de um ideal político independente e expresso que é focado, em primeira instância,[13] na conduta apropriada de questões públicas – ou seja, nos modos apropriados de se chegar a decisões coletivas. E, para entender esse ideal, não devemos proceder procurando "espelhar" a justiça ideal na justiça dos arranjos políticos, mas, pelo contrário, proceder de modo a espelhar um sistema de deliberação ideal nas instituições sociais e políticas. Gostaria agora de me voltar para essa alternativa.

## II[14]

A noção de uma democracia deliberativa está enraizada no ideal intuitivo de uma associação democrática na qual a justificação dos termos e das condições da associação procede através do argumento público e da troca de razões entre cidadãos iguais. Cidadãos em tal ordem compartilham um compromisso com a resolução de problemas ligados à escolha coletiva por meio da troca de razões em público e entendem suas instituições básicas como legítimas na medida em que elas estabelecem a estrutura para a deliberação pública livre. Para elaborar esse ideal, começo com uma abordagem mais explícita do ideal propriamente dito, apresentando o que chamarei de "concepção formal" da democracia deliberativa. Partindo dessa concepção formal, persigo uma visão mais substantiva da democracia deliberativa, por meio da apresentação de uma abordagem de um *procedimento deliberativo ideal* que captura a noção de justificação através do argumento público e da troca de razões entre cidadãos iguais e que serve, por sua vez, como modelo para instituições deliberativas.

---

[13] As razões para o uso da frase "em primeira instância" serão esclarecidas mais adiante nas páginas 74 e 75 da obra original.

[14] Quando estava escrevendo a primeira versão desta seção do artigo, havia lido ELSTER (1986) e MANIN (1987), os quais apresentam concepções paralelas. Isso acontece especialmente com o tratamento que Elster confere à psicologia da deliberação pública (p. 112-113). Tenho uma dívida com Alan Hamlin, por ter me chamado a atenção para o artigo de Elster. A sobreposição é explicada pelo fato de que Elster, Manin e eu nos baseamos em HABERMAS (1975, 1979, 1984). Também achei muito útil a discussão acerca da abordagem contratualista da motivação em SCANLON (1982).

A concepção formal de uma democracia deliberativa possui cinco características principais:

(D1) Uma democracia deliberativa é uma associação independente e em processo, da qual seus membros esperam a continuidade em um futuro indefinido.

(D2) Os membros da associação compartilham (e é o conhecimento comum que eles compartilham) a visão de que os termos apropriados da associação providenciam uma estrutura para sua deliberação ou são os seus resultados dela. Ou seja, eles compartilham um compromisso para coordenar suas atividades dentro de instituições que tornam a deliberação possível e de acordo com normas às quais eles chegaram através da deliberação. Para eles, a deliberação livre entre iguais é a base para a legitimidade.

(D3) Uma democracia deliberativa é uma associação pluralista. Os membros possuem preferências, convicções e ideais diversos concernentes à conduta de suas próprias vidas. Mesmo compartilhando um compromisso com a resolução deliberativa de problemas ligados à escolha coletiva (D2), eles também possuem objetivos divergentes e não pensam que algum conjunto particular de preferências, convicções e ideais seja dominante.

(D4) Os membros de uma associação democrática veem os procedimentos deliberativos como fonte de *legitimidade*; portanto, é importante para eles que os termos de sua associação não *sejam* meramente os resultados de sua deliberação, mas que também sejam *manifestados* a eles como tal.[15] Eles preferem instituições nas quais as conexões entre deliberação e resultados são evidentes àquelas nas quais as conexões são pouco claras.

(D5) Os membros reconhecem-se mutuamente como portadores de capacidades deliberativas, isto é, as capacidades requeridas para entrar em uma troca pública de razões e para agir sobre os resultados de tal troca.

Uma teoria da democracia deliberativa tem como objetivo dar substância a esse ideal formal, por meio da caracterização das condições que devem

---

[15] A respeito das discussões filosóficas sobre a importância da manifestação ou publicidade, ver KANT (1983, p. 135-139); RAWLS (1971, p. 133 e seção 29); WILLIAMS (1985, p. 101-102, 200).

ser obtidas se a ordem social for manifestadamente regulada por formas deliberativas ligadas à escolha coletiva. Proponho esboçar uma visão desse tipo, através da consideração de um esquema ideal de deliberação, que chamarei de "procedimento deliberativo ideal". O objetivo ao traçar o esboço desse procedimento é fazer uma declaração explícita das condições para a decisão deliberativa, tornando-as adequadas à concepção formal, e, consequentemente, ressaltar as propriedades que as instituições democráticas deveriam incorporar tanto quanto possível. Devo enfatizar que o procedimento deliberativo ideal deveria proporcionar um modelo no qual as instituições se espelhariam – em uma primeira instância, para as instituições nas quais as escolhas coletivas são feitas e os resultados sociais são publicamente justificados –, e não caracterizar uma situação inicial na qual os próprios termos da associação são escolhidos.[16]

Voltando-nos então para o procedimento ideal, existem três aspectos gerais da deliberação. É necessário decidir sobre uma agenda, propor soluções alternativas para os problemas dessa agenda, sustentar essas soluções com razões e concluir apresentando uma alternativa. Uma concepção democrática pode ser representada em termos dos requerimentos que ela impõe a esse procedimento. Em particular, resultados são democraticamente legítimos se, e somente se, eles puderem ser objeto de um acordo livre e razoável entre iguais. O procedimento deliberativo ideal é um procedimento que engloba esse princípio.[17]

(I1) A deliberação ideal é *livre*, porque satisfaz duas condições. Primeiro, os participantes veem a si mesmos vinculados somente pelos resultados de sua deliberação e pelas precondições para a ocorrência dessa deliberação; sua consideração de propostas não é constrangida pela autoridade de normas prévias ou requerimentos. Segundo, os participantes supõem que eles podem agir a partir dos resultados, tomando em consideração o fato de que certa decisão é alcançada através de sua deliberação como uma razão suficiente para obedecê-la.

(I2) A deliberação é uma *troca de razões* na qual as partes que a compõem são requisitadas a apresenta suas razões para a promoção de propostas, para sustentá-las ou para criticá-las. Os interlocutores

---

[16] A distinção entre o procedimento ideal e a situação de escolha inicial será importante na discussão sobre a formação da motivação, e sobre as instituições a serem apresentada mais adiante.

[17] Existem, é claro, normas e requerimentos sobre os indivíduos que não possuem justificação deliberativa. A concepção de democracia deliberativa é, segundo Rawls, uma "concepção política", e não uma teoria moral compreensiva. Sobre a distinção entre teorias compreensivas e políticas, ver RAWLS (1987, p. 1-25).

oferecem razões com a expectativa de que elas (e não, por exemplo, seu poder) vão estabelecer o destino de sua proposta. Na deliberação ideal, segundo Habermas (1975, p. 108), "nenhuma força, exceto aquela do melhor argumento, é exercida". Razões são oferecidas com o objetivo de levar os outros a aceitarem a proposta em causa, dados os seus fins diferenciados (D3) e seu compromisso (D2) de estabelecer as condições de sua associação através da deliberação livre entre iguais. Propostas podem ser rejeitadas por não serem defendidas com razões aceitáveis, mesmo se elas pudessem ser assim defendidas. A concepção deliberativa enfatiza que escolhas coletivas deveriam ser *tomadas de modo deliberativo*, e não somente que essas escolhas tenham uma adequação desejável às preferências dos cidadãos.

(I3) Na deliberação ideal, as partes são formal e substantivamente *iguais*. Elas são formalmente iguais uma vez que as regras que regulam o processo não fazem distinção entre indivíduos. Todos aqueles que possuem capacidades deliberativas possuem igual *status* em cada estágio do processo deliberativo. Cada um pode inserir questões na agenda, propor soluções e oferecer razões para sustentar ou criticar propostas. E cada um tem voz igual na decisão. Os participantes são substantivamente iguais uma vez que a distribuição existente de recursos e poder não determina suas chances de contribuir para a deliberação, essa distribuição não tem um papel autoritário em sua deliberação. Os participantes do procedimento deliberativo não veem a si mesmos como vinculados a um sistema existente de direitos – exceto quando esse sistema estabelece as estruturas de uma deliberação livre entre iguais. Em vez disso, eles percebem esse sistema como um objeto potencial de seu julgamento deliberativo.

(I4) Finalmente, a deliberação ideal almeja chegar a um *consenso racionalmente motivado* – encontrar razões que são persuasivas para todos aqueles que estão comprometidos a agir de acordo com os resultados de um acesso livre e razoável de alternativas por interlocutores iguais. Mesmo sob condições ideais, não há nenhuma promessa de que razões consensuais serão formuladas. Se elas não são, a deliberação é, então, concluída com uma votação, submetida a alguma forma de regra da maioria.[18] O fato de a deliberação poder

---

[18] Com relação à crítica da dependência de uma pressuposição de unanimidade das perspectivas deliberativas, ver MANIN (1987, p. 359-361).

ser concluída dessa forma não elimina, entretanto, a distinção entre formas deliberativas da escolha coletiva e formas que agregam preferências não deliberativas. As consequências institucionais são diferentes nos dois casos, e os resultados da votação entre aqueles que estão comprometidos a encontrar razões que são persuasivas a todos serão diferentes dos resultados de uma agregação que proceda sem esse compromisso.

A partir dessa caracterização da deliberação ideal, será que podemos dizer algo mais substantivo sobre uma democracia deliberativa? Quais são as implicações de um compromisso com decisões deliberativas para os termos da associação social? Nas observações que se seguem, indicarei os modos através dos quais esse compromisso carrega consigo um acordo para promover o bem comum e para respeitar a autonomia individual.

## Bem comum e autonomia

Considere primeiro a noção de bem comum. Uma vez que o objetivo da deliberação ideal é assegurar um acordo entre todos aqueles que possuem um compromisso com a deliberação livre entre iguais, obedecendo à condição do pluralismo (D3), o foco da deliberação recai sobre as maneiras de promover os objetivos de cada parte em interlocução. Como ninguém é indiferente ao seu próprio "bem", cada um procura, também, chegar a decisões que são aceitáveis para todos aqueles que assumem um compromisso com a deliberação (D2). (Como veremos logo em seguida, levar esse compromisso a sério parece requerer a boa vontade de cada interlocutor em revisar os próprios entendimentos de suas preferências e convicções.) Assim, a caracterização de um procedimento deliberativo ideal vincula a noção formal de democracia deliberativa a um ideal mais substantivo de associação democrática, no qual o debate público encontra-se focado no bem comum de seus membros.

Uma coisa é clara: falar sobre o bem comum é uma coisa, mas esforços sinceros para fazê-lo avançar são outra completamente diferente. Embora a deliberação pública possa ser organizada em torno de apelos ao bem comum, haveria aí alguma razão para pensar que mesmo a deliberação ideal não consistiria em esforços para disfarçar vantagens pessoais e de classe como vantagem comum? Há duas respostas para essa questão. A primeira é que, em minha abordagem sobre a ideia formal de democracia deliberativa, estipulei (D2) que os membros da associação estão comprometidos em resolver suas diferenças através da deliberação e, assim, a prover razões as quais eles sinceramente esperam ser persuasivas aos outros que compartilham esse compromisso. Em suma, essa estipulação consegue solucionar o problema. Presumivelmente, contudo, a objeção é mais bem entendida se dirigida contra a plausibilidade de realização de um procedimento deliberativo que se conforme ao ideal e que, portanto, não encontre resposta através da estipulação.

A segunda resposta, então, baseia-se na demanda sobre os efeitos da deliberação nas motivações dos participantes.[19] Uma consequência da racionalidade do procedimento deliberativo (I2) junto com a condição do pluralismo (D3) é que o mero fato de haver uma preferência, uma convicção ou um ideal não provê, por si mesmo, uma razão capaz de sustentar uma proposição. Embora possa tomar minhas preferências como razão suficiente para promover uma proposição, a deliberação sob as condições do pluralismo requer que eu encontre razões que a tornem aceitável para os outros, dos quais não se espera o entendimento de minhas preferências como razão suficiente para concordarem. A tese motivacional diz que a necessidade de promover razões que persuadam os outros vai ajudar a dar forma às motivações que as pessoas trazem para o processo deliberativo de duas maneiras. Primeiro, a prática de apresentar razões contribuirá para a formação de um compromisso com a resolução deliberativa de questões políticas (D2). Dado esse compromisso, a probabilidade de uma representação sincera das preferências e convicções deve aumentar, enquanto a probabilidade de sua representação estratégica errônea deve declinar. Segundo, a prática de apresentar razões também vai dar forma ao conteúdo das preferências e convicções. Ao assumir um compromisso com a justificação deliberativa, a descoberta de que não posso oferecer razões persuasivas em benefício de minha proposição pode transformar as preferências que a motivam. Objetivos que eu reconheço como inconsistentes com os requerimentos do acordo deliberativo podem perder força, pelo menos quando eu espero que os outros procedam de modos razoáveis e que o resultado da deliberação regule a ação subsequente.

Considere, por exemplo, o desejo de ser rico a qualquer preço. Eu não posso apelar para esse desejo somente para defender políticas sociais. A demanda motivacional precisa encontrar uma justificação independente, que não apele para esse desejo e que tenha a tendência de moldá-lo; por exemplo,

---

[19] Atente para o paralelo com ELSTER (1986), indicado na nota 14. Veja também a discussão de HABERMAS (1975, p. 108), sobre "necessidades que podem ser comunicativamente compartilhadas", e HABERMAS (1979, capítulo 2).

Deliberação e legitimidade democrática

em um desejo de ter um nível de riqueza que seja consistente com o nível de riqueza que os outros (ou seja, cidadãos iguais) consideram como aceitável. Estou, é claro, assumindo que a deliberação é conhecida como regulativa e que a riqueza não pode ser protegida por meios totalmente não deliberativos.

A deliberação, portanto, foca o debate acerca do bem comum. E as concepções relevantes do bem comum não são compostas somente de interesses e preferências antecedentes à deliberação. Em vez disso, os interesses, objetivos e ideais que compreendem o bem comum são aqueles que sobrevivem à deliberação, interesses que, sob reflexão pública, acreditamos que são legítimos para ser acionados quando fazemos demandas sobre recursos sociais. Assim, a primeira e a terceira características da democracia deliberativa que mencionei em minha discussão sobre Rawls compreendem elementos centrais da concepção deliberativa.

O esquema deliberativo ideal também indica a importância da autonomia em uma democracia deliberativa. Em particular, esta última responde a duas principais ameaças à autonomia. Como problema geral, as ações falham em ser autônomas se as preferências sobre as quais um agente atua são fortemente dadas pelas circunstâncias, e não determinadas pelo próprio agente. Há dois casos paradigmáticos de determinação "externa". O primeiro é o que Elster (1982) chamou de "preferências adaptativas".[20] Elas são preferências que se alteram com transformações nas circunstâncias do agente sem nenhuma contribuição deliberada do agente para essa mudança. Isso é válido, por exemplo, para as preferências políticas de pessoas que, instintivamente, se posicionam no centro e assumem uma "postura hesitante" na distribuição política, não importa o que possa acontecer. O segundo caso chamarei de "preferências acomodativas". Embora elas sejam formadas deliberadamente, as preferências acomodativas representam ajustes psicológicos a condições de subordinação nas quais os indivíduos não são reconhecidos como possuidores da capacidade de autogoverno. Considere os escravos estoicos que, deliberadamente, moldavam seus desejos para combinar seus poderes, de modo a minimizar sua frustração. Uma vez que as relações de poder existentes faziam da escravidão a única possibilidade, eles cultivavam desejos de serem escravos e, assim, agiam de acordo com esses desejos. Embora seus motivos fossem formados deliberadamente, e embora agissem de acordo com esses desejos, os escravos estoicos não agiam autonomamente quando procuravam ser bons escravos. A ausência de alternativas e a consequente negação do

---

[20] A respeito de uma interessante discussão acerca de preferências autônomas e processos políticos, ver SUNSTEIN (1986, p. 1145-1158; 1984, p. 1699-1700).

escopo para as capacidades deliberativas que define a condição de escravos sustenta a conclusão de que seus desejos resultam das circunstâncias em que vivem, embora essas circunstâncias deem forma aos desejos dos escravos estoicos através de sua deliberação.

Aí se encontram pelo menos duas dimensões da autonomia. O fenômeno das preferências adaptativas sublinha a importância de condições que permitem e encorajam a formação deliberativa das preferências; o fenômeno das preferências acomodativas indica a necessidade de condições favoráveis para o exercício das capacidades deliberativas. Essas duas preocupações podem ser encontradas quando instituições voltadas para a produção de decisões coletivas são modeladas pelo procedimento deliberativo ideal. Relações de poder e subordinação são neutralizadas (I1, I3, I4), e cada um é reconhecido como possuidor de capacidades deliberativas (D5), endereçando-se assim ao problema das preferências acomodativas. Além disso, o requerimento de racionalidade desencoraja as preferências adaptativas (I2). A formação de preferências pelo processo deliberativo é consistente com a autonomia, uma vez que as preferências que são moldadas pela deliberação pública não são simplesmente dadas por circunstâncias externas. Em vez disso, elas são o resultado do "poder da razão aplicado através da discussão pública".[21]

Ao começarmos, então, pelo ideal formal de uma democracia deliberativa, chegaremos a um ideal mais substantivo de associação que é regulado pela deliberação, cuja finalidade é o bem comum e que respeita a autonomia de seus membros. E, assim, ao procurar incorporar o procedimento deliberativo ideal nas instituições, procuramos, entre outros, desenhar instituições que focalizem o debate político no bem comum, que deem forma às identidades e aos interesses dos cidadãos de maneira que contribuam para uma vinculação ao bem comum e que providenciem condições favoráveis para o exercício dos poderes deliberativos requisitados pela autonomia.

## III

Gostaria agora de mudar de foco. Embora eu continue a perseguir a relação entre o procedimento deliberativo ideal e questões mais substantivas sobre a associação democrática deliberativa, quero fazê-lo considerando quatro objeções naturais ao conceito que venho discutindo. Objeções que dizem que essa concepção é sectarista, incoerente, injusta e irrelevante. Meu objetivo

---

[21] Whitney vs. Califórnia, 274 US 357 (1927).

não é providenciar uma resposta detalhada a essas objeções, mas esclarecer a concepção de democracia deliberativa esboçando as linhas ao longo das quais uma resposta deveria ser providenciada. Antes de nos determos nas objeções, começo com duas observações sobre o que virá adiante.

Primeiro, como indiquei anteriormente, um objetivo central da concepção deliberativa é especificar as precondições institucionais para o processo de tomada de decisão. O papel do procedimento deliberativo ideal é providenciar uma caracterização abstrata das propriedades importantes das instituições deliberativas; ele é, então, diferente do papel de um contrato social ideal. O procedimento deliberativo ideal provê um modelo para as instituições, um modelo em que elas deveriam se espelhar, tanto quanto possível. Não é uma situação de escolha na qual os princípios institucionais são selecionados. A questão-chave acerca da reflexão institucional é que ela deveria *tornar a deliberação possível*. As instituições em uma democracia deliberativa não servem simplesmente para implementar os resultados da deliberação, como se a livre deliberação pudesse ocorrer na ausência de instituições apropriadas. Nem o compromisso com as decisões deliberativas nem a capacidade de chegar a elas são algo que possamos simplesmente presumir obter de forma independente de um ordenamento adequado das instituições. As próprias instituições precisam providenciar a estrutura para a formação da vontade; elas determinam se há igualdade, se a deliberação é livre e racional, se há autonomia, etc.

Segundo, deverei enfocar aqui alguns requerimentos das instituições "públicas" que refletem o ideal de resolução deliberativa. Mas não há, é claro, nenhuma razão para esperar que, enquanto um problema geral, as precondições para a deliberação respeitarão fronteiras institucionais familiares entre "privado" e "público" e que todas pertençam à arena pública. As desigualdades de riqueza ou a ausência de medidas institucionais destinadas a compensar as consequências dessas desigualdades podem servir, por exemplo, para perturbar a igualdade requerida nas próprias arenas deliberativas. E um tratamento mais completo precisaria endereçar-se a um amplo escopo de questões institucionais (COHEN; ROGERS, 1983, capítulos 3, 6; COHEN, 1988).

## Sectarismo

A primeira objeção é que o ideal da democracia deliberativa é desagradavelmente sectário, porque depende de uma visão particular do bem viver (*good life*) – um ideal de cidadania ativa. O que o torna sectário não é o ideal específico do qual depende, mas o fato (alegado) de que ele depende de alguma concepção específica em absoluto. Não penso que a concepção de democracia deliberativa sofra essa suposta dificuldade. Ao explicar por que não, devo deixar de lado a controvérsia corrente sobre a tese de que o sectarismo é evitável e desagradável e assumir que ele é ambos.[22]

Visões do que é "bom" ou "do bem" figuram nas concepções políticas, ao menos, sob dois modos. Primeiro, a justificação de algumas concepções apelam para uma noção de bem humano. Perspectivas aristotélicas, por exemplo, endossam a demanda de que o exercício das capacidades deliberativas é um componente fundamental de um bem viver humano e concluem que uma associação política deveria ser organizada para encorajar a realização dessas capacidades por seus membros. O segundo modo através do qual concepções do "bem" são abordadas diz respeito ao fato de que a *estabilidade* de uma sociedade pode requerer ampla lealdade a uma concepção específica do bem, mesmo que suas instituições possam ser justificadas sem apelar para essa concepção. Por exemplo, uma ordem social que possa ser justificada sem referência a ideais de lealdade nacional pode, apesar disso, requerer uma ampla aceitação do ideal de devoção patriótica por sua estabilidade.

Uma concepção política é desagradavelmente sectária somente se sua *justificação* depende de uma visão particular do bem humano, e não simplesmente porque sua estabilidade é contingente com relação a acordos amplamente difundidos sobre o valor de certas atividades e aspirações. Por essa razão, a concepção democrática não é sectária. Ela é organizada em torno de uma visão de justificação política – que procede através da deliberação livre entre cidadãos iguais –, e não em torno de uma concepção de conduta de vida adequada. Assim, embora seja plausível que a estabilidade de uma democracia deliberativa dependa do encorajamento do ideal de cidadania ativa, essa dependência não é suficiente para mostrar que ela é desagradavelmente sectária.

## Incoerência

Consideremos agora a pretensa incoerência do ideal. Encontramos essa acusação em uma importante tradição do argumento, incluindo a obra *Capitalismo, Socialismo e Democracia*, de Schumpeter, e, mais recentemente, no trabalho de William Riker (1982) sobre escolha social e democracia. Quero

---

[22] Sobre visões contrastantes sobre sectarismo, ver RAWLS (1987); DWORKIN (1985, parte 3); MACIN-TYRE (1981); SANDEL (1982).

dizer aqui uma palavra sobre este último, focando somente em uma razão que ele dá para pensarmos que o ideal do autogoverno popular seja incoerente.[23]

A institucionalização de um procedimento deliberativo requer uma regra decisória desprovida de consenso – por exemplo, a regra da maioria. Mas a regra da maioria é globalmente instável: enquanto problema geral, existe um caminho traçado pela regra da maioria que liga qualquer elemento do conjunto de alternativas a qualquer outro elemento dele. A maioria, substituída pelas pessoas, deseja tudo e, por isso, não deseja nada. É claro, embora qualquer coisa possa ser o resultado de uma decisão majoritária, não é verdade que tudo pode vir a ser seu resultado. Mas, porque a regra da maioria é tão instável, a decisão atual da maioria não será determinada pelas preferências em si mesmas, uma vez que elas não constrangem o resultado. Em vez disso, as decisões vão refletir os constrangimentos institucionais particulares sob os quais elas são constituídas. Mas esses constrangimentos são "exógenos ao mundo dos gostos e valores" (RIKER, 1982, p. 190). Nesse sentido, o ideal do autogoverno popular é incoerente, porque nós somos, por assim dizer, governados pelas instituições, e não por nós mesmos.

Quero sugerir uma dificuldade relacionada a esse argumento que ressalta a estrutura da concepção deliberativa. De acordo com o argumento que acabo de esboçar, os resultados oriundos de instituições que operam segundo a regra da maioria refletem constrangimentos institucionais "exógenos", e não preferências reais. Isso sugere que podemos identificar as preferências e convicções que são relevantes para as escolhas coletivas separadamente das instituições através das quais elas são formadas e expressas. Mas isso é justamente o que a concepção deliberativa nega. Nessa concepção, as preferências e convicções relevantes são aquelas que podem ser expressas em uma deliberação livre, e não aquelas que existem previamente a ela. Por essa razão, o autogoverno popular tem como *premissa* a existência de instituições que proporcionam um quadro de sentido para a deliberação; tais arranjos não são "constrangimentos exógenos" sobre a agregação de preferências, mas, pelo contrário, auxiliam a dar forma ao conteúdo dessas preferências e ao modo que os cidadãos escolhem para promovê-las. E, uma vez que as instituições deliberativas estão instauradas, e preferências, convicções e ações políticas são modeladas por elas, não está claro que problemas de instabilidade permaneçam tão severos a fim de sustentar a conclusão de que o autogoverno seja um ideal vazio e incoerente.

---

[23] Sobre a discussão da perspectiva de Riker, ver COLEMAN e FEREJOHN (1986); COHEN (1986).

## Injustiça

O terceiro problema diz respeito à injustiça. Venho tratando o ideal de democracia como o ideal básico para uma concepção política. Mas é preciso argumentar que o ideal de democracia não é adequado para o papel de ideal político fundamental, porque o tratamento que ele dá às liberdades básicas é manifestamente inaceitável. Ele torna essas liberdades dependentes dos julgamentos de maiorias e, assim, concorda com a legitimidade democrática de decisões que restringem as liberdades básicas dos indivíduos. Ao tentar responder a essa objeção, deverei me deter na liberdade de expressão,[24] e começarei desenvolvendo uma versão da objeção que descrevo como uma crítica imaginada.[25]

"Você defende o ideal de uma ordem democrática. O objetivo de uma ordem democrática é maximizar o *poder do povo* para assegurar seus desejos. Para defender a liberdade de expressão você vai argumentar que esse poder é diminuído se as pessoas não possuem a informação requerida para exercerem sua vontade. Uma vez que a expressão provê informação, você vai concluir que abreviações de expressão devem ser contidas. O problema do seu argumento é que restrições preventivas à livre expressão também restringem o poder do povo, uma vez que os cidadãos podem preferir coletivamente tais restrições. E, assim, não está nada claro, enquanto problema geral, se a proteção da livre expressão vai maximizar o poder popular. Então, já que você, é claro, não vai desejar impedir a todos de falarem todo o tempo, você não pode defender a demanda de que há ainda uma pressuposição a favor da proteção da livre expressão. E esse desprezo pelas liberdades fundamentais é inaceitável."

Essa objeção tem força contra algumas concepções nas quais a democracia é um ideal fundamental, particularmente aquelas nas quais o valor da livre expressão está voltado exclusivamente para seu papel de fonte de informações sobre como melhor promover objetivos populares. Mas ela

---

[24] Para uma discussão sobre a conexão entre ideais de democracia e liberdade de expressão, ver MEIKELJOHN (1948), TRIBE (1978; 1985, capítulo 2) e ELY (1980, p. 93-94, 105-116). A liberdade de expressão é um caso especial que pode, talvez, ser doravante acomodado pela concepção democrática que abrange as liberdades de consciência, ou as liberdades associadas com a privacidade e com a formação das pessoas. Acredito, entretanto, que essas outras liberdades podem receber um tratamento satisfatório por meio da concepção democrática, e rejeitaria essa hipótese se não acreditasse nisso. A ideia geral seria a de argumentar que outras liberdades fundamentais precisam ser protegidas se os cidadãos estiverem aptos a engajar-se na deliberação política e possuir igual *status* nela sem temer que esse engajamento os coloque em risco por suas convicções e escolhas pessoais. Se essa linha de argumentação vai funcionar em detalhes é um problema para ser discutido em outra ocasião. Ver "Procedimento e Substância na Democracia Deliberativa" (COHEN, 1997).

[25] Essa objeção é sugerida por DWORKIN (1985, p. 61-63). Ele cita a seguinte passagem de uma carta de Madison: "E um povo que deseja ser seu próprio governante, precisa armar-se com *o poder dado pelo conhecimento*" (grifo nosso).

não tem qualquer força contra a concepção deliberativa, uma vez que esses objetivos não fornecem uma oportunidade para que a livre expressão modifique seu papel através da maximização do poder do povo para assegurar seus desejos. Em vez disso, esse caso permanece ligado a uma concepção de escolha coletiva, em particular sob uma visão de como esses "desejos" que são relevantes para essa escolha são, em primeiro lugar, formados e definidos. As preferências e convicções relevantes são aquelas que se originam da deliberação ou são confirmadas através dela. Além disso, um ambiente propício à livre expressão é necessária para a consideração racional de alternativas que envolvem a deliberação. A concepção deliberativa sustenta que a livre expressão é requerida para *determinar* o que promove o bem comum, porque o que é bom é determinado pela deliberação pública, e não dado previamente a ela. O que é bom é estabelecido por julgamentos informados e autônomos, envolvendo o exercício das capacidades deliberativas. Assim, o ideal de democracia deliberativa não é hostil à livre expressão; pelo contrário, ele pressupõe essa liberdade.

Mas e quanto à expressão que não toca diretamente em questões da política pública? A concepção de democracia deliberativa está comprometida a tratar todas as "expressões não políticas" como de segunda classe e como formas que merecem menos proteção? Acredito que não. A concepção deliberativa interpreta a política como um processo que almeja, em parte, a formação de preferências e convicções, e não somente à sua articulação e agregação. Por causa dessa ênfase na troca de razões sobre preferências e convicções e da consideração de expressões sem qualquer foco político nessa troca, a perspectiva deliberativa não traça qualquer linha divisória entre o discurso político e outros tipos de expressão. Formas de expressão que não remetem a questões políticas podem também contribuir para a formação de interesses, objetivos e ideais que o cidadãos trazem para a deliberação pública. Por essa razão, a concepção deliberativa dá proteção a um amplo escopo de expressões, independentemente do seu conteúdo.[26] Fixar preferências e convicções previamente, através da restrição do conteúdo de sua expressão, barrar o acesso à expressão ou mesmo impedir a expressão que é essencial ao desenvolvimento de convicções seria uma violação ao núcleo do ideal de uma deliberação livre entre iguais. Portanto, a objeção da injustiça é falha, porque

---

[26] Sobre a distinção entre abreviações baseadas em um conteúdo e abreviações de conteúdo neutro, as complexidades de se traçar essa distinção em casos particulares, e as razões especiais para a hostilidade contra abreviações baseadas em um conteúdo, ver TRIBE (1978, p. 584-682); STONE (1987, p. 46-118).

as liberdades não estão simplesmente entre os tópicos para a deliberação; elas auxiliam a compreender o quadro que a torna possível.[27]

## Irrelevância

Essa objeção diz que a noção de deliberação pública é irrelevante para as condições políticas modernas.[28] Essa é a objeção mais importante, mas também aquela sobre a qual é difícil dizer alguma coisa no nível de generalidade requerida pelo contexto deste artigo. Novamente devo deter-me a uma versão relativa à essa objeção, embora a considere representativa.

A versão que gostaria de considerar começa com a pressuposição de que uma democracia direta, com os cidadãos reunidos em assembleias legislativas, é o único modo de institucionalizar um procedimento deliberativo. Partindo da premissa de que a democracia direta é impossível sob condições modernas e reconheço este fato, a objeção conclui que deveríamos ser levados a rejeitar o ideal, porque ele não seria relevante para nossas circunstâncias atuais.

A demanda sobre a impossibilidade da democracia direta está correta. Mas não vejo mérito algum na demanda de que a democracia direta seja o modo único e desejável para a institucionalização do procedimento ideal.[29] Na verdade, na ausência de uma teoria sobre as operações das assembleias democráticas – uma teoria que não pode simplesmente estipular as condições ideais obtidas – não há nenhuma razão para confiar no fato de que a democracia direta submeteria questões políticas à resolução deliberativa, mesmo se a democracia direta fosse uma possibilidade institucional genuína.[30] Na ausência de uma abordagem realista do funcionamento das assembleias de cidadãos, não podemos simplesmente assumir que amplas reuniões, com agendas em aberto, produzirão qualquer deliberação que seja ou que elas encorajarão os participantes a olhar uns para os outros como iguais em um

---

[27] Não estou sugerindo que a perspectiva deliberativa provê a única justificação consistente para a liberdade de expressão. Minha preocupação aqui é, pelo contrário, de mostrar que a perspectiva deliberativa é capaz de acomodá-la.

[28] Sobre uma proposição especialmente aguçada a respeito da objeção da irrelevância, ver SCHMITT (1985).

[29] Essa perspectiva é, às vezes, associada à Rousseau, o qual dizem ter combinado a noção de legitimidade democrática com a expressão institucional desse ideal em uma democracia direta. Sobre uma crítica a essa interpretação, ver COHEN (1986a).

[30] Madison insiste nesse ponto em *Federalist Papers*. Fazendo objeção a uma proposta feita por Jefferson, o qual teria regularmente feito referências a questões constitucionais "para a decisão de toda a sociedade", Madison argumenta que isso aumentou "o perigo de perturbar a tranquilidade pública por interessar tão fortemente às paixões humanas". E "é a razão do público, sozinha, que deve controlar e regular o governo [...] [enquanto] as paixões devem ser controladas e reguladas pelo governo" (ROSSITER, 1961, p. 315-317). Eu aprovo a forma da objeção, mas não o seu conteúdo.

procedimento deliberativo livre. O ordenamento apropriado das instituições deliberativas depende de questões de psicologia política e comportamento político; ele não é uma consequência imediata do ideal deliberativo. Assim, longe de ser o único esquema deliberativo, a democracia direta pode nem sempre ser um arranjo particularmente bom para a deliberação. Mas, uma vez que rejeitamos a ideia de que a democracia direta é a forma natural ou necessária de expressão do ideal deliberativo, o simples argumento de irrelevância não funciona mais. Ao dizer como o ideal pode ser relevante, conseguimos, contudo, nos posicionar contra o problema mencionado anteriormente. Se não temos um bom entendimento dos trabalhos das instituições, somos inevitavelmente compelidos a fazer julgamentos mais ou menos especulativos. O que se segue são alguns esboços de apontamentos sobre uma questão que deveria ser considerada sob esse ponto de vista.

No centro da institucionalização do procedimento deliberativo está a existência de arenas nas quais os cidadãos podem propor questões para a agenda política e participar do debate acerca dessas questões. Essas arenas são um bem público e devem ser sustentadas com o dinheiro público. Isso não se deve ao fato de que o investimento público é o único caminho, ou mesmo o caminho mais eficiente, de assegurar a provisão de tais arenas. Pelo contrário, a provisão pública expressa o compromisso básico de uma ordem democrática com a resolução de questões políticas através da deliberação livre entre iguais. O problema é descobrir como essas arenas devem ser organizadas de modo a encorajar tal deliberação.

Considerando essa organização, existem dois pontos-chave que eu gostaria de destacar. O primeiro é que desigualdades materiais são uma fonte importante de desigualdades políticas. O segundo ponto – que é mais especulativo – é que arenas deliberativas que são organizadas exclusivamente em torno de linhas locais e compartimentadas, ou de questões específicas, não apresentam a probabilidade de produzir a deliberação aberta requerida para institucionalizar um procedimento deliberativo. Uma vez que essas arenas trazem juntas somente um pequeno escopo de interesses, a deliberação que nelas ocorre pode produzir apenas interesses sectários coerentes, mas não mais uma concepção compreensiva do bem comum.

Essas duas considerações juntas proveem suporte para a visão de que os partidos políticos apoiados por fundos públicos têm o importante papel de tornar a democracia deliberativa possível.[31] Existem duas razões para isso,

---

[31] Aqui baseio-me em em COHEN e ROGERS (1983, p. 154-157). A ideia de que os partidos são requisitados para organizar a escolha política e para providenciar um foco para a deliberação pública é uma das linhas de argumentação sobre "partidos responsáveis" na literatura americana sobre ciência política. Meu entendimento dessa perspectiva foi enormemente influenciado por PERLMAN (1987) e, de modo mais

as quais correspondem a duas considerações que acabo de mencionar. Em primeiro lugar, uma característica importante das organizações, tomadas em sua forma geral, e dos partidos, em particular, é que eles proporcionam meios através dos quais os indivíduos e grupos que não possuem uma vantagem "natural" de riqueza possam superar as desvantagens políticas que existem em razão dessa ausência. Assim, essas organizações e esses partidos podem ajudar a superar as desigualdades materiais em arenas deliberativas. Para desenvolver esse papel, as organizações políticas precisam, é claro, ser livres da dominância de recursos privados, e essa independência precisa ser manifesta. Daí a necessidade de haver fundos públicos. Aqui nos remetemos novamente ao segundo ponto que mencionei na discussão da perspectiva de Rawls – de que medidas são necessárias para assegurar a igualdade manifesta –, embora agora como um modo de expor um compromisso compartilhado com as decisões deliberativas, e não simplesmente como uma expressão do compromisso com a justiça. Segundo, porque os partidos são requisitados para enviar um escopo compreensivo de questões políticas, eles proveem arenas nas quais o debate não é restrito como nas organizações locais, sectárias ou voltadas para questões específicas. Elas podem suprir a maior quantidade de arenas abertas necessárias para formar e articular as concepções de bem comum que proveem o foco do debate político na democracia deliberativa.

Não há certamente qualquer garantia de que os partidos vão operar como acabo de descrever. Mas isso não é especialmente perturbador, uma vez que não existem garantias de nada na política. A questão é como podemos melhor nos aproximar da concepção deliberativa. E é difícil ver como isso é possível na ausência de partidos fortes, sustentados com recursos públicos (embora, é claro, um amplo escopo de outras condições também seja necessário).

## IV

Ao longo deste texto, desenvolvi a sugestão de que tomamos a noção de associação democrática como um ideal político fundamental e elaborei esse ideal através de referências ao procedimento deliberativo ideal e aos requerimentos para sua institucionalização. Esbocei alguns desses requerimentos aqui. A fim de mostrar que o ideal democrático pode desempenhar o papel de um ideal de organização fundamental, preciso perseguir a abordagem das liberdades fundamentais e da organização

---

geral, pelo trabalho de meu colega Walter Dean Burnham sobre as implicações do declínio de partidos para a política democrática. Ver, por exemplo, BURNHAM (1982).

política em maiores detalhes e também endereçar um amplo escopo de outras questões. É claro que, quanto mais ricos são os requerimentos para a institucionalização da deliberação pública livre, mais amplo é o escopo de questões que podem precisar ser removidas da agenda política; ou seja, quanto mais amplo o escopo de questões que formam o quadro de fundo da deliberação pública, menos seu assunto importa. E quanto mais amplo o escopo, menos há sobre o que se deliberar. Essas podem ser boas ou más notícias, mas, em todo caso, são um ponto desejável para concluir a reflexão aqui apresentada.

## Referências

ACKERMAN, B. The Storr Lectures: Discovering the Constitution. *Yale Law Journal*, n. 93, p. 1013-1072, 1984.

ACKERMAN, B. *Discovering the Constitution*. Unpublished manuscript, 1986.

BURNHAM, W. D. *The Current Crisis in American Politics*. Oxford: Oxford University Press, 1982.

COHEN, J. An Epistemic Conception of Democracy. *Ethics*, n. 1, 97, p. 26-38, 1986b.

COHEN, J. Autonomy and Democracy: Reflections on Rousseau. *Philosophy and Public Affairs*, n. 1, v. 15, p. 275-297, 1986a.

COHEN, J. Deliberation and Democratic Legitimacy. In: BOHMAN, J.; REHG, W. (Eds.). *Deliberative Democracy – Essays on Reason and Politics*. Cambridge: MIT Press, 1997. p. 67-91.

COHEN, J. The Economic Basis of Deliberative Democracy. *Social Philosophy and Policy*, n. 6, v. 2, p. 25-50, 1988.

COHEN, J.; ROGERS, J. *On Democracy*. Harmondsworth: Penguin, 1983.

COLEMAN, J.; FEREJOHN, J. Democracy and Social Choice. *Ethics*, n. 1, v. 97, p. 6-25, 1986.

DWORKIN, R. *A Matter of Principle*. Cambridge, Mass.: Harvard University Press, 1985.

ELSTER, J. Sour Grapes. In: WILLIAMS, B. (Eds.). *Utilitarianism and Beyond*. Cambridge: Cambridge University Press, 1982. p. 219-238.

ELSTER, J. The Market and the Forum: Three Varieties of Political Theory. In: ELSTER, J.; HYLLAND, A. (Eds.). *Foundations of Social Choice Theory*. Cambridge: Cambridge University Press, 1986. p. 103-132.

ELY, J. H. *Democracy and Distrust: a Theory of Judicial Review*. Cambridge, Mass.: Harvard University Press, 1980.

HABERMAS, J. *Communication and the Evolution of Society*. Translated by Thomas MacCarthy. Boston: Beacon Press, 1979.

HABERMAS, J. *Legitimation Crisis.* Translation by T. McCarthy. Boston: Beacon Press; London: Heinemann, 1975.

HABERMAS, J. *The Theory Of Communicative Action,* v. 1. Translation by T. McCarthy. Boston: Beacon Press, 1984.

KANT, I. Toward Perpetual Peace: a Philosophical Essay. Translated by T. Humphrey. In: *Perpetual Peace and Other Essays.* Indianapolis: Hackett, 1983, p. 107-143.

MACINTYRE, A. *After Virtue.* Notre Dame: University of Notre Dame Press, 1981.

MANIN, B. On Legitimacy and Political Deliberation. *Political Theory,* n. 15, p. 338-368, 1987.

MEIKELJOHN, A. *Free Speech and its Relation of Self-Government.* New York: Harper and Row, 1948.

MICHELMAN, F. I. The Supreme Court, 1985 Term-Foreword: Traces of Self-government. *Harvard Law Review,* n. 100, p. 4-77, 1986.

PERLMAN, L. *Parties, Democracy and Consent.* Não publicado, 1987.

RAWLS, J. The Basic Liberties and their Priority. *Tanner Lectures on Human Values.* Salt Lake City: University of Utah Press, 1982. v. III.

RAWLS, J. The Idea of an Overlapping Consensus. *Oxford Journal of Legal Studies,* v. 7, p. 1-25, 1987.

RAWLS, J. *Theory of Justice.* Cambridge, Mass: Harvard University Press, 1971; Oxford: Clarendon Press, 1972.

RIKER, W. *Liberalism Against Populism: a Confrontation Between the Theory of Democracy and the Theory of Social Choice.* San Francisco: W.H. Freeman, 1982.

ROSSITER, C. (Ed.). *Federalist Papers.* New York: New American Library, 1961.

SANDEL, M. *Liberalism and the Limits of Justice.* Cambridge: Cambridge University Press, 1982.

SACANLON, T. M. Contratualism and Utilitarianism. In: SEN, A.; WILLIAMS, B. (Eds.). *Utilitarianism and Beyond.* Cambridge: Cambridge University press, p. 103-128, 1982.

SCHMITT, C. *The Crisis of Parliamentary Democracy.* Translated by E. Kennedy. Cambridge, Mass.: MIT Press, 1985.

STONE, G. Content-Neutral Restrictions. *University of Chicago Law Review,* v. 54, p. 46-118, 1987.

SUNSTEIN, C. Interest Groups in American Public Law. *Stanford Law Review,* v. 38, p. 29-87, 1985.

SUNSTEIN, C. Legal Interference with Private Preferences. *University of Chicago Law Review,* v. 53, p. 1129-1184, 1986.

SUNSTEIN, C. Naked Preferences and the Constitution. *Columbia Law Review,* v. 84, p. 1689-1732, 1984.

TRIBE, L. *American Constitutional Law.* New York: Foundation Press, 1978.

UNGER, R. False Necessity. Cambridge: Cambridge University Press, 1987.

WILLIAMS, B. Ethics and the Limits of Philosophy. Cambridge, Mass: Harvard University Press; London: Fontana, Collins, 1985.

# Rumo a um modelo deliberativo de legitimidade democrática[1]

*Seyla Benhabib*

## Legitimidade democrática e bens públicos[2]

Desde a Segunda Guerra Mundial, as sociedades democráticas modernas complexas enfrentam a tarefa de assegurar três bens públicos. São eles: a legitimidade, o bem-estar econômico e um sentido viável de identidade coletiva. Esses são "bens" no sentido de que atingi-los é considerado valioso e desejável pela maioria dos membros dessas sociedades. Além disso, não alcançar um desses bens ou uma combinação deles causaria problemas no funcionamento dessas sociedades, como fazê-las entrar em crise.

Esses bens permanecem em uma complexa relação uns com os outros: a excessiva realização de um deles pode gerar conflito e pôr em risco a realização dos outros. Por exemplo, o bem-estar econômico pode ser alcançado sob o preço de se sacrificar a legitimidade através da restrição dos direitos de sindicatos, da limitação de um exame mais rigoroso de práticas e negócios

---

[1] "Toward a Deliberative Model of Democratic Legitimacy". Originalmente publicado em *Democracy and Difference – Contesting the Boundaries of the Political* (BENHABIB, 1996b). Texto traduzido com a permissão da autora e da Blackwell Editora. (N.T.).

[2] Este ensaio é uma versão revisada de um artigo que foi publicado originalmente pela Blackwell Publishers na revista *Constellations*, v. 1, n. 1 (abril, 1994), com o título de "Deliberative Rationality and Models of Democratic Legitimacy". Ele também é uma parte de um manuscrito em processo de confecção, com o título provisório de *In Search of the Civic Polity: Democracy, Legitimacy, and Citizenship at Century's End*. Gostaria de agradecer aos participantes do Simpósio Law and Social Theory, ocorrido na Universidade de Nova York, bem como aos participantes do *workshop* sobre Teoria Legal que aconteceu na Universidade de Yale, pelos comentários e críticas feitos às primeiras versões deste texto. Em particular, sou grata aos professores Ronald Dworkin e Thomas Nagel por suas rigorosas críticas a respeito da questão do *status* dos direitos e das liberdades básicas através do quadro analítico da teoria da democracia deliberativa. Gostaria também de agradecer a Stephen Macedo, cujos comentários acerca da primeira versão deste trabalho, apresentada no Colóquio de Teoria Política do Departamento de Governo da Universidade de Harvard, ocorrido na primavera de 1994, muito contribuíram para minhas reflexões.

relativos à contabilidade ou do encorajamento de um uso injusto de medidas protecionistas do Estado. Uma ênfase muito grande na identidade coletiva pode dar origem a um prejuízo imposto a minorias e dissidentes, cujos direitos civis e políticos podem sofrer um efeito negativo. Assim, as demandas de legitimidade e de identidade coletiva, principalmente se elas possuem tom nacionalista, podem entrar em conflito. Podem haver também conflitos entre as demandas de bem-estar econômico e as demandas de identidade coletiva, como quando formas excessivas de protecionismo e nacionalismo isolam países no contexto econômico mundial, levando, possivelmente, ao declínio dos padrões de vida. Inversamente, uma grande ênfase no bem-estar econômico pode ameaçar um sentido de identidade coletiva através do aumento da competição entre grupos sociais e do enfraquecimento das demandas de soberania política com relação a outros Estados. Em uma sociedade democrática em bom funcionamento, as demandas de legitimidade, bem-estar econômico e identidade coletiva existem idealmente em equilíbrio.

O presente ensaio está preocupado com um "bem" entre outros que as sociedades democráticas precisam alcançar: o "bem" da legitimidade. Preocupo-me em examinar as fundações filosóficas da legitimidade democrática. Argumentarei que a legitimidade nas sociedades democráticas complexas precisa ser entendida como o resultado da deliberação pública livre e isenta de constrangimentos a respeito de tudo aquilo que se relaciona a questões de interesse comum. Assim, uma esfera pública de deliberação sobre problemas de interesse mútuo é essencial para a legitimidade das instituições democráticas.

Sob o meu ponto de vista, a democracia é mais bem entendida como um modelo para organizar o exercício coletivo e público do poder nas mais importantes instituições de uma sociedade, com base no princípio de que as decisões que afetam o bem-estar de uma coletividade podem ser percebidas como o resultado de um procedimento livre e reflexivo de deliberação entre indivíduos considerados moral e politicamente iguais. Certamente, qualquer definição de conceitos essencialmente controversos como democracia, liberdade e justiça não é nunca uma mera definição. A própria definição já articula a teoria normativa que justifica o termo. Esse é o caso da definição precedente. Meu entendimento de democracia privilegia um modelo deliberativo em detrimento de outros tipos de considerações normativas, o que não implica que o bem-estar econômico, a eficiência institucional e a estabilidade cultural não sejam relevantes para julgar a adequação de uma definição normativa de democracia. Demandas relativas ao bem-estar econômico e às necessidades da identidade coletiva também precisam ser satisfeitas pelas democracias para que funcionem através dos tempos. Contudo, a base normativa da democracia, enquanto forma de organização de nossa vida coletiva, não é nem o cumprimento do bem-estar econômico nem a realização de um sentido estável de identidade coletiva. Pois, assim como a obtenção de certos níveis de bem-estar econômico pode ser compatível com a regra política autoritária, também regimes antidemocráticos podem ser mais bem-sucedidos em assegurar um sentido de identidade coletiva do que os regimes democráticos.

Meu objetivo na primeira metade deste artigo será examinar a relação entre as pressuposições normativas da deliberação democrática e o conteúdo idealizado da racionalidade prática. A abordagem que desenvolvo está de acordo com o que John Rawls chamou de "construtivismo kantiano" e com o que Jürgen Habermas chama de "reconstrução".[3] Nesse contexto, as diferenças entre suas metodologias são menos significantes que a pressuposição compartilhada de que as instituições das democracias liberais dão forma ao conteúdo idealizado de um tipo de razão prática que pode ser elucidado e articulado filosoficamente. Na verdade, a tarefa de uma teoria filosófica da democracia consistiria no esclarecimento e na articulação do tipo de racionalidade prática representada pela regra democrática.[4]

A metodologia da "reconstrução filosófica" difere do "liberalismo etnocêntrico" (RORTY, 1991), assim como de formas mais aprioristicas de "Kantianismo".[5] Diferentemente de certos tipos de kantianismo, gostaria de reconhecer a especificidade histórica e sociológica do projeto de democracia, enquanto, contra o liberalismo etnocêntrico, gostaria de insistir que a racionalidade prática que ganha forma nas instituições democráticas possui uma demanda de validade que transcende a cultura. Essa forma de razão prática tornou-se a propriedade coletiva e anônima de culturas, instituições

---

[3] Ver John Rawls, "Kantian Constructivism in Moral Theory" (1980). Uma versão revista e ampliada desse artigo está incluída no livro *Political Liberalism* (1993). Ver, também, de Habermas, *Moral Consciousness and Comunicative Action* (1990) e, em particular, o ensaio "Discourse Ethics: Notes on a Program of Philosophical Justification".

[4] Em um artigo muito útil intitulado "Freedom, Consensus, and Equality in Collective Decision Making", Thomas Christiano (1990), examina diferentes abordagens das bases filosóficas da democracia.

[5] É bem conhecido o fato de que há quase uma década John Rawls renunciou à estratégia kantiana de justificação normativa presente em seu livro *Theory of Justice* a favor do conceito de "consenso sobreposto" (*overlapping consensus*), o qual é mais historicista e mais bem situado social e politicamente. Os dois princípios de justiça são válidos, argumenta ele, não *sub specie aeternitatis*, mas porque eles articulam algumas das convicções compartilhadas mais profundas nas democracias liberais ocidentais sobre as fundações de suas formas de governo. Essas convicções profundamente sustentadas constituem, quando devidamente inspecionadas, esclarecidas e articuladas, as bases de um "consenso sobreposto" nessas sociedades. Ver John Rawls, "Justice as Fairness: political not Metaphysical" (1985) e "The Idea of an Overlapping Consensus" (1987). Essa mudança de uma estratégia kantiana de justificação para um modo mais historicista tem sido celebrada por alguns. Richard Rorty (1991) tem visto nesses desenvolvimentos recentes do trabalho de Rawls uma confirmação de sua própria marca de "liberalismo etnocêntrico". Para uma abordagem lúcida desses desenvolvimentos na posição de Rawls e um exame crítico da ideia de "consenso sobreposto", ver Kenneth Baynes, "Constructivism and Practical Reason in Rawls" (1992a).

e tradições, como resultado de experimentos e experiências, tanto antigas quanto modernas, realizados com a regra democrática através do curso da história humana (FINLEY, 1985). Os *insights* e talvez as ilusões que resultaram desses experimentos e experiências estão sedimentados em diversas constituições, arranjos institucionais e procedimentos específicos. Quando pensamos através da forma de racionalidade prática que está no cerne da regra democrática, o conceito de Hegel de "espírito objetivo" (*objektiva geist*) me parece particularmente apropriado.[6] Para tornar esse conceito útil nos dias de hoje, temos de entendê-lo sem o recurso da presença metafórica de um supersujeito. Temos de dessubstancializar o modelo de um supersujeito pensante e atuante que ainda governa a filosofia hegeliana. Sem essa metáfora, o termo "espírito objetivo" vai referir-se àquelas regras, procedimentos e práticas coletivas *anônimas, porém inteligíveis,* que formam um modo de vida. É a racionalidade intrínseca a essas regras, procedimentos e práticas anônimas, porém inteligíveis, que qualquer intenção que almeje a reconstrução da lógica das democracias precisa focalizar.

## Um modelo deliberativo de democracia

De acordo com o modelo deliberativo de democracia, uma das condições necessárias para se atingir a legitimidade e a racionalidade em processos coletivos de tomada de decisão com relação a uma política é que as instituições políticas sejam organizadas de tal modo que aquilo que é considerado de interesse geral resulte de processos de deliberação coletiva, conduzidos racionalmente e de modo justo entre indivíduos livres e iguais.[7] Quanto mais os processos coletivos de tomada de decisão se aproximarem desse modelo, mais aumentam sua legitimidade e sua racionalidade presumidas. Por quê?

A base da legitimidade nas instituições democráticas deve ser atrelada à pressuposição de que as instâncias que demandam poder obrigatório para si mesmas fazem isso, porque suas decisões representam um ponto de vista imparcial hipoteticamente igualitário com relação aos interesses de todos. Essa pressuposição só pode ser realizada se tais decisões estiverem, em princípio, abertas a processos públicos apropriados de deliberação entre cidadãos livres e iguais. O modelo da ética do discurso (*discourse ethics*) formula os *princípios*

---

[6] O exemplo mais brilhante da metodologia de Hegel permanece aquele presente no livro escrito em 1821, *Philosophy of Right* (1973). O tipo de racionalidade coletiva anônima que tenho em mente foi desenvolvido por Karl Popper (1972) no domínio da epistemologia.

[7] Minha formulação é totalmente análoga àquela feita por Joshua Cohen em "Deliberation and Democratic Legitimacy" (1989). Ver também, de Joshua Cohen, "Procedure and Substance in Deliberative Democracy" (1996).

*mais gerais* e as *intuições morais* que estão por trás das demandas de validade do modelo deliberativo de democracia.[8] A ideia básica que sustenta esse modelo é a de que somente essas normas (isto é, as regras gerais de ação e de arranjos institucionais), podem ser consideradas como válidas (ou seja, moralmente vinculantes). Elas seriam resultantes do acordo entre todos aqueles afetados por suas consequências, se tal acordo fosse alcançado como consequência de um processo de deliberação que tivesse as seguintes características: 1) a participação nessa deliberação é governada pelas normas de igualdade e simetria; todos têm as mesmas chances de iniciar atos de fala, de questionar, de interrogar e de instaurar um debate; 2) todos têm o direito de questionar os tópicos designados para a conversação e 3) todos possuem o direito de produzir argumentos reflexivos sobre as regras do procedimento discursivo e sobre o modo como são aplicadas ou empregadas. Não existem, em primeira instância, regras que limitem a agenda da conversação ou a identidade dos participantes, desde que as pessoas ou os grupos excluídos possam mostrar, de maneira justificável, que eles foram afetados de modo relevante pela norma proposta em questão. Em certas circunstâncias, isso pode significar que os cidadãos de uma comunidade democrática teriam de entrar em um discurso prático com não cidadãos que podem estar residindo em seus países, em suas margens ou em sua vizinhança, se existem problemas que afetam a todos eles. De maneira geral, questões ecológicas e sobre o meio ambiente são um exemplo perfeito de momentos nos quais os limites dos discursos são expandidos em função do fato de que as consequências de nossas ações se expandem e afetam cada vez mais pessoas.

Os procedimentos específicos dessas situações especiais de argumentação, chamadas "discursos práticos", não são automaticamente transferíveis para um nível macroinstitucional. Uma teoria da democracia, enquanto oposta à uma teoria moral geral, teria de estar preocupada com a questão das especificações institucionais e com sua viabilidade prática. Apesar disso, os constrangimentos procedimentais do modelo discursivo podem atuar como casos de teste para avaliar criticamente o critério de pertencimento, as regras para o estabelecimento de uma agenda (*agenda setting*) e para a estruturação de discussões públicas entre as instituições e dentro delas.

---

[8] Esbocei meu entendimento desse projeto, bem como indiquei a maneira pela qual minha interpretação do programa geral da ética do discurso difere daquela esboçada por Habermas e Apel no livro *Situating the Self* (1992). Este artigo pressupõe o argumento geral presente sobretudo nos capítulos 1, 2 e 3 desse livro, e documenta meu esforço de aplicar os princípios da ética do discurso à vida político-institucional. Independentemente do projeto da ética do discurso, mas em grande afinidade com ela, tem havido nos últimos anos um ressurgimento de modelos deliberativos de democracia entre teóricos políticos e filósofos legais. Ver, em particular, Frank I. Michelman, "Law's Republic", (1984) e Cass R. Sunstein, "Beyond the Republican Revival" (1988).

Ao estabelecer uma ligação de proximidade entre as bases normativas da legitimidade democrática e uma teoria moral geral baseada em um modelo discursivo de validade, parto de vários outros modelos influentes da teoria democrática. São eles: a teoria de ação política na esfera pública de Hannah Arendt; o modelo de "democracia forte" de Benjamin Barber, e os modelos antifundacionalistas e pós-estruturalistas de democracia recentemente desenvolvidos por William Connolly, Chantal Mouffe e Ernesto Laclau.[9] Neste texto, articularei brevemente as premissas centrais em torno das quais meu modelo deliberativo difere desses outros modos de teorização democrática. A filosofia política de Hannah Arendt, embora dificilmente concebível sem normas fortes de igualdade moral, liberdade e respeito, está ultimamente enraizada em seu "essencialismo fenomenológico" e não pode esclarecer os fundamentos normativos da política democrática. O modelo de Benjamin Barber de uma democracia forte é, assim como o de Hannah Arendt, baseado em uma oposição entre a teoria moral e a filosofia política, que é conceitualmente sem fundamentos e politicamente irrealista. Finalmente, as teorias antifundacionalistas da democracia são circulares, no sentido de que elas afirmam, ou simplesmente assumem como já dadas, precisamente aquelas normas morais e políticas que dizem da igualdade entre os cidadãos, da liberdade e da legitimidade democrática para a justificação daquilo que modelos que são conhecidos como "fundacionalistas" desenvolveram em primeiro lugar.

De acordo com o modelo deliberativo, os procedimentos da deliberação geram legitimidade e também asseguram algum grau de racionalidade prática.[10] Mas quais são as demandas de racionalidade prática de tais processos

---

[9] Ver ARENDT (1963); BARBER (1984); MOUFFE e LACLAU, (1985); MOUFFE (1992) e CONNOLLY (1991). Eu exploro mais detidamente essas críticas à teoria de Hanna Arendt no meu livro *The Reluctant Modernism of Hanna Arendt* (1996a).

[10] Em alguns modelos contemporâneos de democracia deliberativa predomina uma distinção entre a (alta) política "constitucional" e a (baixa) política "ordinária". O argumento é que a política deliberativa caracteriza de modo mais apropriado o processo de "construção" da constituição, enquanto a política cotidiana e mundana pode ser governada pela busca não deliberativa e estritamente instrumental de objetivos egoístas. Ver David Gauthier, "Constituting Democracy", (1993), e a discussão muito instrutiva feita por David M. Estlund em "Who's Afraid of Deliberative Democracy? On the Strategic/Deliberative Dochotomy in Recent Constitutional Jurisprudence" (1993). Embora eu acredite que uma distinção entre "construção da constituição" e política "ordinária" seja extremamente útil e inevitável para a teoria democrática, penso que ela pode e tem sido esvaziada. A principal motivação para esvaziar essa distinção parece ser o temor tradicional dos liberais sobre as decisões majoritárias descontroladas e a desconfiança sobre a racionalidade do julgamento político como exercido pelas pessoas comuns. O modelo deliberativo de democracia que defendo almeja minimizar o hiato existente entre a "alta" política e a "baixa" política evidenciando a qualidade das deliberações cotidianas das pessoas comuns. Isso não significa que questões constitucionais estão sempre e em todos os tempos abertas a reconsiderações. Contudo, isso sugere que a política ordinária não pode ser informada por tais princípios e questões constitucionais – como exemplos, considere os debates

democráticos deliberativos? Processos deliberativos são essenciais para a racionalidade de processos coletivos de tomada de decisão por três motivos. Primeiro, como observou Bernard Manin no excelente artigo "Sobre legitimidade e deliberação" (*On Legitimacy and Deliberation*), os processos deliberativos são também processos que geram informação. Novas informações são geradas porque 1) nenhum indivíduo pode antecipar e antever toda a variedade de perspectivas através das quais problemas éticos e políticos serão percebidos por indivíduos diferentes e 2) nenhum indivíduo pode possuir todas as informações tidas como relevantes para uma decisão que afeta a todos.[11] A deliberação é um procedimento que se desenvolve para que os indivíduos sejam informados.

Além do mais, grande parte da teoria política sob a influência de modelos econômicos de troca de razões operam, em particular, a partir de uma ficção metodológica. Esta última refere-se ao indivíduo como aquele que possui um conjunto ordenado de preferências coerentes. Tal ficção não possui muita relevância no universo político. Com relação a questões políticas e sociais complexas, mais frequentemente do que se possa imaginar, os indivíduos podem ter seus pontos de vista e seus desejos, mas não possuem nenhum conjunto ordenado de preferências, uma vez que isso implicaria que eles teriam de ser previamente iluminados não só sobre as preferências, mas também sobre as consequências e os méritos relativos de cada uma de suas escolhas preferenciais. Na verdade, é o próprio processo deliberativo que pode, provavelmente, produzir tal resultado, permitindo que o indivíduo produza uma reflexão crítica futura sobre suas perspectivas e opiniões já sustentadas. É incoerente assumir que os indivíduos podem iniciar um processo de deliberação pública com um nível de clareza conceitual sobre suas escolhas e preferências, o qual só pode resultar, de fato, de um processo bem-sucedido de deliberação. De modo semelhante, a formação de preferências coerentes não pode preceder a deliberação; ela só pode sucedê-la. Frequentemente, os

---

relativos às manifestações (simbólicas ou verbais) de adesão religiosa nas escolas públicas, à violência na mídia, à pornografia e ao aborto. Minha hipótese é que quanto mais essa deliberação política ordinária se aproxima do modelo acima sugerido, maior a probabilidade de que ela seja informada de modo correto por princípios constitucionais. Para uma discussão mais detalhada, ver também "Deliberative Democracy and Constitucionalism", na seção seguinte.

[11] Em um artigo recente, "The Voice of the People", Sidney Verba (1993) discute as comunicações dos cidadãos com seus representantes e outras autoridades governamentais através de cartas, telefonemas, faxes e e-mail (p. 677). Refletindo sobre o grande aumento dessa comunicação direta (em torno de um quinto ou um quarto do público dos EUA declarou contactar uma autoridade – "dependendo do modo como a questão é enquadrada" [p. 679]), Verba expressa a esperança de que "talvez as mensagens iniciadas pelos cidadãos, especialmente quando realçadas pelas novas tecnologias, possam tornar-se parte de um discurso público" (p. 685).

desejos, as perspectivas e as opiniões dos indivíduos entram em conflito uns com os outros. No decorrer da deliberação e da troca de pontos de vista, os indivíduos tornam-se mais atentos a esses conflitos e sentem-se compelidos a ordenar coerentemente seus desejos, suas perspectivas e suas opiniões.

De modo mais significativo, o procedimento de articular um ponto de vista em público impõe certa reflexividade sobre as preferências e opiniões dos indivíduos. Quando apresentam seus pontos de vista e suas posições aos outros, os indivíduos precisam sustentá-los através da articulação de boas razões em um contexto público diante de seus interlocutores deliberativos. Esse processo de *articular boas razões em público* força o indivíduo a pensar sobre o que poderia contar como uma boa razão para todos os outros envolvidos. O indivíduo é, então, forçado a pensar a partir do ponto de vista de todos os envolvidos, ou seja, daqueles cujo apoio ele pretende obter. Ninguém pode convencer os outros em público a aceitar seu ponto de vista sem estar apto a declarar por que o que aparece como bom, plausível, justo e oportuno para alguém pode também ser assim considerado pelos outros. Pensar racionalmente a partir do ponto de vista de todos os envolvidos não só força certa coerência com relação às próprias perspectivas de um indivíduo, mas também força esse indivíduo a adotar o ponto de vista que Hannh Arendt (1961, p. 120-121), seguindo Kant, chamou de "mentalidade ampliada".

Um modelo deliberativo de democracia sugere uma condição de racionalidade prática necessária, mas não suficiente, porque, assim como qualquer procedimento, ela pode ser mal interpretada, mal aplicada e utilizada de modo abusivo. Os procedimentos não podem ditar resultados, não podem definir a qualidade das razões oferecidas na argumentação nem controlar a qualidade das trocas de razões e das regras de lógica e inferência utilizadas pelos participantes. Modelos procedimentais de racionalidade são indeterminados. Apesar disso, o modelo discursivo toma algumas providências contra seus próprios maus usos e abusos, baseando-se no fato de que a condição de reflexividade construída dentro do modelo permite que abusos e aplicações errôneas realizados em um primeiro nível sejam desafiados em um segundo nível ou um metanível do discurso. De modo semelhante, a igual chance de que todos os afetados iniciem esse discurso de deliberação sugere que nenhum resultado é fixado de antemão, mas pode ser revisado e submetido a um novo exame. Essa seria a justificação normativa da regra da maioria enquanto um procedimento decisório derivado desse modelo. Em muitas instâncias, a regra da maioria é um procedimento decisório justo e racional, não porque a legitimidade reside em números, mas porque a maioria das pessoas está convencida sobre determinado ponto com base em razões formuladas como o resultado, tão próximo quanto possível, de um processo de deliberação discursiva em que se decidiu que a conclusão "A" indica a coisa certa a fazer. Assim, essa conclusão pode permanecer válida até que seja desafiada por boas razões produzidas por algum outro grupo. Não são os meros números que sustentam a racionalidade de uma conclusão ou decisão, mas o pressuposto de que, se um grande número de pessoas vê certos problemas de certo modo, como o resultado do emprego de certos tipos de procedimentos racionais de deliberação e de produção de decisão, tal conclusão possui uma demanda presumível para ser considerada como racional até que se prove o contrário. Na verdade, a simples prática de existir um partido da situação e outro de oposição nas democracias incorpora esse princípio: aceitamos a vontade da maioria ao final de um processo eleitoral que foi conduzido de modo justo e correto, mas, mesmo quando aceitamos a legitimidade do processo, podemos ter sérias dúvidas a respeito da racionalidade do resultado. A prática de fazer parte da oposição parlamentar diz que as bases a partir das quais o partido majoritário declara governar podem ser examinadas, desafiadas, testadas, criticadas e rearticuladas. Procedimentos parlamentares de oposição, de debate, de questionamento, de formação de comissões investigadoras e mesmo de processos de *impeachment* incorporam essa regra da racionalidade deliberativa segundo a qual decisões majoritárias são conclusões temporárias derivadas de um acordo, sendo que suas demandas de racionalidade e validade podem ser publicamente reexaminadas.

Esse modelo deliberativo de democracia é procedimentalista, uma vez que enfatiza, em primeiro lugar, certos procedimentos e práticas institucionais para produzir decisões sobre problemas que afetariam a todos. Três pontos adicionais são dignos de nota com relação a essa concepção de democracia: primeiro, parto da pressuposição do valor do pluralismo. Desentendimentos sobre os mais altos bens da existência humana e a conduta adequada de uma vida moralmente correta são características fundamentais de nosso moderno universo valorativo desde o fim das cosmologias da lei natural, nos séculos dezesseis e dezessete, e da eventual separação entre a Igreja e o Estado.[12] O desafio imposto à racionalidade democrática é o de alcançar formulações aceitáveis do bem comum, apesar de seu inevitável valor pluralista (*value-pluralism*). Não podemos solucionar conflitos entre sistemas de valores e visões do "bem" através do restabelecimento de uma moral fortemente unificada e de códigos religiosos sem abandonar liberdades

---

[12] Charles Larmore fez, em anos recentes, uma eloquente declaração dessa visão em *Patterns of Moral Complexity* (1987) e "Political Liberalism" (1990).

fundamentais. Os acordos em sociedades que convivem com o valor do pluralismo devem ser buscados não no nível das crenças subjetivas, e sim no dos procedimentos, processos e práticas empregados para alcançar e revisar crenças. O procedimentalismo é uma resposta racional a conflitos de valor persistentes no nível substantivo.[13]

Segundo, o modelo deliberativo de democracia não procede somente de um conflito de valores, mas também de um conflito de interesses na vida social. A vida social necessita tanto de conflitos de interesse quanto de cooperação. Procedimentos democráticos têm de convencer – mesmo nas condições em que os interesses de um indivíduo ou grupo são negativamente

---

[13] Gostaria de tentar responder aqui a uma importante objeção feita por Donald Moon. Quão plausível é a distinção entre desacordos de valor concernentes a doutrinas *substantivas* morais, religiosas ou filosóficas e acordos *procedimentais* sobre processos de julgamento e revisão de crenças em um contexto público? Frequentemente, tais crenças substantivas não permitem que alguém faça uma clara distinção entre forma e conteúdo, ou entre substância e procedimento. Como exemplos de casos em que sistemas de valores não permitem uma clara distinção entre substância e procedimento, podemos pensar em seitas religiosas que vivem nos limites do Estado constitucional liberal-democrático, como certas seitas de judeus ortodoxos em Israel que se recusam a reconhecer a autoridade secular do Estado de Israel; muçulmanos ortodoxos que vivem em alguns Estados europeus como a Alemanha e França, por exemplo, que experimentam um conflito entre suas visões a respeito de uma educação adequada e do lugar da mulher, e as visões do Estado liberal-democrático; ou cientistas cristãos nos EUA que querem providenciar um tratamento médico para seus filhos que seja consonante com suas próprias crenças, mas que entram em conflito com as autoridades locais e federais. Em cada um desses casos, ocorrem embates que, a princípio, não podem ser solucionados através de uma simples distinção entre forma e substância. Lidar de forma adequada com as questões trazidas por esses exemplos e, em particular, explorar os modos através dos quais o modelo deliberativo de democracia baseado na ética do discurso pode ou não pressupor um modelo de acordo, é uma proposta que claramente ultrapassa o escopo deste artigo. Contudo, eu realmente penso que, diante de todos esses casos, uma forma de procedimentalismo deliberativo é a resposta normativa mais viável. Na medida em que esses grupos vivem sob a jurisdição do Estado democrático liberal-constitucional, eles aceitaram certos "mínimos constitucionais". Debates geralmente não surgem em torno desses direitos constitucionais mínimos, os quais são garantidos a todos os cidadãos e residentes (em graus variados) sob a regra de que certas práticas culturais e religiosas podem ou não contradizer esses mínimos constitucionais; ou, ainda, se elas podem ser consideradas questões relativas à autonomia cultural e religiosa de um grupo. Será que o dever de servir no exército Israelense é uma obrigação constitucional com relação à qual não pode haver exceções baseadas na religião? Podem famílias muçulmanas ortodoxas escolher não enviarem suas filhas para as escolas públicas? E quando elas as enviam para as escolas públicas, deveriam essas crianças usar o véu ou deveriam elas ser obrigadas a usar os uniformes escolares? Pode a família de um cientista cristão recusar um tratamento médico a uma criança que sofre de uma doença infecciosa que requer uma medicação padrão? Nesse caso, deveria o Estado proteger os direitos da criança contra o julgamento da família? Estou inclinada a pensar que diante dessas questões não há uma simples resposta que seja aplicável a cada caso, mas mais ou menos uma gradação de princípios e intuições morais e políticas. A possibilidade de não servir no exército com base em crenças religiosas é um direito de objeção consciente reconhecido por muitos Estados modernos, o qual pode tornar-se consonante com o princípio da separação entre a Igreja e o Estado. Por outro lado, negar a uma criança os fundamentos de uma educação secular em nosso mundo ou negar o melhor tratamento que a ciência médica pode oferecer violam o respeito e a igualdade que oferecemos a essa criança enquanto futuro cidadão de nossa política. Ainda que meninas muçulmanas possam usar seu véu (*chador*) em escolas francesas, ou ainda que soldados *Sikh* (membros de um grupo religioso indiano) possam usar seus turbantes na Real Polícia Canadense, isso me soa como um problema qualitativamente diferente daqueles trazidos pela educação e pela saúde. Uma concepção mais pluralista de esfera pública e de identidade cívica do que aquela utilizada pelo público e pelas autoridades francesas a respeito do debate sobre o *chador* é perfeitamente compatível com o modelo de democracia deliberativa e diálogo público desenvolvido neste ensaio e de fato requerida por ele.

afetados – que as condições de cooperação mútua são ainda legítimas. Os procedimentos podem ser vistos como métodos utilizados para articular, filtrar e pesar interesses conflitantes. Quanto mais existirem conflitos de interesse, mais importante se torna possuir soluções procedimentais para o julgamento do conflito, através das quais os partidos cujos interesses são negativamente afetados podem encontrar recursos em outros métodos de articulação e representação de suas reclamações. Modelos procedimentalistas de democracia permitem a articulação de conflitos de interesse sob as condições, mutuamente aceitáveis por todos, de uma cooperação social.[14]

Finalmente, qualquer modelo procedimentalista e deliberativo de democracia está, num primeiro momento, aberto ao argumento de que nenhuma sociedade moderna pode organizar seus assuntos segundo a ficção de uma assembleia de massa, conduzindo suas deliberações em público e coletivamente. Aqui, está em jogo mais do que uma questão do tamanho do corpo deliberativo. O argumento de que pode haver um limite invisível ao tamanho desse corpo que, quando ultrapassado, afeta a natureza do processo de troca de razões é, sem dúvida, verdadeiro. Apesar disso, a razão que explica o porquê de um modelo procedimentalista e deliberativo de democracia não precisar operar com a ficção de uma assembleia deliberativa geral é que as especificações procedimentais desse modelo privilegiam uma *pluralidade de modos de associação* através dos quais todos os afetados podem ter o direito de articular seus pontos de vista. Esses modos de associação vão desde partidos políticos a iniciativas dos cidadãos, passando por movimentos sociais, associações voluntárias, grupos de conscientização, entre outros. *É através da imbricada rede dessas múltiplas formas de associações, redes e organizações que surge uma "conversação pública" anônima. É crucial para o modelo de democracia deliberativa privilegiar tal esfera pública de redes e associações de deliberação, contestação e argumentação que se entrecruzam e se sobrepõem.* A ficção de uma assembleia deliberativa geral na qual pessoas reunidas expressam sua vontade pertence à história remota da teoria democrática. Atualmente, nosso modelo de referência tem de ser aquele de um meio de múltiplos focos de formação e disseminação de opinião, associados de maneira livre, e que afetam uns aos outros em processos livres e espontâneos de comunicação.[15]

---

[14] Ver o artigo de Jane Mansbridge "Using Power/Fighting Power: The Polity" (1996), para uma exploração dos dilemas de modelos de democracia deliberativa diante dos conflitos persistentes e não elimináveis de interesses e vontades na vida pública e os problemas envolvidos no uso da coerção.

[15] Para ter acesso a uma declaração recente sobre a transformação do conceito de esfera pública, de um modelo centralizado para um descentralizado, ver HABERMAS (1989).

Tal modelo forte de democracia deliberativa está sujeito a três diferentes tipos de críticas. Em primeiro lugar, teóricos liberais podem apresentar a preocupação de que tal modelo forte pode levar à corrosão das liberdades individuais e pode, de fato, desestabilizar a regra da lei. Em seus primeiros estudos, Bruce Ackerman (1980, 1989) formulou uma teoria de "neutralidade conversacional" para dar voz a algumas dessas preocupações.[16] Stephen Holmes (1988) defendeu a plausibilidade de certas "regras que amordaçam" (*gag rules*) a conversação pública. Em segundo lugar, teóricas feministas são céticas a respeito desse modelo; elas acreditam que ele privilegia um certo modo de discurso enquanto silencia outros: esse é o discurso racionalista, machista, unívoco e hegemônico de uma política transparente que despreza as emoções, a polivalência, a multiplicidade e as diferenças na articulação da voz do público. Terceiro, institucionalistas e realistas consideram esse modelo discursivo como irremediavelmente ingênuo, talvez mesmo perigoso em suas aparentes implicações plebiscitárias e anti-institucionais. Gostaria de fazer algumas considerações breves a respeito dessas objeções.

## Apreensões liberais sobre a democracia deliberativa

Como apontado anteriormente, o contraste entre a democracia deliberativa e a concepção liberal de diálogo público pode ser bem captado do ponto de vista da ideia de "razão pública", formulada por John Rawls.[17] Ele especifica esse princípio da seguinte forma:

> Em uma sociedade democrática, a razão pública é a razão de cidadãos iguais que, enquanto corpo coletivo, exercem poder político final e coercitivo uns sobre os outros ao decretarem leis e ao acrescentarem emendas à Constituição. O primeiro ponto diz respeito ao fato de que os limites impostos pela razão pública não se aplicam a todas as questões políticas, mas somente àquelas que envolvem o que podemos chamar de "fundamentos constitucionais" e questões de justiça básica... Isso significa que os valores políticos em si mesmos precisam resolver questões fundamentais, como: quem tem o direito de votar quais religiões podem ser toleradas ou a quem deve ser assegurada uma justa igualdade de oportunidades ou de possuir propriedades. (RAWLS, 1993, p. 214)

---

[16] Trabalhei com o modelo de Bruce Ackerman da conversação liberal em vários artigos. Ver "Liberal Dialogue vs. A Critical Model of Discursive Legitimacy" e "Models of Public Sphere: Hannah Arendt, the Liberal Tradition and Jürgen Habermas" (BENHABIB, 1992).

[17] Além da obra *Political Liberalism*, de John Rawls, ver também o manuscrito "On the Idea of Free Public Reason", uma leitura derivada da conferência Liberalism and Moral Life ocorrida em CUNY, no mês de abril de 1988. Ver também o texto "The Idea of an Overlapping Consensus", para o desenvolvimento das visões de Rawls sobre o assunto. Uma coisa importante ainda precisa ser dita sobre o contraste entre esses dois projetos com os quais me comprometo nesta seção, mas veja também, de Yhomas McCarthy, "Kantian Constructivism and Reconstructivism: Rawls and Habermas in Dialogue" (1994).

A ideia de Rawls de razão pública e o modelo deliberativo de democracia compartilham certas premissas fundamentais: ambas as teorias percebem a legitimação do poder político e o exame da justiça das instituições como um processo público, aberto à participação de todos os cidadãos. A ideia de que a justiça das instituições esteja "nos olhos do público", por assim dizer – para que o público possa submetê-la ao escrutínio, ao exame e à reflexão –, é fundamental. Do ponto de vista do modelo deliberativo de democracia essa ideia também é crucial. Contudo, é importante notar que existem três modos significantes a partir dos quais a ideia de razão pública desenvolvida por Rawls difere do modelo deliberação pública proposto anteriormente. Algumas dessas diferenças são de natureza sociológica, enquanto outras indicam importantes divergências filosóficas.

Primeiro, ao contrário do modelo deliberativo, que insiste na abertura da agenda de debate público, Rawls (1993, p. 223) restringe o exercício da razão pública a uma deliberação sobre uma questão problemática específica. Essas são questões que envolvem "fundamentos constitucionais" e questões de justiça básica.[18] O modelo de Rawls da razão pública opera a partir de uma *agenda restrita*.

Segundo, a razão pública é mais bem vista não como um *processo* de troca de razões entre cidadãos, mas como um *princípio* regulativo que impõe limites sobre como indivíduos, instituições e agências *deveriam refletir racionalmente sobre problemas públicos*. Os limites da razão pública são estabelecidos por uma "concepção política do liberalismo". Nas palavras de Rawls (1993, p. 226):

> O ponto central da ideia de razão pública é que os cidadãos devem conduzir suas discussões fundamentais através do quadro daquilo que cada um entende como uma concepção política de justiça baseada em valores que possivelmente podem ser aceitos de forma racional pelos outros; e cada um está, de boa fé, preparado para defender tal concepção. Isso significa que cada um de nós precisa ter, e precisa estar pronto para explicar, um critério para julgar quais os princípios e diretrizes achamos que os outros cidadãos (que são também livres e iguais) possivelmente podem apoiar junto conosco.

---

[18] Em seus comentários a respeito de uma primeira versão deste ensaio, entregue ao Colóquio de Teoria Política do departamento de governo de Harvard, na primavera de 1994, Stephen Macedo interpretou erroneamente esses apontamentos, alegando que eu estava atribuindo a Rawls algum tipo de infração ou limitação acerca dos direitos de liberdade de fala e de expressão contidos na Primeira Emenda. Essa é uma má interpretação da expressão "agenda restrita". É óbvio que a teoria de Rawls não coloca restrições sobre o exercício da mais extensiva liberdade básica de livre expressão compatível com a presumida liberdade de todos; a ordem lexical dos dois princípios de justiça significa que o princípio dos direitos e liberdades básicas não pode simplesmente ser anulado. Minha expressão "agenda restritiva" refere-se ao que a concepção de Rawls da razão pública considera como o *domínio adequado* ou assunto da razão pública. Essa é menos uma questão de direitos de liberdade de fala e sobre as limitações a eles impostas do que uma questão sobre uma teoria social da sociedade civil e da política democrática.

Rawls cita sua própria elaboração dos valores políticos do liberalismo como um exemplo desse critério, mesmo admitindo que pode haver divergência com relação à "concepção política mais apropriada" (p. 227).

Terceiro, para Rawls, os espaços sociais através dos quais a razão pública é exercitada são também restritos. Os limites da razão pública não se aplicam a deliberações pessoais e a reflexões sobre questões políticas ou a "troca de razões sobre tais questões por membros de associações como Igrejas e universidades, todas essas sendo uma parte vital da cultura de fundo (*background culture*)" (p. 215). A troca de razões que ocorre em corpos corporativos e associações é "pública" com relação a seus membros,

> [...] mas não pública com relação à sociedade política e aos cidadãos de forma geral. Razões não públicas compreendem as muitas razões da sociedade civil e pertencem ao que chamei de "cultura de fundo", em contraponto à cultura política pública. (p. 220)

A esfera pública, para Rawls, não está localizada *na sociedade civil, mas no Estado e em suas organizações, incluindo primeiramente a esfera legal e suas instituições.*

Embora essa caracterização seja adequada para articular o contraste entre a ideia de Rawls a respeito da razão pública e o modelo de democracia deliberativa, acredito que o próprio Rawls não pode sustentar a distinção entre "sociedade civil" e a concepção restrita de público. E isso ocorre de duas maneiras: primeiro, em uma democracia constitucional, muitas (senão todas) associações e organizações são também corpos "públicos", pois, para serem incorporadas e reconhecidas como um corpo corporativo, elas têm de obedecer aos mesmos fundamentos constitucionais e regras da lei que quaisquer outras instituições públicas mais óbvias. Considere-se o caso dos *country clubs* que discriminam negros, judeus, hispânicos, etc. Para serem reconhecidos como entidades legalmente incorporadas sob o devido processo da lei, tais clubes, em anos recentes, tiveram de mudar seus contratos. O Estado constitucional-democrático e as instituições da sociedade civil não são, por isso, tão extremamente separados como sugerem algumas das formulações de Rawls. Todos os clubes, associações e organizações da sociedade civil possuem contratos que podem estar sujeitos ao escrutínio público e legal.

Segundo, as instituições, os indivíduos e os movimentos da sociedade civil procuram influenciar o processo público político e, ao fazerem isso, podem ultrapassar os limites entre as associações civis públicas e privadas. Para Rawls (1993, p. 215), este é o caso de cidadãos que se engajam na advocacia política no fórum público, de membros de partidos políticos e de candidatos e indivíduos que os apoiam. É inadequado dizer que quando estão no contexto da sociedade civil esses indivíduos e associações são governados por um tipo de razão não pública, mas, quando entram na arena política, eles têm de respeitar os limites da razão pública, uma vez que a *sociedade civil também é pública*. A sociedade civil e suas associações não são públicas no sentido de sempre permitirem acesso universal a todos, mas elas são públicas no sentido de serem parte de uma conversação pública anônima em uma democracia. Um modelo deliberativo de democracia está muito mais interessado do que Rawls no que ele chama de "condições culturais de fundo", precisamente porque a política e a razão política são sempre vistas como algo que emerge de um contexto cultural e social. A razão pública pode certamente se distanciar desse contexto e avaliá-lo criticamente, mas ela não pode nunca tornar completamente transparente todas as condições de fundo que a sustentam. Esse é o cerne da verdade das críticas pós-modernistas do racionalismo kantiano, o qual aponta que a razão está sempre situada em um contexto que ela não pode nunca tornar completamente compreensível à análise discursiva.

Nestes três aspectos, o modelo de Rawls diverge do modelo deliberativo: o modelo deliberativo não restringe a agenda da conversação pública; na verdade, ele encoraja discursos sobre os limites que separam o público do privado.[19] Segundo, o modelo deliberativo localiza a esfera pública na sociedade civil,[20] e está muito mais interessado nos modos através dos quais os processos políticos e a "cultura de fundo" interagem. Finalmente, enquanto o modelo de Rawls centra seu foco sobre "um poder político final e coercitivo", o modelo deliberativo focaliza processos abertos (*nonfinal*) e não coercitivos de formação da opinião em uma esfera pública irrestrita.[21]

Ainda que exista uma pequena dúvida de que o princípio da razão pública de Rawls imponha um limite sobre o poder coercitivo e sobre a *accountability* pública das grandes instituições de uma sociedade liberal-democrática, devemos considerar também o que falta nesse princípio. Todos os elementos contestatórios, retóricos, afetivos e passionais do discurso público,

---

[19] Trabalhei acerca dessa questão em "Models of Public Sphere" (BENHABIB, 1992); ver também a seção "Desconfiança institucionalista acerca da democracia deliberativa", deste ensaio.

[20] Para uma ampla declaração sobre a significância teórica e política do projeto da sociedade civil para a democracia contemporânea, ver Jean Cohen e Andrew Arato (1992).

[21] A questão da coerção deveria ser abordada no contexto da institucionalização dos processos deliberativos. É através desse quadro de sentido, assim como as questões de fechamento, que as prerrogativas de tomadas de decisão e jurisdições deveriam ser articuladas. Ver a seção "Desconfiança institucionalista acerca da democracia deliberativa" neste ensaio para obter mais alguns pontos de esclarecimento sobre essa questão.

com todos os seus excessos e virtudes, estão ausentes dessa visão. A razão pública não é uma troca pública de razões exercida livremente, com toda a fúria ideológica e confusão retórica que esse processo possa envolver (BARBER, 1988, p. 151).[22] A essa concepção de discurso público contestatório,[23] ou troca recíproca de razões, os teóricos liberais vão responder que, por mais nobre e altiva que essa perspectiva possa ser, essa visão da política deixa as portas abertas ao capricho das decisões majoritárias. O que aconteceria se maiorias menos nobres desafiassem os princípios do liberalismo político e os limites que separam o direito e o "bom" (a moral e a ética) de modo que conduzissem ao fanatismo religioso, à perseguição de minorias impopulares, à intrusão do Estado no domínio da vida privada ou mesmo à vigilância política de pais feita por seus filhos, de esposas pelas esposas dos outros, tudo em nome de algum bem compartilhado?

Assim, não nos surpreende o fato de que, para Rawls (1993, p. 231), o exemplo perfeito do exercício da razão pública não é o público anônimo, mas frequentemente é, e "deve ser", a Suprema Corte

> A razão pública adéqua-se bem à razão da corte ao exercer seu papel de maior intérprete judicial, mas não como o intérprete final da mais alta lei; e segundo, ela adéqua-se bem ao fato de que a Suprema Corte é a ramificação do governo que serve como o exemplo típico da razão pública.[24]

A preocupação liberal sobre o efeito corrosivo de uma política majoritária descontrolada sobre as liberdades civis e políticas é, creio eu, indubitável. Apesar disso, o modelo deliberativo de democracia pode oferecer soluções conceituais e institucionais para amenizar, e talvez transcender, a velha dicotomia entre a ênfase liberal nos direitos e nas liberdades individuais – o que Rawls chamaria de "fundamentos constitucionais" – e a ênfase da teoria democrática na deliberação coletiva e na formação da vontade. Gostaria de apontar dois conjuntos de questões em torno dos quais serão necessárias trocas futuras entre os defensores da democracia deliberativa e os teóricos

---

[22] Certamente não se pode focar somente nos discursos de Abraham Lincoln, Adlai Stevenson e Jesse Jackson para a exclusão das explosões menos nobres de Richard Nixon, Fidel Castro ou Nikita Kruschev. Apesar disso, o que a observação de Barber captura é a dimensão aberta, contestatória e afetiva da política, através da qual a razão pública livre pode assumir o caráter de uma "troca de razões partilhada". O que Barber falha em enfatizar são as condições institucionais e outras condições procedimentais que fornecem os enquadramentos em que essas conversações têm de ocorrer.

[23] Devo essa frase a Nancy Fraser (1989, p. 144), que a introduz no contexto de sua discussão sobre os discursos do estado de bem-estar social.

[24] Rawls traça a distinção entre a corte como a "maior" intérprete judicial da constituição, em oposição ao intérprete "final" da lei suprema, porque, segundo Bruce Ackerman, ele quer reter o princípio de soberania popular, respeitando a vontade do "povo".

liberais. Essa breve discussão deve também indicar por que vejo o modelo de democracia deliberativa como capaz de transcender a oposição desoladora entre a teoria liberal e a teoria democrática.

## Direitos fundamentais e democracia deliberativa

Modelos de democracia deliberativa geralmente parecem estar sujeitos ao argumento de que eles não protegem os direitos e liberdades fundamentais dos indivíduos de modo suficiente.[25] Essa objeção está enraizada em duas suposições: primeiro, já que os modelos deliberativos parecem conferir um alto grau de consenso ou unanimidade a respeito de questões públicas, de modo a torná-las um valor, é justo suspeitar de que essa unanimidade só pode ser alcançada sob o preço do silenciamento das discordâncias e do encobrimento dos pontos de vista minoritários. Segundo, que proteção um modelo deliberativo providencia contra a tirania das maiorias democráticas que impõem suas escolhas e normas à minoria?

Acredito que essas objeções são justas quando direcionadas contra a maioria das versões das teorias democráticas radicais participativas, que também priorizam a deliberação política. Acredito que é justo perguntar se as teorias democráticas radicais de Hannah Arendt, Benjamin Barber ou Mouffe e Laclau permitem uma teoria coerente dos direitos que pudesse proteger as liberdades e os direitos fundamentais de todos e defender os direitos da minoria contra a tirania da maioria. Mas tais objeções não são aplicáveis ao modelo da democracia deliberativa aqui desenvolvido.

É justamente pelo fato de eu compartilhar com a tradição liberal kantiana a suposição de que o respeito moral pela personalidade autônoma é uma norma fundamental da moralidade e da democracia que afirmo que o modelo deliberativo de democracia pressupõe uma teoria do discurso para a ética de modo a fornecer-lhe os princípios morais mais gerais, nos quais as demandas por direitos serão baseadas.[26] Na medida em que uma teoria da ética discurso considera os participantes como seres iguais e livres, possuindo igualmente o direito de tomar parte naqueles discursos que determinam as normas que podem afetar suas vidas, ela parte de uma visão das pessoas como seres que têm certos "direitos morais". Denominei esse direito moral como o direito ao *respeito moral universal* e tive o cuidado de, no livro *Situating the Self,* conferir

---

[25] Para uma exploração posterior desses temas, ver COHEN (1996).

[26] Essa questão foi recentemente bem formulada por Kenneth Baynes em "The Liberal/Communitarian Controversy and Communicative Ethics" (1988, p. 305).

uma justificação não fundacionalista, mas baseada em um princípio para o reconhecimento dessa norma (BENHABIB, 1992, p. 29). Posteriormente eu mantive esse princípio através de uma teoria do discurso na qual cada indivíduo tem os mesmos direitos simétricos para produzir vários atos de fala, para iniciar novos tópicos, para demandar uma reflexão sobre os pressupostos das conversações, etc. Eu chamo isso de princípio da *reciprocidade igualitária*. A meu ver, as normas do respeito moral universal e a reciprocidade igualitária são direitos morais, uma vez que aumentam o valor dos indivíduos na medida em que os vemos como pessoas morais.

Passar do reconhecimento desses dois direitos morais para a formulação de um princípio de direitos e liberdades fundamentais não é, certamente, muito difícil.[27] Basicamente, isso envolveria uma resposta hipotética à seguinte questão: se é plausível para os indivíduos perceberem uns aos outros como seres que possuem direito ao respeito moral universal e à reciprocidade igualitária, quais princípios mais gerais ligados aos direitos e liberdades fundamentais esses indivíduos provavelmente aceitariam como determinantes das condições de sua existência coletiva?[28]

Embora a teoria do discurso compartilhe esse tipo de procedimento moral, contrafactual e hipotético de troca de razões com Kant e Rawls, ela se diferencia de uma dedução kantiana do conceito de direito, e de uma construção Rawlsiana da "posição original", pelo fato de que a teoria do discurso privilegia um modelo de discurso de debate prático como sendo o fórum apropriado para a determinação de demandas por direitos. Mas não estaríamos nós entrando em um círculo vicioso? Ou seja, discursos, mesmo para serem iniciados, pressupõem o reconhecimento recíproco dos direitos morais entre os participantes do discurso. Por outro lado, esses direitos deveriam ser especificados como um resultado da situação discursiva.

Indiquei, em outro lugar, que isso não é um círculo vicioso, mas sim o círculo hermenêutico que caracteriza toda troca de razões sobre a moral e a política (BENHABIB, 1992, p. 30). Nós nunca começamos nossas deliberações a respeito dessas questões a partir de uma "base moral zero". Pelo contrário, na teoria moral, assim como na moralidade do cotidiano; na teoria política, assim como no discurso político cotidiano, estamos sempre situados em um

---

[27] Jürgen Habermas encarregou-se dessa tarefa em seu novo livro, *Faktizität und Geltung* (1992, cap. 3).

[28] No texto "Diversity and Democracy: Representing Differences", Carol Gould (1996) discorda do fato de que a teoria ética do discurso não pode justificar os direitos humanos fundamentais. Posiciono-me contra suas críticas através de uma posterior exploração das implicações contrafactuais sugeridas acima para uma teoria dos direitos.

horizonte de pressuposições, suposições e relações de poder, cuja totalidade não pode nunca tornar-se totalmente transparente para nós. Isso nós precisávamos ter aprendido com todas as críticas feitas pelo racionalismo nos três últimos séculos. Nesse sentido, a ética do discurso pressupõe o reconhecimento moral recíproco das demandas dos interlocutores a fim de que se tornem participantes no diálogo político e moral. Sou ainda bastante hegeliana para afirmar, contudo, que esse reconhecimento recíproco dos direitos dos participantes à personalidade moral é o resultado de um processo histórico mundial que envolve lutas, batalhas e resistência, assim como derrotas enfrentadas por classes sociais, gêneros, grupos e nações.

O que é diferente com relação ao modelo discursivo é que, embora ele pressuponha que os participantes precisem reconhecer, em algum sentido, o direito de todos ao respeito moral e à reciprocidade, a determinação do conteúdo preciso e da extensão desses princípios seria uma consequência dos próprios discursos.[29] Na medida em que o sentido preciso e o resultado das normas de respeito moral universal e reciprocidade igualitária estão sujeitos à validação discursiva, podemos falar aqui de um procedimento de "validação recursiva" (BAYNES, 1992, p. 1). O procedimento metodológico da validação recursiva governa as duas consequências mais temidas pelos liberais com relação ao modelo de democracia deliberativa – ou seja, uma formulação forte das condições do consentimento e a tirania da maioria. As normas do respeito moral universal e da reciprocidade igualitária proporcionam às minorias e àqueles que discordam tanto o direito de recusar sua aprovação quanto o direito de desafiar

---

[29] Talvez um exemplo possa esclarecer um pouco mais esse procedimento: tomemos os casos da Grã-Bretanha, dos Estados Unidos da América e de Israel como três modelos de sociedades liberais-democráticas cuja ordem política e legal está baseada em alguma forma de reconhecimento da norma do respeito moral pelas pessoas. Certamente todas as três sociedades desfrutam de um sistema de democracia parlamentar no qual, por meio de eleições periódicas determinadas legislativamente ou constitucionalmente, autoridades públicas ascendem e são removidas de seus cargos. Em todas as três sociedades, os indivíduos desfrutam de certos direitos e liberdades que são sustentados pelo sistema e protegidos pelas cortes. Contudo, essas sociedades possuem visões radicalmente divergentes e, às vezes, incompatíveis sobre o que constitui o exercício legítimo do direito de livre expressão. Enquanto nos EUA considerações sobre a propriedade pública, o julgamento justo ou a segurança nacional dificilmente servem como parâmetros rotineiros com base nos quais se restringem os direitos da Primeira Emenda, na Grã-Bretanha e em Israel eles são comumente invocados. Na Grã-Bretanha, o acesso dos *media* às audiências e aos julgamentos da corte é restrito, enquanto em Israel mesmo a publicação de certos artigos eruditos pode estar sujeita à proibição da censura militar se eles são julgados como textos que contêm "informações ameaçadoras à segurança". A relevância deste exemplo para o princípio teórico da validação discursiva é a seguinte: assim como diferenças na extensão e na aplicação do direito fundamental de livre expressão não nos leva a negar que a Grã-Bretanha e Israel são sociedades democráticas, assim como os EUA, então também um número de interpretações mais específicas das normas de respeito moral universal e reciprocidade igualitária são compatíveis com o diálogo político democrático. O que resulta de uma teoria deliberativa da democracia baseada no modelo discursivo não é um catálogo de direitos básicos e liberdades inalcançáveis, mas duas normas morais mais gerais que são compatíveis, dentro de certos limites pré-definidos, com uma variedade de arranjos legais e políticos.

as regras e a agenda do debate público. Assim, o que distingue os discursos dos compromissos e de outros acordos feitos sob condições de coerção é que somente a *livre concordância de todos os concernidos* pode contar como uma condição para alcançar o acordo na situação do discurso.[30]

## Democracia deliberativa e constitucionalismo

Através de uma reflexão, podemos ver que, também no nível institucional, democracias constitucionais complexas, e particularmente aquelas nas quais uma *esfera pública* de formação da opinião e da deliberação tem sido desenvolvida, engajam-se continuamente nessa validação recursiva. Os direitos humanos civis e políticos fundamentais, como garantidos pela Carta dos Direitos (*Bill of Rights*) da Constituição norte-americana e como presentes na Constituição da maioria dos governos democráticos, não estão nunca realmente "fora da agenda" da discussão pública e do debate. Eles são simplesmente normas institucionais constitutivas e regulativas do debate nas sociedades democráticas, que não podem ser transformadas e anuladas por simples decisões majoritárias. A linguagem usada para manter esses direitos fora da agenda descaracteriza a natureza do debate democrático em nossas sociedades. Embora não possamos mudar esses direitos sem o uso de procedimentos políticos e jurídicos extremamente elaborados, estamos sempre disputando seu sentido, sua extensão e sua jurisdição. O debate democrático é como um jogo de futebol em que não há nenhum árbitro para interpretar as regras do jogo e sua aplicação de forma definitiva. Contrariamente ao jogo de

---

[30] Em sua interessante crítica a respeito de minhas primeiras formulações concernentes à ética do discurso em *Critique, Norm, and Utopia* (1986), Donald Moon (1993, p. 95) aponta que o discurso prático poderia ser potencialmente "coercitivo, conduzindo a formas institucionais que envolvam dominação ou imposição. É difícil ver como qualquer forma de 'discurso' poderia alcançar um consenso genuinamente livre e desinteressado, a menos que os participantes usufruíssem de alguns direitos de privacidade e integridade pessoal, a menos que eles pudessem resistir à demanda pela autodescoberta." Dadas as normas do respeito moral universal e da reciprocidade igualitária pressupostas pelos discursos e dada uma forte ênfase no assentimento voluntário (baseado na avaliação que um indivíduo faz de certos tipos de demandas de validade), eu falhei em perceber como os discursos podem violar a privacidade individual ou forçar a auto-descoberta. Mantenho, contudo, que os discursos podem desafiar a linha existente entre as esferas pública e privada, no sentido de que os cidadãos envolvidos em uma atividade política podem transformar em uma questão pública algumas áreas de preocupação que antes eram consideradas questões privadas, tal como a violência doméstica, ou, inversamente, podem pedir privacidade para certos tipos de informação, como o consumo e padrões de consumo ou outros tipos de fatos pessoais contidos em bancos de dados, por exemplo. O que a teoria moral e política não deveria fazer é paralisar os resultados históricos e essencialmente contestáveis dos discursos democráticos sob a forma de um catálogo imutável de direitos. Em vez disso, a teoria política e moral deveria nos fornecer princípios gerais capazes de guiar nossas intuições morais e deliberações concretas quando somos confrontados com tais casos controversos, como a violência doméstica, o abuso infantil e o estupro conjugal ou a alegação de que o sexo de um bebê que ainda não nasceu é um argumento para a prática do aborto.

futebol, no jogo da democracia as regras, sua interpretação e mesmo a posição do árbitro são essencialmente contestáveis. Mas a contestação não significa a completa anulação dessas regras nem o silêncio sobre elas. Quando direitos e liberdades fundamentais são violados, o jogo da democracia é suspenso e transforma-se em um governo marcial, em uma guerra civil ou em uma ditadura; quando a política democrática está em pleno funcionamento, o debate sobre o significado desses direitos, o que eles nos permitem ou não, seu escopo e sua força determinam o que realmente é a política. Uma pessoa não pode desafiar a interpretação específica dos direitos e das liberdades básicas em uma democracia sem levar isso absolutamente a sério.

A teoria deliberativa da democracia transcende a oposição tradicional da política majoritária *versus* as garantias liberais de direitos e liberdades fundamentais, na medida em que as condições normativas dos discursos – como, por exemplo, os direitos e as liberdades básicas – devem ser vistas como regras do jogo que podem ser contestadas através do próprio jogo, mas somente a partir do momento em que os participantes aceitam jogar segundo o conteúdo dessas regras. Essa formulação parece corresponder de modo mais fiel à realidade do debate democrático e do discurso público nas democracias reais do que o modelo liberal de deliberação que segue os fundamentos constitucionais ou as trocas de razões na Suprema Corte. A ideia de uma "esfera pública" de formação de opinião, debate, deliberação e contestação entre cidadãos, grupos, movimentos e organizações é crucial para o modelo deliberativo. Quando esse conceito de esfera pública é introduzido como a personificação concreta da democracia discursiva na prática, ele também torna possível pensar sobre as diferentes nuances ligadas à questão dos constrangimentos conversacionais. Embora o modelo deliberativo de democracia compartilhe com o liberalismo a preocupação pela proteção dos direitos de autonomia de cidadãos iguais, o método conceitual da validação discursiva e a realidade institucional de uma esfera pública diferenciada de deliberação e contestação proporcionam pontos de referência plausíveis para uma mediação da austera oposição entre liberalismo e democracia deliberativa.

A concepção de democracia dualista desenvolvida por Bruce Ackerman é baseada em uma estratégia semelhante de vencer a oposição entre, de um lado, o ponto de vista dos direitos fundacionalistas dos liberais e, de outro, o ponto de vista monista e majoritário dos democratas:

> O instrumento básico de mediação é o sistema de duas vias (*two-track system*) da construção democrática das leis. Ele permite um importante lugar para a visão fundacionalista dos "direitos como trunfos" sem violar o profundo compromisso monista com a primazia da democracia. (ACKERMAN, 1991, p. 12)

Em uma democracia constitucional, a questão de quais aspectos da mais alta lei são entrincheirados contra a revisão feita pelas pessoas, oposta a quais aspectos podem ser repelidos, é, em si mesma, uma questão sempre aberta e contestável. Tanto de forma conceitual quanto sociológica, os modelos de democracia deliberativa e de democracia dualista centram seu foco nesse processo de interdependência "recursiva" e "hermenêutica" entre a construção da constituição e a política democrática.[31]

## Suspeitas feministas com relação à democracia deliberativa

Enquanto os liberais criticam o modelo de democracia deliberativa por possivelmente ultrapassar a si mesmo e corroer a esfera da privacidade individual, as teóricas feministas criticam esses modelo por não se estender de forma ampla o suficiente para ser verdadeiramente inclusivo. Em um artigo esclarecedor, intitulado "Impartiality and the Civic Public", Iris Young (1988, p. 73), por exemplo, afirma que:

> A distinção entre o público e o privado, como ela aparece na teoria política moderna, expressa um desejo de homogeneidade que precisa da exclusão de muitas pessoas e muitos grupos, particularmente mulheres e grupos radicais culturalmente identificados com o corpo, a selvageria e a racionalidade. Em conformidade com a ideia moderna de razão normativa, a ideia do público na teoria e na prática política modernas designa uma esfera de existência humana oposta ao sentimento, na qual os cidadãos expressam sua racionalidade e sua universalidade distanciando-se de suas situações e necessidades particulares. Contudo, um exame do ideal excludente e homogeneizante na teoria política moderna mostra que não podemos visualizar tal renovação da vida pública como uma recuperação dos ideais do Iluminismo. Em vez disso, precisamos transformar a distinção entre público e privado que não esteja correlacionada com uma oposição entre razão e afetividade ou desejo, ou entre universal e particular.

A crítica feminista sensível e cortante que Iris Young faz ao ideal de público imparcial aplica-se ao modelo de democracia deliberativa sugerido anteriormente em certos aspectos. Certamente, o modelo de assembleia geral deliberativa que governava nossas concepções de esfera pública até o século vinte era um espaço histórico, social e cultural predominantemente masculino. Isso não só no sentido de que somente os homens eram considerados cidadãos ativos, com o direito de possuir uma função pública e aparecer em público, mas também no sentido

---

[31] Algumas questões de legitimidade democrática e antifundacionalismo sobre o modo como se aplicam ao dilema da Suprema Corte em uma democracia foram mais bem exploradas por Morton J. Horwitz, em "The Constitution of Change: Legal Fundamentality without Fundamentalism" (1993).

de que a iconografia institucional que vigorava no início da teoria democrática privilegiava o modo masculino de autorrepresentação.[32]

Ainda aqui precisamos distinguir entre críticas *institucionais* e *conceituais*. Há certa ambivalência na crítica feminista a esses modelos de esfera pública e democracia deliberativa. De um lado, a crítica parece aceitar as instituições democráticas com seus melhores princípios e criticar suas implementações parciais e restritivas na prática. De outro lado, a crítica feminista parece almejar uma rejeição, ao mesmo tempo, dos ideais de razão pública livre e de imparcialidade. Como afirma Joan Landes (1988), a esfera pública democrática parece ser essencialmente, e não só acidentalmente, "masculina".[33] Uma teoria normativa da democracia deliberativa requer um forte conceito de esfera pública como seu correlato institucional. A esfera pública substitui o modelo de assembleia deliberativa geral encontrado na antiga teoria democrática. Nesse contexto, é importante para as teóricas feministas especificar o nível de sua objeção conceitual e estabelecer uma diferenciação entre pressuposições institucionais e normativas.[34]

Iris Young (1990) não rejeita o ideal de esfera pública, somente sua variedade iluminista. Ela propõe substituir o ideal de "público civil" por aquele de um público heterogêneo. Em seus trabalhos mais recentes, ela defendeu um número de medidas institucionais que poderia garantir e solidificar a representação de grupos nessa esfera pública. Entretanto, a vontade de reter a esfera pública e conferir a ela um lugar na teoria democrática não é compatível com a crítica mais radical do ideal de razão imparcial que Young também desenvolve em alguns de seus ensaios.

Em seu texto "Communication and the Other: Beyond Deliberative Democracy", Iris Young (1996) faz uma distinção entre a democracia

---

[32] Para análises históricas, ver LANDES (1988) e KERBER (1986).

[33] O trabalho esclarecedor de Landes *Women and the Public Sphere int he Age of the French Revolution* (1988) foi marcado por uma questão conceitual. De maneira particular, em sua crítica do trabalho de Habermas sobre a esfera pública, Landes combinou o modelo habermasiano da esfera pública, que era parte da sociedade civil, com o modelo republicano de Rousseau, construído em oposição à sociedade civil. A maior parte de suas críticas a respeito da "masculinização" da esfera pública aplica-se somente a essa versão da virtude cívica republicana, que tem pouco a ver com a concepção iluminista da esfera pública, a qual Habermas define como "indivíduos privados utilizando sua razão acerca de problemas públicos." Evidentemente o conceito de esfera pública desenvolvido neste ensaio emerge dessa segunda tradição. Ver a discussão esclarecedora que Keith Barker constrói acerca dessa questão em "Defining the Public Sphere in Eighteenth-Century France: Variations on a Theme by Habermas" (1992).

[34] Uma crítica provocativa, embora inadequada, do conceito de esfera pública foi feita por Dana Villa (1992), que minimiza o papel e a significância desse conceito para assegurar a legitimação na teoria democrática, enquanto foca suas dimensões agonísticas e performativas.

"deliberativa" e a "comunicativa" baseando-se no fato de que a maioria das teorias da democracia deliberativa oferecem uma concepção muito estreita do processo democrático, porque elas continuam a privilegiar o ideal de "um bem comum no qual [os participantes da discussão] devem supostamente deixar para trás suas experiências e seus interesses particulares"(p. 126).

Como contraponto, Young defende uma teoria da democracia comunicativa de acordo com a qual os indivíduos devem prestar atenção às suas diferenças recíprocas relativas a classe, gênero, raça, religião, etc. Cada posição social possui uma perspectiva parcial sobre o público que ela não abandona. Mas, através do processo comunicativo, os participantes transcendem e transformam seus conhecimentos iniciais situados (p. 127). Em vez de a argumentação crítica, esses processos de confrontação comunicativa privilegiam modalidades de comunicação como "o cumprimento (saudação), a retórica e a narração de histórias" (p. 120).

Acredito que essa distinção entre a democracia deliberativa e a democracia comunicativa é mais aparente do que real. Para que Young possa sustentar sua crítica aos ideais de imparcialidade e objetividade, os quais ela associa ao modelo deliberativo, é preciso distinguir o tipo de *transformação* e transcendência das perspectivas parciais que ocorrem na democracia comunicativa do *acordo mútuo* a ser alcançado em processos de democracia deliberativa. Como podemos distinguir entre a emergência de uma opinião comum entre os membros de um grupo se não aplicamos a esses processos de comunicação ou de deliberação alguns padrões de justiça e imparcialidade, a fim de julgar a maneira através da qual as opiniões são autorizadas a ser produzidas e o modo como os grupos adquirem chances de expressar seus pontos de vista, etc.? O modelo de democracia comunicativa, longe de dispensar os padrões de imparcialidade e justiça, requer o seu uso para conferir sentido às suas próprias formulações. Sem alguns desses padrões, Young não pode diferenciar a genuína transformação de perspectivas parciais e situadas de meros acordos de conveniência ou de uma aparente unanimidade alcançada sob condições árduas.

Eu diria que cada um dos modos de comunicação, como "o cumprimento, a retórica e a narração de histórias", pode ter seu lugar em *um processo informalmente estruturado de comunicação cotidiana entre indivíduos que compartilham um mundo da vida cultural e histórico*. Contudo, não é necessário para um teórico democrático tentar formalizar e institucionalizar esses aspectos da competência comunicativa cotidiana, nem é plausível – e esta é a mais importante objeção – construir uma oposição entre eles e a argumentação crítica. A saudação, a narração de histórias e a retórica, embora possam ser aspectos da comunicação informal em nossa vida cotidiana, não podem tornar-se a linguagem pública das instituições e legislações em uma democracia. Pela seguinte razão: para alcançar legitimidade, as instituições democráticas requerem a articulação das bases de suas ações e políticas em uma linguagem discursiva que apele para razões públicas comumente compartilhadas e aceitas. Nas democracias constitucionais, essas razões públicas tomam a forma de declarações gerais em consonância com a regra da lei. A regra da lei tem estrutura retórica própria: ela é geral, aplicável a todos os membros de um grupo de referência específico, com base em razões legítimas. A intenção de Young de transformar a linguagem da regra da lei em um modo de comunicação mais parcial, afetivo e situado traria a consequência de induzir arbitrariedades, pois quem pode dizer quão longe o poder de uma saudação pode chegar? Além disso, essa intenção poderia criar caprichos e imparcialidades – e quanto àqueles que simplesmente não podem entender minha história? Isso limitaria em vez de realçar a justiça social, porque a retórica mobiliza as pessoas e alcança resultados sem prestar contas acerca das bases através das quais ela induz as pessoas a se engajarem em certos modos de ação em detrimento de outros. Em suma, um ideal moral de imparcialidade é um princípio regulativo que deveria governar não só nossas *deliberações* em público, mas também a *articulação* de razões feita pelas instituições públicas. O que é considerado imparcial tem de ser assim pensado com relação aos "melhores interesses de todos igualmente considerados". Sem esse princípio normativo, nem o ideal da regra da lei pode ser sustentado nem a troca deliberativa de razões visando o bem comum pode ocorrer. Alguns ideais iluministas são parte de toda a concepção de legitimidade democrática e de esfera pública. Por isso, não se trata aqui de uma rejeição total do Iluminismo, mas de uma renegociação crítica de seu legado.

Ampliando o modelo de uma rede heterogênea e dispersa de muitos públicos, Nancy Fraser sugeriu que, na verdade, uma vez que o modelo unitário de esfera pública fosse abandonado, as preocupações das mulheres, assim como de outros grupos excluídos, poderiam finalmente ser nela acomodadas. Tal rede dispersa e ramificada de públicos pode acomodar os desejos das mulheres em seus próprios espaços, em seus próprios termos. Nesses "contrapúblicos subalternos" (*subaltern counterpublics*), para usar o termo de Fraser (1992, p. 123), os limites entre o público e o privado, por exemplo, podem ser renegociados, repensados, desafiados e da reformulados. Esse é, entretanto, um longo passo, que parte da reavaliação e reformulação cultural e social dessas distinções, como entre público e

Rumo a um modelo deliberativo de legitimidade democrática

privado, para chegar à sua implementação através da legislação e da regulação governamental. Embora Fraser compartilhe da preocupação dos teóricos liberais de que a reformulação precipitada dessa divisão pode ameaçar as liberdades individuais, ela aponta corretamente que há uma distinção entre "públicos formadores de opinião" e "públicos construtores de políticas" (*policy-making*) e que os mesmos tipos de constrangimentos podem não se aplicar a cada um deles da mesma forma (FRASER, 1992, p. 132). Públicos formadores de opinião, como aqueles encontrados nos movimentos sociais, por exemplo, podem nos levar a reconsiderar e repensar questões verdadeiramente controversas sobre privacidade, sexualidade e intimidade; mas isso não implica que a única, ou mesmo a mais desejável, consequência desses processos de deliberação pública seja uma legislação geral. Assim, quando concebida como um *medium* anônimo, plural e múltiplo de comunicação e deliberação, a esfera pública não precisa homogeneizar e reprimir a diferença. A heterogeneidade, a alteridade e a diferença podem expressar-se nas múltiplas associações, redes e fóruns de cidadãos, os quais constituem a vida pública do capitalismo tardio (FRASER, 1992, p. 108).

## Desconfianças institucionalistas sobre a democracia deliberativa

A crítica mais comumente feita contra os modelos normativos de democracia é aquela referente à irrelevância utópica. Crítica que se expressa pela seguinte frase: "Isso pode soar bem teoricamente, mas é irrelevante na prática!". "Sociedades modernas complexas", continua a crítica, "com suas esferas de vida culturais, econômicas, sociais e artísticas altamente diferenciadas, não podem ser e não serão nunca organizadas a partir das linhas sugeridas por um modelo de democracia deliberativa". Pretendo lidar com essa objeção por partes.

O modelo deliberativo de democracia não representa um experimento de pensamento contrafactual. Como apontei no início, entendo essa teoria como algo capaz de elucidar os princípios já implícitos e a lógica das práticas democráticas existentes. Entre as práticas que essa teoria da democracia pode elucidar estão a importância dos corpos deliberativos nas democracias, o modo de operar da oposição parlamentar, a necessidade de uma mídia e de uma esfera de opinião pública livres e independentes e os motivos para se empregar a regra da maioria como procedimento decisório. Por esse motivo, a teoria deliberativa da democracia não é uma teoria em busca da prática, mas uma teoria que demanda a elucidação, de modo mais eficaz que outras teorias, de alguns aspectos da lógica de práticas democráticas existentes. Teóricos da complexidade social deveriam reformular a questão. Tal questão não deve ser sobre "se a democracia discursiva pode tornar-se a prática de sociedades complexas", mas "se as sociedades complexas ainda são capazes de manter um governo democrático".

Niklas Luhmann conclui o artigo intitulado "Gesellschaftliche Komplexität und öffentliche Meinung" ("Complexidade social e opinião pública") com o argumento de que:

> [...] os sistemas políticos das sociedades modernas não podem ser entendidos como uma instância central, cujos vícios ou virtudes podem ser observados pelas pessoas. Em vez de uma instância central, temos a observação contínua dos observadores e, assim, o fechamento autorreferencial do sistema. Somado a isso, o código político não mais depende da distinção entre aqueles que detêm o poder em oposição àqueles sobre quem o poder é exercido. Em vez disso, essa distinção entre poderes está codificada de um lado do poder através do esquema governo/oposição. Temos de reduzir o conceito de democracia a esse ponto central. (LUHMANN, 1990, p. 182)

Luhmann antecede esse parágrafo com a observação de que esse conceito de política "certamente compele um indivíduo a desistir, de maneira dolorosa, de qualquer expectativa de racionalidade e de esperança de uma revitalização de uma 'vida' republicana cívica" (p. 182).

Quando a complexidade social compelir alguém a adotar essa curiosa linguagem de ficção científica da "observação do observado", em vez da linguagem da cidadania democrática e da participação, então, de fato, complexidade e democracia não são compatíveis. Contudo, além de eu ter dúvidas se esse quadro social é apropriado para pensarmos a complexidade das sociedades modernas, a apresentação do sistema político como um circuito fechado autoimunizado, no qual governo e oposição meramente observam-se mutuamente através de espelhos, é empiricamente falsa. Começando nos anos 1970 e passando pelos anos 1980, em todos os Estados Unidos e na Europa, foi observada a aparição e o declínio dos novos movimentos sociais, grandes coalizões de cidadãos, como o [movimento] *Freeze* e os movimentos antinucleares, assim como mudanças radicais de curso de medidas econômicas de bem-estar para ideologias do livre mercado, e possivelmente uma volta às políticas de bem-estar nos anos 1990. É difícil perceber que valor empírico pode ter a tese de Luhmann da "autoimunização do sistema político" diante de viradas eleitorais significantes e justas, assim como dos períodos de transição na maioria das democracias capitalistas.

Também de modo normativo, desde seu início na Grécia, a questão da ordem socioeconômica mais adequada e mais compatível com o governo democrático tem sido debatida intensivamente. A própria percepção de

Rousseau (1987, p. 46) sobre essa questão foi a de que somente uma sociedade na qual ninguém fosse demasiado pobre para ter de vender a si próprio, e ninguém fosse demasiadamente rico para comprar uma outra pessoa, poderia ser democrática. Desde o século XIX, a questão da compatibilidade entre democracia e capitalismo tem estado na agenda. Por essa razão, a relação entre a democracia deliberativa e a complexidade social precisa ser colocada de outro modo: quais são as formas de associação e modos de organização, nas esferas econômica, cultural e social, que possuem uma "afinidade eletiva" com o princípio da democracia deliberativa na esfera política?

Como conclusão, gostaria de resumir três preocupações recentes que levam essa questão a sério e investigam as possibilidades institucionais de realização de uma democracia centrada em torno de um procedimento de deliberação livre e público. No texto "The market and the forum: three varieties of political theory", John Elster (1996) discute a relevância dos modelos de deliberação pública para a vida política. Argumentando contra a preferência por modelos de mercado estreitamente concebidos, Elster observa: "mas a tarefa da política não é só eliminar a ineficiência, mas também criar justiça – um objetivo diante do qual a agregação de preferências pré-políticas é um meio quase incongruente" (p. 111). Mesmo não concordando com todos os aspectos do modelo discursivo, particularmente com relação à sua versão orientada para o consenso, a qual Habermas defende, Elster também aponta que não está "argumentando contra a necessidade de discussão pública, mas somente chama a atenção para a necessidade de se considerar muito seriamente a questão de seu desenho institucional e constitucional" (p. 117). Para ele, isso se traduz na questão do lugar apropriado da política, situado entre o mercado e o fórum.

Escrevendo de uma perspectiva amplamente favorável ao modelo discursivo da democracia, Claus Offe (1986, p. 761 [1992, p. 80])[35] recentemente retomou a questão de Elster chamando para uma reflexão concreta a respeito dos "desenhos associativos":

> [...] não são só os procedimentos de um processo aberto, justo e argumentativo de tomada de decisão e de formação da vontade que são instaurados pelas constituições nem só a capacidade de formação de julgamento moral pós-convencional que são constituídos em processos de socialização, mas também as condições socioestruturais e institucionais da ação coletiva através da sociedade civil – seu padrão de divisão do trabalho e seu "desenho associativo" precisam "assegurar metade da formação" de certas capacidades morais.

---

[35] "Fessel und Bremse. Moralische und institutionelle Aspekte 'intelligenter Selbstbeschränkung'" (1986); traduzido para o inglês como "Bindings, Shackles, Brakes: On Self-Limitation Strategies" (1992). A tradução inglesa não é totalmente precisa; eu a alterei ligeiramente.

Para Offe, diferentemente de Elster, esses "desenhos associativos" não possuem seu lugar adequado primeiramente no nível legal e constitucional, mas sim no reino associativo da sociedade civil, do qual a esfera pública é o domínio central.

Atualmente a intenção mais corajosa de traduzir a teoria normativa da democracia deliberativa para a realidade política institucional foi feita por John Dryzek em seu livro *Discursive Democracy: Politics, Policy and Political Science* (1990). Ele define um "desenho discursivo" como

> [...] uma instituição social em torno da qual as expectativas de certo número de atores convergem. Além disso, ela tem lugar nas inquietações de consciência desses atores como um espaço para interações comunicativas recorrentes entre eles. Indivíduos devem participar enquanto cidadãos, não enquanto representantes do Estado ou de qualquer outra corporação ou corpo hierárquico. Nenhum indivíduo concernido deve ser excluído... O foco das deliberações deve incluir as necessidades e os interesses individuais ou coletivos daqueles envolvidos (mas não estar limitado a eles)... No desenho discursivo, não deve haver nenhuma regra hierárquica ou formal, embora o debate possa ser governado pelos princípios informais do discurso. Uma regra decisória originada de um consenso deve ser obtida. Finalmente, todas as características que enumerei devem ser submetidas ao próprio desenho discursivo. Os participantes devem ser livres para desconsiderar reflexivamente e discursivamente qualquer uma delas ou todas elas. (p. 43)

Há uma convergência notável entre os procedimentos para a democracia deliberativa acima sugeridos e as regras elaboradas por Dryzek para o "desenho discursivo". Mais importante ainda é o fato de que Dryzek está preocupado em mostrar que formas incipientes de desenho discursivo já foram obtidas, de forma geral, em "procedimentos alternativos de resolução de disputas"; em negociações regulatórias; no diálogo sobre políticas e em conferências sobre a "resolução de problemas" e conflitos internacionais (p. 44). Seu objetivo é estabelecer que, à medida que "a população cresce, recursos naturais são exauridos e os indivíduos interagem com quantidades complexas de outros indivíduos de modos imprevisíveis, "a ação discursiva facilita a provisão de bens públicos de uma maneira descentralizada e não coercitiva, pois os bens públicos e a condição para recursos comuns são um tipo de interesse generalizável" (p. 55).

Particularmente, grupos de cidadãos ligados ao meio ambiente são exemplos interessantes nos quais a prática do desenho discursivo permite a eficiência e o sucesso através da atuação voluntária, da conscientização e da forma descentralizada de resolução de problemas. Assim, revertendo o argumento da incompatibilidade entre complexidade social e democracia deliberativa, Dryzek sustenta que "o desenho discursivo pode contribuir para a solução de problemas sociais complexos" de modo mais eficaz que os métodos de desagregação analítica de problemas, de modelização de sistemas e de integração estruturada (p. 57). A literatura recente sobre a institucionalização democrática sugere que o modelo de democracia deliberativa, longe de ser irrelevante para as sociedades contemporâneas e complexas, tem inspirado certo número de teóricos políticos e sociais a vislumbrar novos desenhos institucionais no contexto dessas sociedades.

Meu objetivo neste ensaio foi ressaltar um modelo deliberativo de democracia que incorpora características da racionalidade prática. A possibilidade de uma deliberação pública livre a respeito de problemas que concernem mutuamente a todos é central para a racionalidade prática. O modelo discursivo da ética e da política sugere um procedimento para essa deliberação pública e livre entre todos os concernidos. Esses processos de liberação pública possuem uma demanda de racionalidade, porque eles aumentam e tornam disponíveis informações necessárias para o debate; permitem a expressão de argumentos à luz dos quais opiniões e crenças precisam ser revistos e conduzem à elaboração de conclusões que podem ser desafiadas publicamente por boas razões. E, finalmente, tais processos permitem uma crítica autorreferencial de seus próprios usos e abusos. O principal correlato institucional desse modelo de democracia deliberativa é uma rede múltipla, anônima e heterogênea de muitos públicos e conversações públicas. Em outros domínios da vida social, o modelo da democracia deliberativa, baseado na centralidade da deliberação pública, pode também inspirar a proliferação de muitos desenhos institucionais.

## Referências

ACKERMAN, B. *Social Justice in the Liberal State*. New Haven: Yale University Press, 1980.

ACKERMAN, B. *We the People*, v. 1: *Foundations*. Cambridge, Mass.: Harvard University Press, 1991.

ACKERMAN, B. Why Dialogue? *Journal of Philosophy*, n. 86, Jan. 1989.

ARENDT, H. *On Revolution*. New York: Viking, 1963.

ARENDT, H. The Crisis in Culture. In: *Between Past and Future: Six Exercises in Political Thought*. New York: Meridian, 1961.

BARBER, B. *Strong Democracy*. Berkeley: University of California Press, 1984.

BARBER, B. *The Conquest of Politics: Liberal Philosophy in Democratic Times*. Princeton: Princeton University Press, 1988.

BARKER, K. Defining the Public Sphere in Eighteenth-Century France: Variations on a Theme by Habermas. In: CALHOUN, C. (Ed.). *Habermas and the Public Sphere*. Cambridge, Mass.: MIT Press, 1992. p. 181-212.

BAYNES, K. Constructivism and Practical Reason in Rawls. *Analyse und Kritik. Zeitschrift für Sozialwissenschaften,* n. 14, p.18-32, June 1992a.

BAYNES, K. The Liberal/Communitarian Controversy and Communicative Ethics. *Philosophy and Social Criticism*, v. 14, n. 3-4, 1988.

BAYNES, K. *The Normative Grounds of Political Criticism: Kant, Rawls, Habermas*. Albany: SUNY Press, 1992b.

BENHABIB, S. *Critique, Norm, and Utopia*. New York: Columbia University Press, 1986.

BENHABIB, S. *Situating the Self: Gender, Community and Postmodernism in Contemporary Ethics*. New York: Routledge, 1992.

BENHABIB, S. *The Reluctant modernism of Hannah Arendt*. Newbury Park, California: Sage, 1996a.

BENHABIB, S. Toward a deliberative model of democratic legitimacy. In: BENHABIB, S. (Ed.). *Democracy and Difference – contesting the boundaries of the political*. Princeton: Princeton University Press, 1996b. p. 67-94.

CHRISTIANO, Thomas. Freedom, Consensus, and Equality in Collective Decision Making. *Ethics*, v. 101, n. 1, Oct. 1990.

COHEN, J. Deliberation and Democratic Legitimacy. In: HAMLIN, A.; PETTIT, P. (Ed.). *The Good Polity: Normative Analysis of the State*. London: Blackwell, 1989. p. 17-34.

COHEN, J. Procedure and Substance in Deliberative Democracy. In: BENHABIB, S. (Ed.). *Democracy and Difference*. Princeton: Princeton University Press, 1996.

COHEN, J.; ARATO, A. *Civil Society and Political Theory*. Cambridge, Mass.: MIT Press, 1992.

CONNOLLY, W. E. *Identity/Difference: Democratic Negotiations of Political Paradox* Ithaca: Cornell University Press, 1991.

DRYZEK, J. *Discursive Democracy: Politics, Policy and Political Science*. New York: Cambridge University Press, 1990.

ELSTER, J. The Market and the Forum: Three Varieties of Political Theory. In: ELSTER, J.; HYLLAND, A. (Eds.). *Foundations of Social Choice Theory*. New York: Cambridge University Press, 1989.

ESTLUND, D, M. Who's Afraid of Deliberative Democracy? On the Strategic/Deliberative Dochotomy in Recent Constitutional Jurisprudence. *Texas Law Review*, v. 71, n. 7, p. 1437-1477, June 1993.

FINLEY, M. I. *Democracy: Anciente and Modern*. New Brunswick, N.J.: Rutgers University Press, 1985.

FRASER, N. Rethinking the Public Sphere: a Contribution to the Critique of Actually Existing Democracy. In: CALHOUN, C. (Ed.). *Habermas and the Public Sphere*. Cambridge, Mass.: MIT Press, 1992.

FRASER, N. *Unruly Practices: Power, Discourse and Gender in Contemporary Social Theory*. Cambridge: Polity Press, 1989.

GAUTHIER, D. Constituting Democracy. In: COPP, D. *et al*. (Ed.). *The Idea of Democracy*. Cambridge, UK: Cambridge University Press, 1993.

GOULD, C. Diversity and Democracy: Representing Differences. In: BENHABIB, S. (Ed.). *Democracy and Differencei* Princeton, N.J.: Princeton University Press, 1996.

HABERMAS, J. *Faktizität und Geltungi*. Frankfurt: Suhrkamp, 1992.

HABERMAS, J. Ist der Herzschlag der Revolution zum Stillstand gekommen? Volkssouveränität als Verfahren. Ein normativer Begriff der Öffentlichkeit? In: *Die Ideen von 1789*. Forum für Philosophie Bad Homburg. Frankfurt: Suhrkamp, 1989.

HABERMAS, J. *Moral Consciousness and Comunicative Action*. Tradução de Christian Lenhardt e Shierry Weber Nicholsen. Cambridge, Mass: MIT Press, 1990.

HEGEL, G. W. F. (1821). *Philosophy of Right*. Tradução de T. M. Knox. New York: Oxford University Press, 1973.

HOLMES, S. Gag Rules or the Politics of Omission. In: ELSTER, J.; SLAGSTAD, R. (Eds.). *Constitucionalism and Democracy*. Cambridge, UK: Cambridge University Press, 1988. p. 19-58.

HORWITZ, M. J. The Constitution of Change: Legal Fundamentality without Fundamentalism. *Harvard Law Review*, v. 107, 1993. p. 32-117.

KERBER, L. *Women of the Republic: Intellect and Ideology in Revolutionary America*. New York: Norton, 1986.

LANDES, J. B. *Women and Public Sphere in the Age of the French Revolution*. Ithaca: Cornel University Press, 1988.

LARMORE, C. *Patterns of Moral Complexity*. Cambridge, UK: Cambridge University Press, 1987.

LARMORE, C. Political Liberalism. *Political Theory*, v. 18, n. 3, Aug. 1990.

LUHMANN, N. Gesellschaftliche Komplexität und öffentliche Meinung. *Soziologische Aufklärung*, Opladen: Westdeutscher Verlag, v. 5, 1990.

MCCARTHY, Y. Kantian Constructivism and Reconstructivism: Rawls and Habermas in Dialogue. *Ethics*, v. 105, n. 1, Oct. 1994. p. 44-64.

MICHELMAN, F. I. Law's Republic. *Yale Law Journal*, v. 93, 1984.

MOON, D. *Constructing Community: Moral Pluralism and Tragic Conflicts*. Princeton: Princeton University Press, 1993.

MOUFFE, C. Feminism, Citizenship, and Radical Democratic Politics. In: BUTLER, J.; SCOTT, J. W. (Ed.). *Feminists Theorize the Political*. New York: Routledge, 1992. p. 369-385.

MOUFFE, C.; LACLAU, E. *Hegemony and Socialist Strategy: Towards a Radical Democratic Politics*. Tradução de Winston Moore e Paul Commack. London: Verso, 1985.

OFFE, C. Fessel und Bremse. Moralische und institutionelle Aspekte "intelligenter Selbstbeschränkung". In: HONNETH, A.; MCCARTHY, T.; OFFE, C.; WELLMER, A. (Ed.). *Zwischenbetrachtungen im Prozess der Aufklärung*. Frankfurt: Suhrkamp, 1986. (Tradução inglesa: Bindings, Shackles, Brakes: On Self-Limitation Strategies. In: HONNETH, A.; MCCARTHY, T.; OFFE, C.; WELLMER, A. (Ed.). *Cultural-Political Interventions in the Unfinished Project of Enlightenment*. Cambridge, Mass.: MIT Press, 1992.)

POPPER, Karl R. *Objective Knowledge: an evolutionary approach*. Oxford: Clarendon, 1972.

RAWLS, J. Justice as Fairness: political not Metaphysical. *Philosophy and Public Affairs*, n. 14, p. 223-251, 1985.

RAWLS, J. Kantian Constructivism in Moral Theory. In: *Political Liberalism*. New York: Columbia University Press, 1993. p. 89-131.

RAWLS, J. Kantian Constructivism in Moral Theory. *Journal of Philosophy*, v. 77, n. 9, p. 515-572,1980.

RAWLS, J. The Idea of an Overlapping Consensus. *New York University Law Review*, v. 64, n. 2, 1989.

RAWLS, J. The Idea of an Overlapping Consensus. *Oxford Journal of Legal Studies*, n. 7, p.1-25, 1987.

RORTY, R. The Priority of Democracy to Philosophy. In: *Objectivism, Relativism, and Truth*. New York: Cambridge University Press, 1991. p. 175-196.

ROUSSEAU, J.-J. (1762). *On the Social Contract*. Tradução de Donald A. Cress. Indianapolis: Hackett, 1987. Capítulo 11.

SUNSTEIN, C. R. Beyond the Republican Revival. *Yale Law Journal*, v. 97, 1988.

VILLAV, D. Postmodernism and the Public Sphere. *American Political Science Review*, v. 86, n. 3, p.712-725, Sep. 1992.

YOUNG, I. M. Communication and the Other: Beyond Deliberative Democracy. In: *Democracy and Diffrence*. BENHABIB, S. (Ed.). Princeton, N.J.: Princeton University Press, 1996.

YOUNG, I. M. Impartiality and Civic Public. In: BENHABIB, S.; CORNELL, D. (Ed.) *Feminism as Critique*. London: Polity Press, 1988.

YOUNG, I. M. *Justice and the Politics of Difference*. Princeton: Princeton University Press, 1990.

# Cinco argumentos a favor da democracia deliberativa[1]

*Maeve Cooke*

Em termos simples, a democracia deliberativa refere-se a uma concepção de governo democrático que assegura um lugar central para a discussão racional na vida política. Essa concepção tem sido o tópico de muitas discussões recentes, a maioria delas favorável, e mesmo seus críticos tendem a reconhecer a atratividade intuitiva da deliberação democrática. O novo uso do rótulo "deliberativo" por teóricos veteranos como John Rawls e Jürgen Habermas para descrever suas concepções normativas de democracia – ainda que elas sejam diferentes – da democracia é evidência dessa popularidade corrente (RAWLS, 1997b; HABERMAS, 1994; 1996). A democracia deliberativa, ao que parece, está em voga. Mas será que ela merece essa recepção favorável? Por que deveríamos preferir um modelo deliberativo a, por exemplo, um modelo participativo não deliberativo ou um modelo puramente procedimental? Este ensaio visa considerar os méritos dos principais argumentos comumente usados a favor de uma concepção deliberativa da democracia. O artigo os agrupa em cinco pontos principais.

Os argumentos focam, respectivamente, (1) no poder educativo do processo de deliberação pública; (2) no poder de gerar comunidade do processo de deliberação pública; (3) na justiça do procedimento da deliberação pública; (4) na qualidade epistêmica dos resultados da deliberação pública e (5) na congruência do ideal de política articulado pela democracia deliberativa com "quem somos". Embora a maioria desses argumentos expresse intuições válidas, os quatro primeiros são insuficientes – ou deficientes – como se apresentam. Mesmo oferecendo boas razões para a preferência pelo ideal

---

[1] "Five Arguments for Deliberative Democracy". Originalmente publicado em *Political Studies* (COOKE, 2000). Texto traduzido com a permissão da autora e da Blackwell editora. (N.T.).

deliberativo de democracia, eles requerem a ajuda do quinto argumento, se pretendem ser totalmente convincentes.

Minha discussão sobre a democracia deliberativa pretende mostrar que os primeiros quatro argumentos são incompletos, ou insatisfatórios, e requerem ajuda do quinto, se desejam tornar-se parte de uma defesa convincente da democracia deliberativa. Nesse sentido, essa preocupação é metodológica. Contudo, a metodologia não é puramente um problema abstrato de interesse acadêmico. Em debates sobre a democracia deliberativa, questões metodológicas merecem atenção por, pelo menos, duas razões. Primeiro, uma vez que a democracia deliberativa é uma concepção normativa que enfatiza a troca pública de razões, é particularmente importante que ela possa ser defendida publicamente com base em boas razões. Segundo, precisamos de argumentos que possam nos ajudar a escolher racionalmente entre os vários modelos deliberativos em oferta atualmente. Para fins ilustrativos, na seção final procuro mostrar como a quinta estratégia argumentativa nos possibilita não só justificar o ideal deliberativo de democracia, mas também a decidir, de modo não arbitrário, entre duas interpretações divergentes desse ideal.

Inicio o texto com uma especificação preliminar da principal ideia por trás da concepção deliberativa de democracia. É claro que essa definição inicial deixa muitas questões sem respostas: questões sobre o tipo de deliberação mais apropriada para produzir e testar leis, princípios políticos e políticas públicas, sobre o domínio adequado e as preocupações referentes a essa deliberação e sobre as condições sociais e institucionais que podem facilitá-la. Embora algumas dessas questões sejam abordadas brevemente no decorrer da minha discussão, não empreendo nenhuma tentativa de tratá-las com a atenção que merecem. Nem tampouco tento buscar uma definição mais adequada de democracia deliberativa, pois fazer isso requer um tratamento abrangente de tais questões. Contudo, procuro trabalhar sobre o que entendemos por "deliberação". Por "deliberação", eu entendo uma troca de argumentos livre de constrangimentos que envolve o uso prático da razão e sempre leva potencialmente à transformação de preferências. Nesse sentido, embora a deliberação pública *almeje* alcançar um acordo racional, eu reconheço livremente a probabilidade de que ela possa falhar em produzir um consenso (COOKE, 1997a). A questão que procura saber se a deliberação pública possui uma dimensão cognitiva – se ela tem o propósito de produzir conhecimento de algum tipo – é trabalhada no decorrer da discussão.

## O processo da deliberação pública tem um poder educativo

Esse argumento sustenta que a democracia deliberativa deveria ser defendida, primeiramente, por causa dos benéficos efeitos educativos que ela tem sobre os cidadãos. J. S. Mill e Hannah Arendt são frequentemente mencionados como proponentes da visão educativa. Apesar de algumas diferenças significantes entre suas respectivas concepções, tanto Mill quanto Arendt veem a participação nos assuntos públicos como algo bom em si mesmo, não meramente como um instrumental utilizado para criar ou implementar decisões políticas e leis qualitativamente superiores (MILL, 1972; ARENDT, 1970). Além disso, sob essa perspectiva, os benefícios da participação nos assuntos públicos são principalmente pessoais: a participação aperfeiçoa as qualidades morais, práticas ou intelectuais daqueles que participam: ela os torna não só cidadãos melhores – embora claramente isso seja crucial –, mas também indivíduos melhores.

O argumento educativo é uma justificativa insuficiente para a democracia deliberativa por pelo menos três razões. A primeira pode ser expressa pela seguinte questão: o que, relativo à deliberação – em oposição à participação –, produz efeitos educativos benéficos sobre os indivíduos? Se o argumento dos efeitos educativos positivos deve funcionar como a principal defesa da democracia deliberativa, ele deve mostrar que a participação na deliberação pública produz benefícios para as qualidades morais, práticas ou intelectuais dos participantes, os quais são distintos de e superiores aos benefícios que resultam da participação não deliberativa em assuntos públicos ou, ainda, da ação política não participativa. Distinguir os benefícios das participações deliberativa e não deliberativa parece relativamente simples. Um bom número de diferenças imediatamente nos vêm à mente, por exemplo, no caso das diferenças deliberativas, aprender como apresentar um argumento de forma racional e sensível e, no caso das diferenças não deliberativas, a sensação de conquista derivada da ação de ajudar a criar uma associação de moradores. Mostrar a superioridade da participação deliberativa não é fácil. A principal dificuldade aqui é que não existe nenhum ponto de vantagem livre de controvérsias a partir do qual essa superioridade possa ser medida. Isso solapa a utilidade do argumento educativo como uma estratégia principal de justificação e sugere que ele é mais convincente em conjunção com outros argumentos.

Há um segundo aspecto sob o qual o argumento educativo é incompleto enquanto justificativa para a democracia deliberativa. O problema aqui é que os efeitos benéficos da participação na deliberação pública não podem ser a razão do ideal deliberativo de democracia. Não faz nenhum sentido defender a participação na deliberação pública somente em consideração a esses efeitos sobre o caráter moral, as habilidades práticas ou os poderes racionais dos indivíduos que dela participam. Os efeitos benéficos podem concretizar-se apenas se os indivíduos concernidos tomarem parte na deliberação por outras razões, por exemplo, para descobrir mais sobre opções possíveis, para alcançar um decisão justa ou racional ou porque eles já apoiam um ideal particular de cidadania. Em suma, os efeitos educativos da participação na deliberação pública são efeitos colaterais; eles não podem ser a razão principal da deliberação, nem a única justificativa para ela.

Finalmente, o argumento educativo é insuficiente em um terceiro aspecto, uma vez que ele deixa em aberto a questão sobre o que conta como aperfeiçoador dos poderes morais, práticos ou intelectuais dos indivíduos que participam na política deliberativa. Nem todas as mudanças são para a melhor. O argumento educativo pressupõe a disponibilidade de alguns padrões independentes para avaliar o desenvolvimento moral, prático ou intelectual dos indivíduos. Também por essa razão, ele requer o suporte de outros argumentos, se pretende funcionar como justificativa da democracia deliberativa.

## O processo da deliberação pública tem um poder de gerar comunidade

Essa justificativa é encontrada com maior frequência entre aqueles que estão de acordo com versões "comunitaristas" da democracia deliberativa. Como, por exemplo, nas versões propostas por Benjamin Barber ou Charles Taylor (BARBER, 1984; TAYLOR, 1989). A ênfase comunitarista no bem comum é frequentemente acompanhada pelo argumento de que o indivíduo torna-se consciente de – e consolida – seu pertencimento a uma forma coletiva de vida somente através de práticas de troca pública de razões com outros que devem suas identidades aos mesmos valores e tradições.

A ênfase no poder gerador (ou consolidador) de comunidade da deliberação pública pode, contudo, também ser encontrado em versões "liberais" da democracia deliberativa, por exemplo, na versão proposta por Joshua Cohen. Ele aponta que, por requisitar uma justificação em termos aceitáveis pelos outros, a democracia deliberativa conquista um elemento importante do ideal de comunidade, uma vez que ela "expressa o igual pertencimento de todos ao corpo soberano responsável por autorizar o exercício daquele poder" (COHEN, 1996, p. 102).

Esse poder de gerar comunidade é também um ingrediente das versões "discursivas" da democracia deliberativa, como aquelas propostas por Jürgen Habermas e Seyla Benhabib. Tais teóricos concebem a deliberação como um processo em que os participantes adotam ou assumem a perspectiva alheia (*ideal role taking*) e são forçados a pensar sobre o que poderia contar como uma boa razão para todos os outros envolvidos nas decisões em discussão ou que são por elas afetados. Nessa perspectiva, a produção discursiva das razões compartilhadas intersubjetivamente não só possui uma força motivadora, gerando o que Hannah Arendt chama de "poder comunicativo", mas também nos revela que a "mentalidade ampliada" requerida por essa operação é, *em si mesma*, uma forma de solidariedade (HABERMAS, 1996, p. 147-148; BENHABIB, 1996, p. 71-72).

Assim como o argumento educativo para a democracia deliberativa, o argumento de que o processo da deliberação pública gera um senso de comunidade ou solidariedade é insuficiente. Além disso, ele é insuficiente pelas mesmas razões. O argumento do poder de gerar comunidade apresenta os seguintes problemas: primeiro, de como mostrar que a participação deliberativa nos assuntos públicos é *superior* (em seus efeitos de gerar comunidade) à participação não deliberativa; segundo, de que a produção de um sentido de comunidade não pode ser a *razão* da participação na deliberação pública, mas somente, quando muito, um derivado benéfico; e terceiro, de que nem todas as comunidades são igualmente desejáveis e que alguns padrões independentes para a avaliação das comunidades têm de estar disponíveis. Assim, esse argumento também requer o auxílio de outros argumentos se ele deve ser parte de uma defesa convincente da democracia deliberativa.

Isso nos leva ao terceiro e ao quarto argumentos. Diferentemente dos dois primeiros, esses últimos dirigem nossa atenção não só para o *processo* da deliberação pública, mas também para seu *resultado*.

## O *procedimento* da deliberação pública aperfeiçoa a justiça dos resultados democráticos

Esse argumento pode ser resumido como a visão de que o procedimento da deliberação pública aperfeiçoa os resultados do processo democrático, tornando-os mais justos. Diferentemente do quarto argumento, o qual, como veremos, postula padrões *epistêmicos* não procedimentais, o terceiro argumento promove uma visão estritamente procedimentalista. Exemplos contemporâneos desse argumento podem ser encontrados nas teorias democráticas de Seyla Benhabib e Joshua Cohen. O ponto crucial a respeito do procedimentalismo estrito é que não há nenhum padrão não procedimental de justiça. Os únicos padrões de julgamento permitidos são internos ao próprio procedimento. Em outras palavras, se o procedimento é justo, o resultado é justo. Muitos de nós estão familiarizados com uma versão básica dessa visão de justiça: a posição de que decisões democráticas são justas (e, nessa perspectiva, também legítimas) se forem produzidas pelo procedimento justo da regra da maioria. Como defensores da democracia deliberativa, Cohen e Benhabib melhoram a versão básica para incluir a deliberação. Para eles, as decisões democráticas são justas ou legítimas desde que sejam produzidas por um procedimento deliberativo justo. Cohen, por exemplo, aponta que "procedimentos democráticos são a fonte da legitimidade" (1997, p. 73). Também Benhabib parece compartilhar dessa visão. Ela baseia a racionalidade prática das conclusões que resultam de deliberações públicas na observância de procedimentos racionais específicos de tomada de decisão, e não em algum padrão de justiça independente do procedimento atual (BENHABIB, 1996, p. 70 e 72; COOKE, 1993, p. 260-264). É importante notar que nem Cohen nem Benhabib reduzem a justiça ao que *atualmente acontece* nos procedimentos democráticos deliberativos. Ambos sustentam concepções normativas de justiça, o que Cohen descreve como um procedimento deliberativo ideal (COHEN, 1997, p. 73-75) e Benhabib relata como uma teoria moral geral baseada em um modelo discursivo de validade (BENHABIB, 1996, p. 70). Entretanto, em ambos os casos a justiça ideal provê um padrão para acessar somente o procedimento, ou seja, as condições formais de participação e troca argumentativa que operam em procedimentos deliberativos atuais (por exemplo, se todos os potencialmente afetados pelo resultado são igualmente autorizados a participar, ou se uma força qualquer que não a do melhor argumento é exercida). A justiça ideal não provê nenhum padrão adicional para acessar a qualidade dos resultados da deliberação.

Como justificativa para o ideal deliberativo de democracia, o argumento procedimentalista também é incompleto. Do modo como ele se apresenta, ele é insuficiente em pelo menos dois aspectos. O primeiro é uma característica geral de concepções procedimentalistas de justiça. David Estlund salienta a dificuldade encontrada nesse ponto através do exemplo do jogo de cara ou coroa: "Um problema para se abordar [o que ele chama de procedimentalismo justo] é que, ainda que procedimentos democráticos possam realmente ser justos, o exemplo de justiça tido como perfeito entre pessoas que possuem diferentes preferências a respeito de duas alternartivas é jogar cara ou coroa. Nada poderia ser mais justo. Na medida em que pensamos que esse é um modo inapropriado de decidir alguma questão, estamos agindo através da justiça"(ESTLUND, 1997, p.176). Entendo a visão expressa por Estlund como a visão corrente de que as decisões resultantes da regra da maioria são justas, porque o procedimento democrático usado para chegar até elas é justo, apelando implicitamente para algum padrão que é *externo* ao procedimento democrático de tomada de decisão. Senão, por que simplesmente não tentar o cara ou coroa? Isso parece correto. Contudo, a crítica de Estlund não é simplesmente aplicável a Cohen e Benhabib pois, como vimos, ambos apelam explicitamente para concepções normativas e procedimentais de justiça. Apesar disso, sua crítica chama a atenção para uma dificuldade fundamental. Assim como a visão popular de que a regra da maioria é justa, Cohen e Benhabib utilizam uma concepção de justiça que vai além de uma concepção *estritamente procedimental* de imparcialidade (por exemplo, o jogo de cara ou coroa). Uma formulação mais precisa de suas posições respectivas seria a de que procedimentos justos produzem resultados justos, porque o procedimento é, em um sentido normativo, mais justo do que outros procedimentos. Entretanto, para mostrar isso eles precisam de argumentos adicionais para explicar por que deveríamos preferir concepções normativas particulares de justiça nas quais se baseiam suas teorias. Tanto Cohen quanto Benhabib fazem insinuações acerca desses argumentos (COHEN, 1997, p. 68; BENHABIB, 1996, p. 68-69); contudo, essa parte de suas respectivas abordagens da legitimidade democrática não é bem desenvolvida.

Há um último aspecto sobre o qual o terceiro argumento requer ajuda dos outros argumentos. Sem essa ajuda, a visão procedimentalista da deliberação pode atribuir somente um papel restrito à deliberação democrática. Podemos ver isso no caso de Cohen e Benhabib. Uma vez que eles são estritamente procedimentalistas, Cohen e Benhabib somente podem argumentar, de maneira coerente, que a deliberação pública torna o próprio procedimento mais justo: eles têm de confinar o valor normativo da deliberação democrática pública às condições que governam a participação e a conduta dos processos em tal deliberação. Embora longe de ser redudante, essa é claramente uma visão muito restrita da deliberação democrática. Cohen explicitamente declara que a deliberação está preocupada com os interesses, os objetivos e os ideais que compõem o bem comum (COHEN, 1997, p. 77). Na verdade, há momentos em que ele parece promover uma versão do procedimentalismo epistêmico. Isso é evidente, por exemplo, em sua clara afirmação de que os resultados de uma votação serão quantitativamente melhores – mais justos em algum sentido epistêmico – se a votação ocorrer posteriormente à deliberação pública sobre as questões envolvidas (COHEN, 1997, p. 75); ou, ainda, quando ele aponta que os "resultados são democraticamente legítimos se, e somente se, eles puderem ser o objeto de um acordo livre e racional entre iguais"(COHEN, 1997, p. 73). Também Benhabib parece dividir-se entre um procedimentalismo (deliberativo) estrito e um procedimentalismo (deliberativo) epistêmico. Por exemplo, ela oferece três razões para explicar por que processos deliberativos são essenciais para a racionalidade prática de processos coletivos de tomada de decisão: (a) processos deliberativos comunicam novas informações; (b) processos deliberativos auxiliam os indivíduos a ordenar suas preferências de modo coerente e (c) processos deliberativos impõem uma certa reflexividade sobre as preferências e as opiniões individuais, forçando os participantes a adotar uma "mentalidade ampliada" (BENHABIB, 1996, p. 71-72). Todavia, apesar de sua explícita rejeição a padrões epistêmicos não procedimentais e consequente compromisso aparente com o procedimentalismo estrito, é evidente que essas razões relacionam-se diretamente não com a justiça do procedimento, mas com a qualidade do resultado julgada por padrões epistêmicos não procedimentais.

Mas Cohen e Benhabib não podem tomar ambos os caminhos. Eles precisam *ou* limitar o papel da deliberação democrática ao aperfeiçoamento da justiça dos procedimentos democráticos *ou* providenciar uma melhor explicação de como a deliberação contribui construtivamente para a qualidade epistêmica dos resultados democráticos. Podemos agora passar ao quarto argumento, uma vez que é precisamente o papel epistêmico construtivo que está em questão aqui.

## A deliberação pública contribui construtivamente para a racionalidade prática dos resultados democráticos

Em contraste com o terceiro argumento, que deriva a qualidade dos resultados democráticos do *procedimento* da deliberação pública, o quarto argumento faz uma distinção entre a justiça do procedimento e a racionalidade do resultado. Ele estabelece, então, padrões epistêmicos independentes para o acesso à qualidade dos resultados da deliberação. Algumas teorias da democracia estabelecem tais padrões epistêmicos de racionalidade *sem* asseverar qualquer conexão entre a deliberação pública e a qualidade epistêmica das decisões e das leis. Um exemplo que pode ser aqui mencionado é o procedimentalismo epistêmico de Estlund (1997). O quarto argumento distingue-se dos demais por sua demanda de que a deliberação pública contribui construtivamente para a qualidade dos resultados democráticos (acessados de acordo com padrões epistêmicos de racionalidade). Esse argumento faz parte da teoria de democracia deliberativa defendida por Habermas.

De acordo com essa teoria – a qual Habermas tem agora o cuidado de distinguir de sua teoria da validade moral (ética do discurso) – as deliberações públicas possuem uma dimensão cognitiva: elas estão preocupadas em encontrar o melhor caminho para regular problemas de interesse público, sendo que o "melhor caminho" é julgado de acordo com padrões de racionalidade que possuem uma certa objetividade (HABERMAS, 1996, p. 147 e 151). Geralmente, é claro, compromissos são necessários. Eles podem ser submetidos a um teste de justiça somente do ponto de vista de *como* eles são alcançados, e não do ponto de vista de seu *conteúdo* – em outras palavras, somente do ponto de vista de padrões procedimentais de justiça. De acordo com Habermas, contudo, a deliberação pública não *almeja* a formação de compromissos, ela os aceita meramente em situações nas quais o acordo não é acessível; seu objetivo é produzir resultados que sejam objetivamente racionais. Além disso, a deliberação pública, de algum modo, contribui construtivamente para a racionalidade das leis e políticas democráticas, bem como para sua implementação.

Eu percebo dois problemas principais no argumento de Habermas. O primeiro é que ele apela para um padrão epistêmico de racionalidade cuja base não está clara. O segundo é que esse argumento não explica como a deliberação pública contribui construtivamente para a racionalidade dos resultados.

Um modo de apresentar esses problemas é criar um contraste entre as seguintes teorias de Habermas: a teoria da legitimidade democrática e a teoria da validade moral. Para os própositos desse texto, existem duas importantes assimetrias entre essas teorias. A primeira tem a ver com o *status epistêmico* dos resultados de discursos democráticos e morais. A segunda, com o papel da *deliberação*.

1) Habermas concebe as demandas morais em analogia a demandas de verdade. Nessa perspectiva, tanto demandas de verdade quanto demandas morais são demandas cognitivas que, se provadas corretas, alcançam um *status* objetivo e epistêmico. A qualidade epistêmica das normas morais depende de três elementos: (a) o procedimento do discurso, que tem que ser conduzido de acordo com padrões exigentes de justiça; (b) o princípio da universalidade, que funciona como uma regra de argumentação, a qual requer que os participantes cheguem a igual aceitabilidade geral de seus interesses individuais;

Cinco argumentos a favor da democracia deliberativa

e (c) o consenso adquirido discursivamente de que a norma ou princípio em disputa está igualmente presente entre os interesses de todos os afetados. Assim, a participação no discurso moral (deliberação pública sobre questões morais) contribui construtivamente para a validade de normas e princípios morais. Como contraponto, a legitimidade das leis democráticas depende somente de dois ingredientes: (a) o procedimento do discurso, o qual tem que ser conduzido de acordo com padrões exigentes de justiça, e (b) o consenso, alcançado discursivamente, de que as leis são aceitáveis para todos os afetados. No caso dos discursos morais, o *status* epistêmico do resultado depende de que as normas e os princípios em questão sejam genuinamente universalizáveis: o procedimento discursivo é estruturado para assegurar isso. No caso dos discursos democráticos, pelo contrário, o *status* epistêmico das leis que emergem não é uma função de sua universalidade genuína, mas do fato de que eles são geralmente aceitáveis (HABERMAS, 1996, p. 124-125, 154-157, 450-454). Contudo, a aceitabilidade geral não pode ser o critério da qualidade epistêmica: se leis geralmente aceitáveis devem dispor uma demanda para qualquer tipo de *status* epistêmico objetivo, alguns meios de distinção entre demandas válidas e inválidas de acordo com a aceitabilidade geral têm de estar disponíveis. Diferentemente das demandas morais, em que o princípio da universalidade atua como um teste de validade objetiva, leis legítimas não estão sujeitas a esse teste. O único outro teste independente de validade das leis que está de acordo com a teoria de Habermas é se elas resultam ou não de um procedimento justo: essa visão da legitimidade seria aquela que descrevi como procedimentalista estrita e tornaria, como tal, o elemento do consenso redundante. Mas, claramente, essa não é a posição de Habermas. Se fosse, sua distinção entre processos justos de barganha, que resultam em compromissos justos, e discursos legais não faria nenhum sentido (HABERMAS, 1996, p. 166-168). Do mesmo modo, seus apontamentos sobre a regra da maioria, sobretudo sua demanda de que ela conserva uma relação interna com a busca pela verdade, seriam ininteligíveis (p. 179).

2) A segunda assimetria entre as normas morais e legais tem a ver com o papel da deliberação. Como vimos anteriormente, no caso das normas morais, a deliberação pública, que possui a função de testar a universalidade dos interesses, contribui *construtivamente* para a validade dessas normas. Mas, uma vez que o teste de universalidade não é um *critério* da validade de normas legais, não fica claro por que a deliberação pública é necessária. Se somente a aceitabilidade geral é requerida, a votação (ou mesmo o jogo de cara ou coroa) seria suficiente. Em suma, ou Habermas precisa esclarecer

como a deliberação pública contribui construtivamente para a qualidade epistêmica dos resultados democráticos ou ele precisa providenciar algum outro tipo de justificação do valor da deliberação democrática.

Novamente, a insuficiência do argumento aqui referido coloca a necessidade de um argumento adicional – ou talvez de uma estratégia alternativa. O quinto argumento busca essa estratégia, a qual poderia ser descrita como antifundacionalista e contextualista. No meu entendimento, uma abordagem contextualista mas antifundacionalista da justificação possui três aspectos principais: (a) ela desafia a autoridade de verdades objetivas e perenes enquanto uma fundação livre de controvérsias para a ciência, a lei, os princípios políticos, a moralidade, etc; (b) reconhece a contextualização inelutável da razão e da validade em geral e (c) reconhece a falibilidade de todas as demandas ao conhecimento, incluindo aquelas da pesquisa estritamente filosófica. Por razões que não posso desenvolver aqui, entendo esse tipo de abordagem contextualista e antifundacionalista à justificação como a opção atualmente mais viável para nós, no "despertar" das viradas linguística e subjetivista da modernidade ocidental (COOKE, 2000). Isso nos conduz ao quinto argumento.

## A democracia deliberativa elucida um ideal de democracia que é mais congruente com "quem somos"

A força desse argumento encontra-se no fato de que ele conta com uma estratégia antifundacionalista e contextualista. É claro, esse fato, por si mesmo, não é suficiente: o argumento precisa também ser convincente. A seguir, menciono algumas razões que o sustentam.

Algumas versões da quinta estratégia argumentativa podem ser encontradas em abordagens da democracia deliberativa que divergem daquelas propostas por Rawls (1980, 1993), Habermas (1996), Benhabib (1996, p. 68-69) e Cohen (1997, p. 67). A lista poderia ser extendida: ela claramente inclui, por exemplo, Richard Rorty (1996) e provavelmente Ronald Dworkin (1986). Tal estratégia coloca o ideal da democracia como um princípio fundamental que é, em um sentido, algo que não pode ser burlado por aqueles que fazem parte da modernidade ocidental e coloca a democracia deliberativa como a elucidação desse ideal que é mais congruente com "quem somos".

O argumento de que a democracia deliberativa elucida o ideal da democracia mais congruente com "quem somos" possui, então, dois elementos principais: (a) o de que existem certas concepções normativas chave do conhecimento, do *self* e do bem-viver que são também centrais para a história ocidental moderna, e que tradições que as rejeitam não colocam um problema de simples decisão, mas requerem uma reorientação fundamental em nosso pensamento, e (b) o de que um modelo deliberativo de democracia produz um sentido melhor dessas concepções normativas.

Os quatro exemplos seguintes poderiam ser mencionados para sustentar a demanda de que, para nós – indivíduos que fazem parte da modernidade ocidental –, algumas concepções normativas do conhecimento, do *self* e de bem viver não são simplesmente um problema de escolha, mas são constitutivos de nosso autoentendimento:

(a) a visão de que não há nenhum padrão autorizado independente do contexto histórico e cultural que pode julgar demandas de validade epistêmicas, particularmente nos campos da ciência, da lei, da política e da moralidade, e que o conhecimento nessas áreas deve ser construído falivelmente;

(b) a visão de que a troca autônoma de razões é uma parte valiosa da ação humana;

(c) a visão de que a publicidade é importante, especialmente nos campos da lei e da política;

(d) a visão de que todos, em princípio, merecem igual respeito enquanto agentes morais autônomos com pontos de vista distintos.

O ideal da democracia deliberativa adequa-se bem a essas três concepções normativas. Se não há nenhum padrão autorizado de validade científica, legal, política e moral que seja independente do contexto histórico e cultural, e se o conhecimento é ainda considerado possível nessas áreas, então alguns meios alternativos para decidir entre justificações rivais têm de ser encontrados. Se, além disso, o conhecimento nessas áreas é construído falivelmente, ou seja, se ele nunca é visto como "pronto" e conclusivo, mas sempre aberto ao desafio e à revisão à luz de novas evidências e argumentos, uma argumentação racional e sem constrangimentos parece ser o fórum mais apropriado para julgar demandas rivais. Essa visão "dessacralizada" do conhecimento, que se casa perfeitamente com a secularização da autoridade, que é reconhecida como uma das características mais definidas da modernidade ocidental (HABERMAS, 1987, p. 43-111), auxilia a explicar o valor agregado ao raciocínio autônomo, em particular a dois de seus principais ingredientes: a *accountability* racional e a objetividade de julgamento. Por "*accountability* racional", entendo a capacidade dos indivíduos em aceitar a responsabilidade por suas (auto)interpretações e julgamentos como expressos na boa vontade e na habilidade de providenciar razões que sustentem suas demandas de validade e para entrar, se necessário, em uma discussão livre de constrangimentos dessas razões. Por "objetividade de julgamento" entendo a habilidade do indivíduo de se engajar de modo criticamente imparcial, informado, perceptivo e flexível com seu entorno, com outras pessoas e com suas próprias (auto)interpretações e histórias de vida (COOKE, 1999a). A dessacralização do conhecimento também ajuda a explicar o valor agregado à publicidade, tanto em seu sentido fraco, o de que os resultados racionais precisam ser capazes de ser tornados públicos, quanto em seu sentido forte, o de que as próprias justificativas devem ser públicas. Contudo, para uma abordagem mais adequada do valor atribuído à publicidade em seu sentido forte, precisamos nos remeter ao último princípio: o princípio do igual respeito pelos cidadãos como agentes morais autônomos com pontos de vista distintos. Nesse sentido, o igual respeito significa que *todos* são considerados capazes (em princípio) de produzir um julgamento informado e próprio sobre problemas morais. De modo mais preciso, significa que o argumento de ninguém deve receber algum desconto relativo à raça, ao sexo, à classe, etc. Isso implica que, nas discussões racionais nas quais argumentos morais são promovidos (e esses argumentos são sempre, em princípio, relevantes em discussões sobre leis, princípios políticos e políticas públicas), toda contribuição dos cidadãos precisa ser vista como digna de consideração. Por sua vez, podemos notar que isso sugere uma concepção de autonomia política em termos do ideal de autoria: os cidadãos são considerados politicamente autônomos desde que possam ver a si mesmos como autores e também como sujeitos da lei (princípios políticos, políticas públicas, etc.). Se combinada com a dessacralização do conhecimento, isso sugere, em acréscimo, uma interpretação deliberativa da autoria. Pois se não há nenhum padrão atemporal autorizado de validade legal, política ou moral, assim, para que os cidadãos sejam capazes de se verem como autores nesse sentido, eles precisam ser capazes de ver as leis, os princípios políticos e as políticas públicas como o resultado de um processo de deliberação pública cujo objetivo é a melhor justificação possível das propostas em discussão. Esses três elementos de nosso autoentendimento ocidental moderno – a visão de que demandas de validade são um problema ligado a uma discussão racional livre de constrangimentos, o valor agregado ao raciocínio autônomo e à publicidade, e o princípio do igual respeito pelos cidadãos como agentes morais autônomos com pontos de vista distintos – podem ser combinados para providenciar um forte argumento em favor da democracia deliberativa, pois ele implica a necessidade de um ambiente no qual todos os cidadãos tenham uma igual oportunidade e sejam igualmente encorajados a contribuir para a deliberação pública a respeito de problemas de interesse coletivo. Além disso, uma vez que um dos propósitos centrais dessa deliberação é discutir os méritos de argumentos cujo objetivo é produzir resultados que tenham a melhor justificação possível, nenhuma restrição pode ser imposta aos tipos de razões consideradas permissíveis em um determinado caso, nem o resultado da deliberação pode ser determinado de antemão; a deliberação assim concebida é, em princípio, sem limites e possui um inerente potencial de transformação.

Através desses breves apontamentos, indiquei algumas razões que sustentam o quinto argumento. Entretanto, esse argumento precisa não só ser racional e possuir evidências que o sustentem, mas também ser útil. Mesmo que seja aceito como correto, o quinto argumento vai contra a alegação de que sua estratégia sustentatória é muito fraca para poder ajudar, pois ela parece ser compatível com uma variedade de modelos amplamente divergentes da democracia deliberativa. Na verdade, eu mesma afirmei que alguma versão do argumento poderia ser encontrada nos modelos propostos por Rawls, Cohen, Benhabib e Habermas, que claramente divergem em aspectos significantes. Uma vez que, dentre esses, os que possuem uma divergência mais ampla são os modelos propostos por Rawls e Habermas, lançarei o foco de análise sobre eles ao lidar com essa alegação. Para tratar dessa divergência de modo abrangente é necessário mostrar que a quinta estratégia argumentativa permite uma decisão racional em favor de um ou outro desses modelos, de uma combinação dos dois ou contra ambos. Defendo que essa estratégia providencia boas razões para preferir o modelo de Habermas ao de Rawls.

Uma explicação possível para as diferenças entre Rawls e Habermas no que diz respeito à democracia deliberativa é o fato de que cada um oferece interpretações diferentes – ou, pelo menos, diferentes valores – e igualmente convincentes para os elementos-chave de nossa história e tradições com os quais o ideal deliberativo deve ser supostamente congruente. Tal explicação poderia minar a utilidade da quinta estratégia argumentativa, pois ela poderia torná-la muito fraca para auxiliar na decisão entre vários modelos deliberativos em oferta atualmente. Por isso, discordo dessa explicação.

Uma explicação alternativa me parece tanto mais plausível quanto mais promissora. Essa explicação reconhece a significante sobreposição entre as respectivas avaliações de nossa história e tradições feitas por Rawls e Habermas e, além disso, explica as diferenças entre suas concepções em termos que nos permitem escolher entre elas de um modo não arbitrário.

Para nossos propósitos, é importante notar que Rawls e Habermas estão de acordo no que concerne à centralidade dos quatro elementos de nossa história e tradições acima mencionados. A afirmação que desenvolvo em seguida é a de que a interpretação de Rawls sobre esses elementos é menos convincente que a de Habermas. Além disso, afirmo que uma leitura simpática à teoria de Rawls sobre a democracia deliberativa – uma que se preocupe em remediar suas principais deficiências – poderia produzir uma teoria que se pareceria muito com a de Habermas, ao menos no que diz respeito às suas componentes deliberativas. Tanto um como outro:

(a) reconhecem a ausência de padrões autoritários para julgar as demandas de validade legal e política independentemente do contexto cultural e histórico, enquanto reconhecem a necessidade de padrões epistêmicos alternativos;

(b) enfatizam um princípio de igual respeito para os cidadãos enquanto agentes morais com pontos de vista distintos;

(c) requerem um ideal de autonomia pessoal segundo o qual a *accountability* racional é uma parte valiosa da ação humana (Rawls contesta que sua concepção esteja comprometida com um ideal como esse; voltarei mais tarde a esse ponto);

(d) enfatizam a importância da publicidade nas áreas da lei e da política e sustentam um ideal de autonomia política como autoria.

Correspondendo a esses quatro pontos de acordo entre os dois autores, vejo quatro aspectos (interconectados) nos quais o modelo de democracia deliberativa de Rawls é menos convincente do que o modelo de Habermas (ao qual me refiro a seguir principalmente com o propósito de criar um contraste). Em todos os quatro aspectos, os argumentos que trago contra o modelo de Rawls também apelam diretamente para o quinto argumento ou são consonantes com sua estratégia antifundacionalista e contextualista.

Os quatro aspectos nos quais o modelo de democracia deliberativa de Rawls é menos convincente que o de Habermas são:

(a) Rawls faz uso de uma concepção normativa de deliberação que falha em fazer justiça. Além disso, essa concepção *deveria* ser central para uma teoria da democracia deliberativa, pois ela se adequa melhor a "quem somos".

(b) A demarcação que Rawls faz entre o público e o não público acarreta problemas para essa teoria. Além disso, essa demarcação está conectada a um postulado controverso sobre a impossibilidade de conciliar as diferenças éticas que produz, por sua vez, uma interpretação controversa do "fato do pluralismo racional" e uma concepção de tolerância que não se adequa a "quem somos".

(c) A concepção de Rawls acerca da política deliberativa requer uma concepção de autonomia pessoal que ele explicitamente rejeita como uma base aceitável para sua concepção política de justiça. Além disso, essa concepção de autonomia *deveria* ser central para uma teoria da democracia deliberativa, pois ela é um elemento-chave de "quem somos".

(d) A limitação e a insuficiente deliberação do ponto de vista de um ideal deliberativo de democracia congruente com "quem somos" e a limitação da concepção normativa da autonomia política que Rawls propõe.

Como conclusão, quero lidar brevemente com cada um desses pontos.

(a) A teoria política de Rawls sobre o liberalismo não é só frequentemente incluída na ampla família de modelos normativos da democracia deliberativa, mas ele mesmo explicitamente a identifica agora como membro dessa família (RAWLS, 1997b). Argumentando que sua teoria política do liberalismo está preocupada com democracias constitucionais bem ordenadas – entendidas também como democracias deliberativas – ele claramente insinua que sua ideia de razão pública adequa-se perfeitamente ao ideal deliberativo. Apesar disso, uma inspeção mais fina revela que suas características deliberativas não são óbvias. A ideia de razão pública requer que os cidadãos considerem que tipos de razões eles podem racionalmente oferecer uns aos outros quando questões políticas fundamentais estão em jogo (RAWLS, 1997b, p. 766). Contudo, somente um de seus aspectos faz alguma referência à *troca pública de razões*: o aspecto da reciprocidade. Nesse sentido, os cidadãos precisam checar a compatibilidade dos princípios da justiça política que defendem e votam com as doutrinas compreensivas de todos os outros cidadãos. A condição de reciporcidade vincula-se ao dever da civilidade, que requer que os cidadãos sejam capazes de explicar uns aos outros, quando envolvidos em questões fundamentais, como os princípios e as políticas que defendem e votam podem ser sustentados pelos valores políticos da razão pública. A partir disso, podemos ver que a "condição de reciprocidade" e o "dever de civilidade" apontados por Rawls esboçam uma concepção de troca pública de razões que não é deliberativa no sentido de "deliberação" aqui inicialmente intruduzido (ou seja, a deliberação como uma troca livre de argumentos envolvendo a razão prática e sempre potencialmente levando a uma transformação de preferências). Diferentemente dessa concepção de deliberação, a troca pública de razões é apresentada por Rawls como um processo essencialmente *"monológico"* ou *privado,* no qual os cidadãos elaboram para si mesmos motivos que dizem se os princípios políticos defendidos são racionais, no sentido de serem capazes de ser racionalmente aceitos por todos. O que está faltando na concepção de Rawls sobre a troca pública de razões é a sua dimensão dinâmica e tranformadora: para ele, a razão pública não é um processo dinâmico de troca de razões que *gera* um acordo normativo através da transformação de preferências, mas uma ideia que impõe um *constrangimento* a princípios políticos publicamente aceitáveis (BENHABIB, 1996, p. 76). Dado esse entendimento da razão pública enquanto um processo que pode, em princípio, ser sustentado privadamente, a explícita comparação que Rawls faz entre sua concepção e a de Rousseau não nos surpreende. Mas Rousseau, como bem sabemos, propõe um modelo de política democrática que *rejeita* a deliberação pública (ROUSSEAU, 1973, p. 185). Por essa reazão, podemos argumentar que a interpretação não deliberativa de Rawls da ideia de razão pública não faz justiça a seu próprio compromisso com um ideal deliberativo de democracia.

O próprio Rawls parece ter reconhecido implicitamente essa deficiência. Em seu trabalho mais recente, há evidências de uma mudança em direção a uma concepção mais tranformadora de deliberação. Ele agora especifica o que chama de visão ampliada da razão pública, a qual permite que doutrinas racionais abrangentes possam ser introduzidas na discussão pública política em qualquer tempo, providenciando que, no curso devido, razões políticas adequadas – e não aquelas comumente sustentadas por doutrinas abrangentes – sejam apresentadas de modo suficiente para sustentar quaisquer razões que as doutrinas abrangentes deveriam sustentar (RAWLS, 1997b, p. 783-787). A visão ampliada da razão pública é menos "monológica" que a original, porque ela abre caminho para as partes em disputa explicarem mutuamente como suas visões de fato sustentam seus valores básicos. Todavia, embora ela se mova na direção da concepção normativa de deliberação referida anteriormente, a dimensão transformadora da razão pública continua sem referências. O principal propósito da introdução de doutrinas abrangentes na discussão pública política parece ser a *tranquilização*: oponentes políticos asseguram uns aos outros sua respectiva lealdade a valores constitucionais básicos e políticos; eles não antecipam nem esperam por modificações nas suas próprias visões ou na de seus oponentes (RAWLS, 1997b, p. 785-786).

A mudança empreendida por Rawls – ainda que inadequada – de se afastar de uma concepção de deliberação "monologicamente" construída, para aproximar-se de uma concepção mais tranformadora, sustenta minha tese geral exposta nessas páginas: a de que o quinto argumento nos fornece bases não arbitrárias para preferirmos um modelo deliberativo mais extensivo e vibrante, em detrimento de um modelo mais restrito e cauteloso. Como já sugerido anteriormente, de algumas das concepções normativas chave compartilhadas pelos indivíduos que fazem parte da modernidade ocidental, as quais dizem respeito ao conhecimento, ao *self* e ao bem viver, origina-se a base para maximizar a deliberação pública livre de constrangimentos, a qual possui um inerente potencial transformador. Assim, na medida em que o modelo de política deliberativa de Habermas pode ser visto como capaz de promover essa deliberação transformadora e livre de constrangimentos, ele pode ser apontado como o que está em melhor sintonia com "quem somos" e, nesse sentido, ele é superior ao modelo de Rawls.

Um potencial transformador é um elemento central da teoria de Habermas da democracia em "duas vias"(*two-track model*). Essa teoria de "duas vias" é destinada a permitir a interação entre necessidades, preocupações particulares e leis e políticas gerais (HABERMAS, 1996, p. 312-314). Na perspectiva desse autor, a deliberação é importante tanto nos processos formalmente organizados de tomada de decisão e legislação quanto em processos "anárquicos" de formação da vontade na esfera pública. Habermas também insiste na necessidade de uma constante interpenetração das duas dimensões: leis e políticas predominantes precisam estar constantemente abertas ao desafio (com base em seus prováveis desvios éticos) de objeções formuladas em processos "anárquicos de formação da vontade (HABERMAS, 1993, p. 132-133; HABERMAS, 1996, p. 418-427). Além disso, ele enfatiza que nenhum tópico está imune à tematização e ao escrutínio crítico na deliberação pública (HABERMAS, 1996, p. 312-313). Em suma, cidadãos engajados na deliberação pública nas duas vias, ou seja, na tomada da decisão democrática e no processo de formação da vontade, devem estar preparados para discutir *quaisquer* de suas preferências e para modificá-las diante de objeções válidas. Reconhecidamente, o modelo deliberativo de democracia proposto por Habermas quase não está à altura de sua própria promessa. De modo específico, sua abordagem dos discursos (ético-)políticos é inadequada e enganadora. Contudo, suas falhas não são tanto estruturais como problemas de execução e, como mencionei em outro lugar, podem ser facilmente remediadas de modo justo (COOKE, 1997a, p. 9-16).

(b) A demarcação que Rawls estabelece entre público e não público permite tanto que problemas apareçam em sua teoria quanto a coloca diante de objeções extraídas do quinto argumento.

Rawls insiste que a ideia da razão pública aplica-se somente à estrutura básica da sociedade. Por isso, ele entende as principais instituições políticas, sociais e econômicas e como elas se mantêm juntas em um sistema unificado de cooperação social de uma geração para a outra (RAWLS, 1993, p. 11-15). Ele frequentemente especifica o sujeito da razão pública como "fundamentos constitucionais" e "problemas de justiça básica", enfatizando que seus princípios não se aplicam à "cultura de fundo", entendida como as múltiplas associações da sociedade civil – igrejas e universidades, sociedades científicas, grupos profissionais, etc. (Rawls, 1993, p. 220; Rawls, 1997b, p. 767-768). Entretanto, ele também insiste que a ideia de razão pública não é uma visão sobre instituições ou políticas específicas, mas sim uma visão sobre os *tipos de razões* sobre as quais os cidadãos devem apoiar seus casos políticos ao produzirem suas justificações políticas uns para os outros (Rawls, 1997b, p. 795).

Percebo dois problemas principais com relação à posição de Rawls. Primeiro, sua demanda de que a razão pública não se aplica à "cultura de fundo" é insustentável. Isso fica evidente em alguns de seus próprios exemplos, como seus recentes apontamentos sobre a família como parte da estrutura básica (Rawls, 1997b, p. 787-794). Rawls rejeita como concepção errônea a objeção crítica de que, uma vez que a família é uma associação que se dá na sociedade civil, ela não está sujeita aos princípios da razão pública e é, nesse sentido, um espaço potencial de injustiça, especialmente para mulheres e crianças. Ainda que reitere sua posição de que os princípios da justiça política não se aplicam à vida interna dessas associações (como as igrejas, as famílias não têm de ser democráticas), ele argumenta que eles realmente impõem certos constrangimentos. De modo específico, eles garantem os direitos e as liberdades básicas, liberdade e oportunidades de todos os membros da família. Nesse sentido, Rawls também formula sua posição como a necessidade de distinguir entre o ponto de vista das pessoas enquanto cidadãos e seu ponto de vista enquanto membros de famílias e outras associações. Contudo, essa distinção finalmente é insustentável. De maneira inesperada, Rawls termina seu argumento com uma referência aprovadora do comentário crítico de Mills sobre a família: Mills argumenta que a família no seu tempo era uma escola para o despotismo masculino, inculcando hábitos de pensamento, modos de sentir e condutas incompatíveis com a democracia. Rawls extrai disso a conclusão de que os princípios de justiça podem ser invocados simplesmente para reformar a família (Rawls, 1997b, p. 788). Mas é difícil ver como eles poderiam ser invocados desse modo *sem* aplicarem-se diretamente à vida interna da família – que é precisamente o que Rawls nega (p. 789-790). Além disso, se os princípios de justiça são aplicáveis para a vida interna da família baseando-se no fato de que as famílias inculcam as virtudes políticas requeridas aos cidadãos em uma sociedade democrática viável. Então as pessoas precisam também estar aptas a invocá-los a fim de reformar as igrejas, universidades e outras associações da sociedade civil, onde quer que esses hábitos inculcados de pensamento, modos de sentir e de se comportar sejam incompatíveis com os valores democráticos. Novamente é muito difícil perceber como isso poderia ser feito sem afetar profundamente a vida interna das referidas instituições. Parece claro, por isso, que – contrariamente ao que o próprio Rawls argumenta (p. 789) – os princípios de justiça política *requerem* que famílias, igrejas e outras associações sejam democráticas de maneiras significantes, pois, de outro modo, elas não podem promover hábitos de pensamento e modos de sentir e de agir que são compatíveis com os valores democráticos.

O segundo problema tem a ver com os limites psicológicos que a demarcação que separa o público do não público impõe aos cidadãos. Os cidadãos de Rawls são supostamente *selfs* cindidos (divididos), que oferecem diferentes tipos de razões para sustentar suas convicções em fóruns oficiais, onde os fundamentos constitucionais e os problemas de justiça básica estão em discussão, podendo oferecer essas razões em discussões através das muitas associações que são parte da "cultura de fundo". No primeiro caso, eles podem oferecer somente razões que contemplem racionalmente a expectativa de que os outros, enquanto cidadãos livres e iguais, possam racionalmente aceitar. No segundo caso, eles também podem oferecer razões enraizadas em suas doutrinas particulares abrangentes. Thomas McCarthy (1994, p. 52) aponta a dificuldade aqui:

> [na concepção de Rawls] a discussão política teria que ser radicalmente transformada sempre que o lugar onde ocorre seja mudado de maneira significativa, mesmo se as mesmas pessoas estejam discutindo as mesmas questões. [...] Os problemas conceituais, psicológicos, culturais e institucionais que essa estratégia de cautela coloca são formidáveis".

Além disso, esses problemas não são solucionados pela recente especificação que Rawls faz na visão ampliada da razão pública, pois, como sabemos, os cidadãos somente podem introduzir razões enraizadas em suas doutrinas abrangentes quando elas, no curso devido, podem ser apresentadas como compatíveis com razões políticas. É fácil pensar em casos que evidenciam isso, tais como discussões políticas de medidas sobre o aborto, o tratamento de animais ou o meio ambiente, onde as convicções profundas sustentadas por alguns cidadãos os fornecem fortes razões para rejeitar a política porposta – razões, entretanto, que eles não podem esperar que outros cidadãos aceitem. Por isso, em tais discussões, os cidadãos concernidos teriam de impor uma indagação considerável a suas convicções mais profundas. As dificuldades psicológicas aqui geradas abrem espaço para problemas futuros, por exemplo, problemas morais concernentes ao tratamento apropriado em um determinado caso no qual pessoas foram obrigadas a aceitar razões políticas que passam por cima de suas convicções mais profundas. Esse problema é composto pelo fato de que, em qualquer sociedade com uma diversidade de doutrinas abrangentes, os limites psicológicos são improvavelmente distribuídos de modo uniforme. Pois dada a adequação entre a ideia de razão pública e certas concepções "liberais" do *self* e de bem viver (em particular, como argumentarei em seguida, um ideal de ação autônoma), o limite psicológico será mais claro para aqueles cujas convicções mais profundas são fundamentalmente compatíveis com essas concepções "liberais" (COOKE, 1997b). Isso não significa negar que Rawls pode estar certo em garantir prioridade para razões publicamente aceitáveis quando se trata de leis e políticas públicas: a questão é que sua concepção, assim como ela se apresenta, não leva suficientemente a sério os limites psicológicos que essa priorização pode impor aos cidadãos, a problemas morais e de outro tipo que podem dela se originar.

A demarcação que Rawls estabelece entre o público e o não público está conectada com uma interpretação controversa do "fato do pluralismo racional". Como bem sabemos, a característica distintiva da concepção política de liberalismo de Rawls é que ela se autossustenta: ela é apresentada como independente de qualquer das doutrinas abrangentes apoiadas pelos cidadãos que as consideram racionais, e não como derivada delas. Rawls usa a imagem de um módulo: a concepção política é um módulo que se adequa e pode ser sustentado por várias doutrinas racionais abrangentes na sociedade regulada por elas (RAWLS, 1993, p. 1). Esse caráter de autossustentação não é, em si mesmo, problemático; ele se torna assim somente em conjunção com a interpretação peculiarmente *estática* do "fato do pluralismo racional". Rawls quer dizer com isso que diferenças entre visões abrangentes são irreconciliáveis (RAWLS, 1997b, p. 766, p. 804-805). Do mesmo modo, sua concepção apela para um tipo de tolerância com relação a diferenças éticas que as aceita inquestionavelmente como incapazes de serem resolvidas, isentando-as da deliberação pública, em vez de preocupar-se em superá-las produtivamente.

O quinto argumento oferece pelo menos duas razões para rejeitarmos a interpretação de Rawls sobre "o fato do pluralismo racional". O primeiro é que seu postulado de que diferenças éticas são irreconciliáveis por princípio não é, em si mesmo, um elemento normativo chave da história ocidental moderna e de suas tradições nem emerge evidentemente de qualquer outro elemento como esse. O candidato mais provável a esse respeito seria o princípio da tolerância, pois ele é, na verdade, uma concepção normativa central formadora do moderno autoentendimento ocidental. Mas o princípio de tolerância meramente nos ordena a viver tranquilamente ao lado daqueles cujas doutrinas abrangentes são inaceitáveis e desagradáveis para nós. Ele não defende a retirada de doutrinas abrangentes das tentativas hermenêuticas – ou, de fato, as objeções críticas – dos outros nem nos diz que a convergência normativa entre doutrinas abrangentes geralmente opostas é, em princípio, impossível. Na verdade, parece não só possível, mas desejável combinar o princípio de tolerância com um apelo para a abertura hermenêutica e para a troca crítica e livre de constrangimentos entre doutrinas abrangentes mutualmente opostas, uma vez que, por razões já indicadas, uma tal interpretação deliberativa (no sentido de transformatória) do princípio de tolerância adequa-se bem a "quem somos".

Uma segunda razão para rejeitar a interpretação de Rawls do "fato do pluralismo racional" (junto com a concepção de tolerância que o acompanha), é a de que ela está em desacordo com o ideal de autonomia pessoal que, por sua vez, é um elemento normativo chave de "quem somos". O valor dessa autonomia é às vezes disputado por pensadores comunitaristas e feministas. A meu ver, entretanto, suas críticas aplicam-se somente a certas *interpretações* do ideal de autonomia e não oferecem nenhuma razão que obrigue sua rejeição como um ideal. Em outro lugar, argumentei a favor de uma reconceitualização da autonomia pessoal que coloca em tela as objeções válidas levantadas pelas feministas e outros pensadores (COOKE, 1999b). Mais importante para nossos propósitos atuais é dizer que, em minha proposta, a autonomia pessoal envolve uma orientação em direção a concepções avaliativas do "bem". Através de sua conexão com a "avaliação forte" (*strong evaluation*) (TAYLOR, 1985) é conferida à autonomia uma intrepretação intersubjetivista: ela requer uma *accountability* racional concernente a concepções individualmente sustentadas de bem viver. O ator individual que aspira à autonomia precisa estar disposto e ser capaz de relatar aos outros, de maneira racional, suas avaliações fortes sustentadas subjetivamente. Ao fazer isso, essa noção intersubjetivista de autonomia apela para uma concepção de validade que não pode ser entendida de uma maneira puramente subjetivista, mas tem um momento "objetivo", que transcende o contexto. Contudo, sob as condições da modernidade, descobrir a "objetividade" das avaliações fortes é consideravelmente complicado, por causa da ausência de padrões atemporais e universalmente conhecidos para a validade de um julgamento. A "objetividade", se ela é realmente possível, agora tem que ser construída de uma maneira antifundacionista e contextualista. Isso acarreta o reconhecimento do caráter contextualizado e essencialmente falível da razão e sugere a necessidade de um engajamento crítico com todos os argumentos relevantes promovidos em processos intersubjetivos de deliberação racional livres de constrangimentos. Assim, por causa de sua conexão com a avaliação forte, a autonomia pessoal tem uma dimensão intersubjetiva inerente, que convida os indivíduos a expor suas concepções avaliativas sustentadas subjetivamente ao desafio racional imposto pelos outros. Esse aspecto da autonomia pessoal requer, por sua vez, uma concepção de privacidade como um espaço que é essencialmente permeável (COOKE, 1999a). A demarcação que Rawls faz entre o público e o não público, que garante proteção contra um criticismo não solicitado a doutrinas abrangentes, ameaça os aspectos intersubjetivos de ação ética e, como consequência, não se adequa bem à noção de autonomia pessoal, que é um elemento normativo chave de "quem somos".

Por razões mencionadas na seção anterior, o modelo de Habermas é superior ao de Rawls em sua interpretação do "fato do pluralismo racional", pois permite uma troca produtiva entre visões éticas opostas e uma possível modificação destas. Pela mesma razão, o modelo de Habermas adequa-se melhor ao aspecto intersubjetivo da autonomia ética, que expõe doutrinas abrangentes ao desafio na base de boas razões e permite uma concepção de privacidade que não imuniza nenhum tópico contra a tematização no debate público.

(c) Rawls requer uma concepção de autonomia pessoal que ele explicitamente rejeita como uma base aceitável para sua concepção política de justiça. O autor fornece a seus cidadãos dois poderes morais, uma capacidade para um sentido de justiça e uma capacidade para uma concepção do "bem" (RAWLS, 1993, p. 18-20, 103-104). De maneira correspondente, eles são tanto razoáveis quanto racionais: os cidadãos são agentes racionais que desejam para seu próprio bem um mundo social no qual eles possam, enquanto agentes livres e iguais, cooperar com os outros em termos que todos possam aceitar. Além disso, eles devem estar prontos para discutir os termos justos que os outros propõem. Eles também são agentes racionais que possuem a capacidade de formular, revisar e perseguir racionalmente uma concepção de sua vantagem racional ou "bem" (RAWLS, 1993, p. 49-52). Contudo, segundo Rawls, tais agentes não são pessoalmente autônomos. Ele insiste que sua concepção política baseia-se somente em uma ideia de autonomia *política*. Ele não afirma o valor moral da autonomia pessoal, pois fazer isso ameaça o constrangimento da reciprocidade (RAWLS, 1993, p. 98-99; RAWLS, 1997b, p. 778). Isso acontece porque "muitos cidadãos de fé rejeitam [o valor moral da] autonomia [pessoal] como parte de seu modo de vida" e, desse modo, não podem racionalmente aceitá-la como parte de uma concepção política de justiça (RAWLS, 1997a, p. 132-133).

Não é fácil perceber o sentido da objeção de Rawls em afirmar o valor moral da autonomia pessoal como parte de sua concepção política de justiça. Em particular, não é fácil entender sua afirmação de que muitos "cidadãos de fé" a rejeitam. Essa afirmação é enigmática, pois está claro que o ideal de autonomia pessoal é incompatível somente com *certos tipos* de fé religiosa. Mais especificamente, ele é incompatível somente com doutrinas que negam que a autoridade divina tenha de passar pelo filtro da razão humana, que os seres humanos sejam agentes morais únicos capazes de trocar razões e que todos os seres humanos sejam iguais nesse aspecto. É difícil imaginar como cidadãos racionais, assim como definidos por Rawls, poderiam negar quaisquer desses princípios; consequentemente, é difícil entender por que agentes "abertos à razão" e racionais, que também são "cidadãos de fé", podem achar inaceitável o ideal da autonomia. Essa dificuldade é composta pelo fato de que a convicção religiosa em si mesma não é vista por Rawls como um impedimento para a aceitação de seus princípios políticos. Na verdade, um dos principais pontos de seu liberalismo político é mostrar que não é preciso haver conflito entre a fé religiosa e os princípios políticos de justiça, contanto que somente as doutrinas religiosas em questão sejam "abertas à razão" (Rawls, 1997b, p. 780-783). Ele também está certo acerca do que isso acarreta. Esse ponto pode ser visto através de seu "exemplo perfeito de um consenso que se sobrepõe" (*overlapping consensus*), no qual ele distingue entre convicções religiosas "razoáveis" e "não razoáveis". Ao fazer referência ao trabalho de Abdullahi Ahmed An-Na'im, Rawls mostra como uma justificação Islâmica para o constitucionalismo pode sobrepor-se a justificações seculares e outras para endossar um regime constitucional (Rawls, 1997b, p. 782-783, nota 46). Aqui, o ponto principal que ele extrai do argumento de An-Na'im é que somente os ensinamentos de Maomé referentes ao início de Meca, e não os ensinamentos postariores de Medina, são compatíveis com argumentos que endossam uma democracia constitucional razoável, pois somente os ensinamentos de Maomé sustentam a igualdade de homens e mulheres e completam a liberdade de escolha sobre problemas da fé e da religião. Esse é um exemplo ambíguo de como algumas crenças religiosas abrangentes podem ser vistas como razoáveis, ou "abertas à razão", enquanto outras não.

Mais interessante para nossos propósitos atuais é que Rawls parece, nesse caso, conhecer a importância *psicológica* da consistência entre as doutrinas abrangentes dos cidadãos e os princípios políticos de justiça. Do contrário, sua insistência de que um consenso sobreposto (*overlapping consensus*) é possível somente entre aqueles que sustentam doutrinas abrangentes razoáveis não faria nenhum sentido (Rawls, 1997b, p. 800-803). Além disso, poderíamos esperar que ele reconhecesse uma necessidade psicológica semelhante para a consistência entre o ideal normativo de ação que sustenta sua concepção de autonomia política e os vários ideais normativos de ação afirmados pelos cidadãos em suas vidas "não públicas". Uma vez que ele não faz isso, precisamos procurar alguma explicação.

Uma possibilidade é a de que Rawls não percebe nenhuma falta de consistência. Sua posição pode ser a de que os atributos da ação pressupostos pela noção de autonomia política sejam suficientemente consistentes com os atributos da ação que seus cidadãos afirmam em suas vidas "não públicas". Então, não haveria nenhum hiato ou discrepância do tipo indicado e, assim, nenhum problema psicológico importante. Contudo, as declarações explícitas de Rawls com relação ao efeito de que seus cidadãos não precisam valorizar a autonomia pessoal parece excluir essa interpretação. O problema também não pode ser encerrado como uma simples querela sobre o significado da autonomia pessoal. Embora haja muitas interpretações desse ideal, há certas convicções centrais comuns a todas as concepções de autonomia (COOKE, 1999b). Uma das convicções menos controversas é a de que os próprios seres humanos precisam ser capazes de sustentar suas concepções do "bem", ou seja, ter boas razões para sustentá-las. Mencionei anteriormente que, sob as condições da modernidade, essa convicção se tornou o que chamei de *accoutability* racional: uma prontidão em providenciar razões que sustentem as demandas dos indivíduos se elas forem desafiadas. Podemos notar que Rawls oferece uma formulação de autonomia *política* que apela para a necessidade de uma justificação racional (embora não nos termos do requerimento da *accoutability* racional): a autonomia política requer que os cidadãos sejam amplamente capazes de aprovar a constituição e as leis a que estão sujeitos (RAWLS, 1995, p. 155). Em outras palavras, quando seus cidadãos "vestem a camisa" política e assumem seus papéis de parceiros públicos na troca de razões, eles são guiados pela ideia normativa de razoabilidade – pela visão de que o fato de serem capazes de justificar racionalmente a validade das leis que governam as suas vidas é importante. Contudo, Rawls está quase certo de que essa ideia normativa não necessita funcionar nas vidas não públicas de seus cidadãos. Quando esses "tiram a camisa" política e voltam-se para os seus vários papéis na vida não pública, eles são chamados somente a serem racionais (no sentido de Rawls). Reconhecidamente, é esperado que eles possuam uma *capacidade* para a troca de razões, mas isso, presumivelemente, pode permanecer adormecido na vida não pública. Podemos nos lembrar que a "racionalidade", assim como definida por Rawls, não requer que os agentes justifiquem suas demandas de validade para ninguém, nem mesmo para eles próprios. Na verdade, vimos que, nessa abordagem, agentes racionais e "abertos à razão" podem mesmo ter razões morais (por exemplo, razões religiosas) para *rejeitar* a ideia normativa de justificação racional com relação às concepções de validade que sustentam em suas vidas não públicas.

A partir do que foi acima exposto, fica evidente que Rawls considera um possível hiato entre os atributos da ação valorizada pelos cidadãos quando estão agindo ou trocando razões publicamente e aquelas que são estimadas quando eles agem ou trocam razões de maneira não pública. Além disso, ele parece imperturbável por isso. A meu ver ele está errado em não se preocupar. Na seção anterior, critiquei seu erro em não levar a sério as dificuldades psicológicas (e concomitantes problemas morais dentre outros) que começam quando os cidadãos são chamados a oferecer diferentes tipos de razões enquanto interlocutores de uma deliberação pública, que são diferentes daquelas que eles desejam oferecer como razões não públicas. Uma crítica parecida pode ser feita aqui. Na medida em que os cidadãos de Rawls afirmam o valor da autonomia política enquanto rejeitam o valor não público paralelo, eles serão "*selfs* divididos" com os problemas psicológicos, entre outros, que isso acarreta. Contra esse fato, Rawls poderia argumentar que nenhuma dificuldade psicológica séria inicia-se com a "divisão". Mas tal argumento seria ameaçado pelo fato de que ele, em outro lugar, parece conhecer a necessidade de uma consistência psicológica: a ideia de um consenso sobreposto (*overlapping consensus*) tem como premissa a necessidade dos cidadãos de perceber uma compatibilidade entre princípios políticos e suas doutrinas abrangentes.

Em suma, Rawls corre o risco de ter problemas se ele não atribuir um compromisso com a autonomia pessoal a seus cidadãos, ao passo que nenhum problema óbvio aparecerá caso ele não faça isso. Pois, como sabemos, Rawls não vê nenhum conflito, a princípio, entre fé religiosa e princípios políticos. Além disso, a objeção de que isso iria tornar sua concepção política de justiça desnecessariamente excludente não é convincente, pois ela parece desprezar o fato de que a concepção de Rawls *já* exclui aqueles que não são "abertos à razão" (razoáveis). Na verdade, isso parece implicar que uma concepção não excludente da justiça política é possível, mas contra isso pode ser argumentado que *todos* os sistemas políticos são excludentes em algum nível. Se esse argumento está correto, então é mais importante referir-se aos problemas morais e a outros tipos de problemas que resultam da exclusão social e política do que reclamar da falha de uma dada concepção em estar à altura de um ideal impossível (COOKE, 1997b). Em suma, a concepção política de justiça de Rawls pode somente beneficiar-se do reconhecimento explícito de que os cidadãos precisam reconhecer o valor da autonomia pessoal e da autonomia política. Isso não significa, é claro, que eles têm de aceitar uma interpretação da autonomia que se baseia em uma imagem atomicista, voluntarista ou, por outro lado, desacreditada da ação humana (COOKE, 1999b).

A concepção de Habermas é superior à de Rawls também nesse terceiro aspecto. Em sua teoria não há nenhuma tensão entre o compromisso dos cidadãos com o ideal de autonomia política e suas concepções normativas da ação humana. Ele define a autonomia política em termos da capacidade dos cidadãos de "verem a si mesmos conjuntamente como autores das leis a que estão sujeitos enquanto destinatários individuais" (HABERMAS, 1995, p. 130). A autonomia política enquanto autoria é apresentada como cooriginária de uma concepção de autonomia privada, e pressuposta por ela, no centro da qual está uma noção normativa de ação humana como racionalmente *accountable* (HABERMAS, 1995, p. 126-131; HABERMAS, 1996, p. 127-131; COOKE, 1992).

Existem, somadas a isso, razões externas à teoria de Rawls para o reconhecimento da conexão entre a democracia deliberativa e a autonomia pessoal. Na última seção, mencionei uma razão independente para preferirmos o modelo de democracia que é guiado por uma concepção normativa da ação humana, enquanto pessoalmente autônoma. Ela é preferível, porque tal concepção da ação é um elemento normativo chave da história e das tradições ocidentais, e das concepções do *self* e de bem viver que delas emergiram. Nas palavras de Habermas, esse é o núcleo "dogmático" do paradigma deliberativo (HABERMAS, 1996, p. 445-450). Podemos notar que, com essa formulação, Habermas explicitamente aproxima-se da quinta estratégia argumentativa: sua explicação para o porquê de tal dogmatismo ser inofensivo é que ele meramente expressa a ideia de que a autonomia não é um problema de escolha para nós que desenvolvemos nossas identidades em formas socioculturais particulares de vida.

(d) Ao comentar sobre o terceiro aspecto no qual o modelo de democracia deliberativa de Rawls é menos preferível que o de Habermas, eu já antecipei o quarto aspecto, que tem a ver com o ideal de autonomia política. Eu afirmo que o modelo de Rawls produz uma concepção de autonomia política que é menos congruente com "quem somos" em dois aspectos principais. Primeiro, pelo fato de que ele limita o exercício da autonomia política a problemas pertencentes à "estrutura básica", ou seja, a fundamentos constitucionais e questões de justiça básica. Segundo, porque o exercício da autonomia política é visto por Rawls, em princípio, como "monológico", ou seja, não é internamente dependente do processo de deliberação pública. Uma vez que essas duas objeções reiteram argumentos desenvolvidos anteriormente no que diz respeito a outros aspectos da teoria de Rawls, não há necessidade de dizer muito sobre eles aqui. Contudo, para preservarmos a coerência argumentativa do texto, citarei brevemente os principais pontos críticos, novamente em contraposição à concepção de Habermas.

Rawls e Habermas compartilham uma interpretação da autonomia política enquanto autoria. Os cidadãos são politicamente autônomos quando são capazes de se verem coletivamente como autores das leis às quais estão sujeitos enquanto indivíduos por elas concernidos. Embora a metáfora da autoria seja encontrada mais frequentemente no trabalho de Habermas, ela também é sugerida pelas várias formulações de autonomia política feitas por Rawls, por exemplo, aquelas em que ele define os cidadãos como politicamente autônomos quando eles aprovam amplamente a constituição e as leis às quais estão sujeitos; além disso, Rawls parece aceitar a metáfora da autoria quando comparamos sua concepção de autonomia política à de Habermas (HABERMAS, 1995, p. 130; HABERMAS, 1996, p. 126; RAWLS, 1995, p. 153-155). Entretanto, apesar desse aparente acordo, existem duas diferenças significantes entre suas concepções. Em todo caso, a concepção de Habermas pode ser vista como preferencial, no sentido de que ela é mais congruente com as concepções normativas do conhecimento, do *self* e de bem viver que são parte do horizonte valorativo da modernidade ocidental.

Primeiro, a concepção de Rawls confere um espaço mais limitado para a autoria política. Os cidadãos são julgados politicamente autônomos se são capazes de expressar seu interesse na autoria com relação a fundamentos constitucionais e problemas de justiça básica. A autoria em outras áreas da vida social (por exemplo, na área de elaboração de políticas públicas ou de formação da opinião pública informal, sem mencionar as muitas associações da sociedade civil) é vista como irrelevante. Contrariamente, Habermas estende o interesse pela autoria para *todas* as áreas da tomada de decisão democrática e formação da opinião – para problemas em discussão nos domínios informalmente organizados da esfera pública, assim como para órgãos mais formais do governo. Se, como afirmei anteriormente, o ideal de autonomia com o seu valor central de *accountability* racional é uma concepção normativa chave na modernidade ocidental, então um modelo de política que coloca o valor em seu exercício máximo em todas as áreas da vida social adequa-se melhor a "quem somos". Isso constitui uma razão para preferirmos a concepção de autonomia política de Habermas em detrimento da de Rawls.

Segundo, a concepção de autonomia política de Rawls não possui explicitamente nenhuma componente deliberativa. Como vimos, o ideal normativo de autoria requer que os cidadãos sejam capazes de aprovar a razoabilidade de uma lei ou proposta política. Contudo, na abordagem de Rawls, tal aprovação não tem que ser o resultado de um processo público de deliberação, mas pode acontecer "monologicamente", isto é, pode ser feita por cada cidadão privadamente. Em contraposição, ao menos na leitura que favoreço, a concepção de autonomia política de Habermas está diretamente ligada ao atual processo de deliberação pública. Na verdade, pelo menos duas diferentes interpretações da concepção de Habermas são possíveis aqui: uma que liga a autonomia política à racionalidade (epistêmica) dos *resultados* democráticos e outra que a liga ao *processo* de deliberação pública.

Na quarta seção, discuti alguns problemas derivados da visão de Habermas de que os procedimentos deliberativos contribuem construtivamente para a racionalidade epistêmica dos resultados da deliberação democrática. Tais problemas serão encontrados em qualquer interpretação da autonomia política que a conecta conceitualmente à validade epistêmica dos resultados democráticos. Por essa razão, quero evitar uma leitura da concepção de autonomia política de Habermas que a define em tais termos. Em uma leitura alternativa, a autonomia política é definida em termos da *participação* em processos atuais de legislação e tomada de decisão política. O ideal de autoria requer que os cidadãos sejam capazes de aceitar leis e políticas como válidas através das razões que eles próprios podem aceitar como válidas. Podemos dizer que a autonomia política como concebida por Habermas almeja a convergência mais próxima possível entre a legitimidade e a justificação (Rawls, 1995, p. 175-176). A deliberação pública é necessária a fim de maximizar essa convergência, pois ela tem a preocupação de encontrar as leis, os princípios e as políticas públicas que possam ser justificadas como mais apropriadas. Dada a ausência de padrões autoritários para o julgamento de tais justificações, os cidadãos não possuem nenhum meio de saber se as leis, os princípios e as políticas que são eventualmente acordados – através do voto ou de outro mecanismo – são ou não epistemicamente válidos. Apesar disso, a deliberação pública *almeja* descobrir o que está objetivamente correto em um dado contexto (mesmo se não houver nenhum modo de saber se isso foi alcançado) e é necessária pelos tipos de razões mencionados por Benhabib: facilitar a troca de informações, para o ordenamento coerente de preferências e para ampliação da mentalidade. Esse é o sentido no qual a deliberação pública é um processo cognitivo. Os cidadãos se engajam nesse exercício cognitivo porque eles têm um interesse na autoria política, ou seja, em minimizar o hiato entre a legitimidade e a justificação. Contudo, é o *processo,* e não os resultados da deliberação pública, que é o "lugar" da autonomia política.

Assim, em contraposição ao que a própria Benhabib sugere, a dimensão cognitiva da deliberação pública não pode ser explicada em termos de procedimentos democráticos (nem, de fato, como ela e Habermas às vezes sugerem, em termos de seus resultados democráticos): a dimensão cognitiva torna-se inteligível somente através da referência ao *processo* da deliberação democrática. Ligada a isso está a concepção normativa de autonomia política, que convida os cidadãos a procurarem pelas melhores justificativas para as leis, os princípios e as políticas que governam suas vidas e a procurar essas justificativas por meio de processos de deliberação pública. O desejo de buscar processos públicos de justificação racional – o que chamei de *accountability* racional – é, então, o coração da democracia deliberativa. Se, como argumentei anteriormente, o ideal deliberativo de democracia adequa-se melhor a "quem somos", isso se deve a sua ênfase na *accountability* racional, e não porque ele oferece a visão de uma harmonia ética perfeita que sustenta a esperança de que os desentendimentos éticos podem, algum dia, finalmente ser superados.

## Conclusão

A discussão empreendida anteriormente possuía dois objetivos principais: primeiro, mostrar que, mesmo fortes, argumentos a favor da democracia deliberativa (como, por exemplo, o argumento "educativo" e o argumento relativo à capacidade de "gerar comunidade") dependem, no final, de um quinto argumento: de que princípios da democracia delibera-tiva incorporam concepções normativas de conhecimento, do *self* e de bem viver que são mais congruentes com "quem somos". Com relação a esse primeiro objetivo, percebo três outras tarefas como particularmente importantes: (a) defender de maneira mais adequada a centralidade das concepções normativas de conhecimento, do *self* e de bem viver por mim identificadas através de uma convicente explicação do porquê de elas terem sido frequentemente desprezadas na história da modernidade ocidental, notavelmente no último século pelo Nacional Socialismo e pelo Fascismo; (b) explicar como uma estratégia contextualista do tipo por mim proposta pode evitar a redução de padrões normativos de validade a meras prefe-rências culturais (COOKE, 2000) e (c) defender mais adequadamente o ideal deliberativo de democracia por meio da revelação de que os perigos dos quais é vítima – em particular a manipulação de processos públicos de deliberação por propósitos estratégicos setoriais – não ameaçam seus princípios básicos, mas, pelo contrário, podem ser abordados e respondidos através da própria concepção deliberativa.

O segundo objetivo deste artigo foi mostrar como a quinta estratégia argumentativa pode ser utilizada para demandar a superioridade de certos modelos de democracia deliberativa e para expor a fragilidade dos outros modelos. Embora tenha me atido à discussão dos respectivos méritos de apenas duas das concepções de democracia deliberativa comumente disponíveis, minha tese, é claro, vai mais além. No meu ponto de vista, a quinta estratégia argumentativa pode ser usada como uma base para examinarmos criticamente todas as outras concepções contemporâneas e para decidirmos entre elas, se necessário. Essa estratégia provê uma base, por exemplo, para rejeitar certas concepções "comunitaristas" referindo-se ao fato de que elas não consideram o valor da autonomia pessoal, ou para rejeitar certos modelos "liberais", baseando-nos na constatação de que estes postulam liberdades individuais que são concebidas não como direitos políticos, mas como algo antecedente aos processos de deliberação política e para sempre removido destes. Assim, a quinta estratégia argumentativa não é somente a melhor defesa disponível da democracia deliberativa, ela pode ser bem utilizada em debates contemporâneos a respeito dos méritos de interpretações divergentes do ideal deliberativo.

## Referências

ARENDT, H. *On Violence*. London: Allen Lane, Penguin Press, 1970.

BARBER, B. *Strong Democracy*. Berkeley: University of California Press, 1984.

BENHABIB, S. Toward a Deliberative Model of Democratic Legitimacy. In: *Democracy and Difference*. Princeton: Princeton University Press, 1996.

COHEN, J. Deliberation and Democratic Legitimacy. In: BOHMAN, J.; REHG, W. (Ed.). *Deliberative Democracy*. Cambridge MA: MIT Press, 1997.

COHEN, J. Procedure and Substance in Deliberative Democracy. In: BENHABIB, S. (Ed.). *Democracy and Difference*. Princeton: Princeton University Press, 1996.

COOKE, M. Are the ethical conflicts irrecililable? *Philosophy and Social Criticism*, n. 23, v. 2, p. 1-19, 1997a.

COOKE, M. A space of one's own: autonomy, privacy, liberty. *Philosophy and Social Criticism*, v. 1, n. 25, p. 23-53, 1999a.

COOKE, M. Authenticity and autonomy: Taylor, Habermas and the politics of recognition. *Political Theory*, v. 2, n. 25, p. 258-88, 1997b.

COOKE, M. Between "objectivism" and "contextualism": the normative foundations of social philosophy. *Critical Horizons*, n. 2, v. 1, 2000.

COOKE, M. Five Arguments for Deliberative Democracy. *Political Studies*, v. 48, p. 947-969, 2000b.

COOKE, M. Habermas, Autonomy and the identity of the self. *Philosophy and Social Criticism*, v. 3/4, n. 18, p. 269-91, 1992.

COOKE, M. Habermas and consensus. *European Journal of Philosophy*, v. 3, n. 1, 247-267, 1993.

COOKE, M. Questioning autonomy: the feminist challenge and the challenge for feminism. In: KEARNEY, R.; DOOLEY, M. (Ed.). *Questioning Ethics*. London: Routledge, 1999b.

DWORKIN, R. *Law's Empire*. Cambridge, MA: Harvard University Press, 1986.

ESTLUND, D. Beyond Fairness and Deliberation: the Epistemic Dimension of Democratic Authority. In: BOHMAN, J.; REHG, W. (Ed.). *Deliberative Democracy*. Cambridge, MA: MIT Press, 1997.

HABERMAS, J. *The Theory of Communicative Action*. v. 2. Boston: Beacon Press, 1987.

HABERMAS, J. Struggles for Recognition in Constitutional States. *European Journal of Philosophy*, v. 1, n. 2, p. 128-55, 1993.

HABERMAS, J. Three Normative Models of Democracy. *Constellations*, v. 1, n. 1, p. 1-10, 1994.

HABERMAS, J. Reconciliation Through the Public use of Reason. *Journal of Philosophy*, XCII (3), p. 109-131, 1995.

HABERMAS, J. *Between Facts and Norms*. Cambridge, MA: MIT Press, 1996.

McCARTHY, T. Kantian Constructivism and Reconstructivism: Rawls and Habermas in dialogue, *Ethics*, 105, p. 44-63, 1994.

MILL, J. S. Representative Government, In: *Utilitarianism, On Liberty, and Considerations on Representative Government*. London: Dent, 1972.

RAWLS, J. Kantian Constructivism in Moral Theory, *Journal of Philosophy*, LXXVII, n. 9, p. 517-572, 1980.

RAWLS, J. *Political Liberalism*. New York: Columbia University Press, 1993.

RAWLS, J. Reply to Habermas, *Journal of Philosophy*, XCII, n. 3, 132-180, 1995.

RAWLS, J. The Idea of Public Reason. In: BOHMAN, J.; REHG, W. (Ed.). *Deliberative Democracy*. Cambridge MA: MIT Press, 1997a.

RAWLS, J. The Idea of Public Reason Revisited. *The University of Chicago Law Review*, n. 64, v. 3, p. 765-807, 1997b.

RORTY, R. Idealizations, Foundations, and Social Practices. In: BENHABIB, S. (Ed.). *Democracy and Difference*. Princeton: Princeton University Press, 1996.

ROUSSEAU, J. J. The Social Contract. In: COLE, G. D. H. (Ed.). *The Social Contract and Discourses*. London: Dent, 1973.

TAYLOR, C. Cross Purposes: the Liberal-Communitarian Debate. In: ROSENBLUM, N. (Ed.). *Liberalism and the Moral Life*. Cambridge MA: Harvard University Press, 1989.

TAYLOR, C. *Philosophical Papers*. New York: Cambridge University Press, 1985. v. 2.

# Parte II

## O processo deliberativo na prática

**O estudo empírico de embates discursivos nas esferas institucionais e nos espaços informais de conversação cotidiana**

# Democracia deliberativa para além do processo[1]

*Amy Gutmann e Dennis Thompson*

Teorias da democracia deliberativa consistem em um conjunto de princípios que pretendem estabelecer termos justos de cooperação política em uma sociedade democrática. Alguns teóricos acreditam que os princípios deveriam referir-se somente aos processos de tomada de decisões políticas no governo ou na sociedade civil.[2] Os princípios da democracia deliberativa, argumentam eles, não deveriam prescrever o conteúdo das leis, mas somente os procedimentos (tal como o sufrágio universal) através dos quais as leis são feitas, e as condições (tal como o discurso político livre) necessárias para que os procedimentos operem de forma justa. Esses teóricos, os quais chamamos de procedimentalistas puros, insistem que a teoria democrática não deveria incorporar princípios substantivos como a liberdade individual ou a igual oportunidade, os quais, entre outros, seriam necessários à constituição de um processo democrático justo. Eles não negam que os princípios substantivos, tais como a liberdade de religião, a não discriminação ou o tratamento básico de saúde, são importantes, mas eles desejam manter esses princípios fora de suas teorias democráticas.

---

[1] "Deliberative Democracy Beyond Process". Originalmente publicado em *The Journal of Political Philosophy* (GUTMAN; THOMPSON, 2002). Texto traduzido com a permissão dos autores e da Blackwell editora. (N.T.).

[2] De acordo com HABERMAS (1993, p. 94), "Todos os conteúdos, não importa quão fundamental possa ser a norma de ação envolvida, precisam ser feitos para depender de discursos reais (ou de discursos advocatórios conduzidos como substitutos para eles)". Para comentários e outras citações, ver nossa discussão em GUTMANN e THOMPSON, 1996, p. 17-18. Outros teóricos que estariam mais inclinados a limitar a democracia deliberativa a considerações acerca do processo são, além disso, críticos em relação à inclusão de princípios substantivos na teoria acerca da democracia deliberativa. Podemos citar: KNIGTH, 1999, p. 159-169; SUNSTEIN, 1999, p. 147-148; YOUNG, 1999, p. 151-158. Para nossa réplica, ver GUTMANN e THOMPSON, 1999, p. 261-268.

Argumentamos que esse esforço de manter a teoria democrática procedimentalmente pura é falho e que qualquer teoria adequada precisa incluir tanto princípios substantivos quanto procedimentais. Nossa própria teoria, apresentada no livro *Democracy and Disagreement*, oferece tal abordagem: ela inclui princípios substantivos (como a liberdade básica e a oportunidade justa) que estende a justiça às pessoas (para o bem da reciprocidade, respeito mútuo, ou da própria justiça). Princípios de liberdade básica e de igual oportunidade podem ser defendidos em muitas bases substantivas. No livro acima indicado, construímos nosso argumento a partir de um princípio amplamente reconhecido de reciprocidade ou de justificação mútua entre pessoas que se encontram vinculadas pelas leis da democracia.

Mas nosso argumento aqui não depende da aceitação de toda a teoria exposta nesse livro, nem mesmo das bases específicas da reciprocidade sobre as quais assentamos os princípios. Desejamos manter que, em um amplo espectro de bases disponíveis, os princípios deliberativos precisam ser tanto substantivos quanto procedimentais. Uma teoria democrática que evita os princípios substantivos para que permaneça puramente procedimental sacrifica um valor essencial da própria democracia: seus princípios não podem assegurar um tratamento dos cidadãos do modo como pessoas livres e iguais deveriam ser tratadas – ou seja, de modo justo, recíproco ou com respeito mútuo – em uma sociedade democrática na qual as leis vinculam a todos igualmente.

Procedimentalistas puros elaboram dois tipos de argumentos contra a inclusão de princípios substantivos – um a partir da autoridade moral e o outro a partir da autoridade política. O primeiro sustenta que o julgamento moral de cidadãos democráticos, não de teóricos democráticos, deve determinar o conteúdo das leis. Uma teoria que contém princípios substantivos esvazia de maneira prévia e inapropriada a autoridade moral dos cidadãos. O segundo argumento sustenta que os princípios substantivos, de modo similar, esvaziam previamente a soberania política dos cidadãos, a qual deveria ser exercida não através de uma hipotética troca argumentativa teórica, mas por meio de um processo democrático atual de tomada de decisão. Uma teoria que contém princípios substantivos constrange indevidamente o processo democrático de tomada de decisão, incluindo o próprio processo de deliberação.

Colocamo-nos contra ambos esses argumentos e defendemos a inclusão de princípios substantivos em uma teoria da democracia deliberativa. Concordamos com esses teóricos que apontam que meros procedimentos como a regra da maioria não podem justificar resultados que são injustos em relação aos princípios substantivos. Mas esses teóricos geralmente negligenciam o valor substantivo presente nos procedimentos e assumem que um resultado é justificável se ele simplesmente está de acordo com seus princípios substantivos.

De qualquer modo, nosso principal argumento contra o procedimentalismo puro não é o mesmo que a famosa objeção de que procedimentos podem produzir resultados injustos, embora aceitemos essa objeção. Também argumentamos em defesa da inclusão de princípios substantivos na teoria democrática por uma outra razão, geralmente negligenciada. Esses princípios deveriam ser incluídos para que a teoria pudesse reconhecer explicitamente que tanto os princípios substantivos quanto os procedimentais estão sujeitos à contestação de maneiras similares. Uma demanda crítica em nossa defesa de uma teoria democrática deliberativa que seja, ao mesmo tempo, procedimental e substantiva é a de que os princípios devem ser tratados como moral e politicamente provisórios. Essa provisoriedade se deve, em grande parte, à deliberação. Tanto princípios procedimentais quanto substantivos estão sistematicamente abertos à revisão durante um processo de deliberação moral e política. Se os princípios são entendidos dessa forma, as objeções usuais contra a inclusão de princípios substantivos perdem sua força. O *status* provisório de todos esses princípios constitui, então, uma força distinta da teoria da democracia deliberativa e, ao mesmo tempo, oferece aos democratas deliberativos uma resposta efetiva àqueles que gostariam de excluir os princípios substantivos da teoria democrática.

Embora nos concentremos aqui em mostrar os problemas com a forma de puro procedimentalismo, que justifica os resultados políticos somente através do critério procedimental, nossas críticas mais gerais também se aplicam contra qualquer tentativa de segregação entre os princípios procedimentais e substantivos em teorias separadas. Teóricos que julgam parcialmente esses resultados por meio de princípios substantivos de justiça são ainda procedimentalistas puros (com respeito às suas teorias democráticas) se assumem que os procedimentos democráticos podem ser justificados sem referência a algum dos mesmos valores substantivos expressos por seus princípios de justiça. Nosso argumento pretende mostrar que esse tipo de separação brusca entre princípios e teorias procedimentais e substantivas não pode ser sustentado.

A fim de ilustrar alguns dos pontos principais do argumento pela inclusão dos princípios procedimentais e substantivos na teoria democrática deliberativa, utilizamos um caso envolvendo uma deliberação sobre cuidados com a saúde no Reino Unido. Em 1999, o governo britânico criou um novo corpo deliberativo, o Instituto Nacional de Excelência Clínica

(*National Institute for Health and Clinical Excellence* – NICE), cujo papel era o de providenciar acesso a tratamentos e diretrizes clínicas a serem utilizados pelo Serviço Nacional de Saúde (*National Health Service* – NHS).[3] O ímpeto para o novo Instituto surgiu do amplo reconhecimento de que o NHS não podia conseguir fundos para todas as necessidades da saúde e precisava encontrar um caminho para tomar suas decisões mais difíceis de uma maneira mais pública e deliberativa. Através da criação de um corpo deliberativo responsável pelo processo de tomada de decisão, que incluía entre seus membros especialistas e leigos, o governo britânico pôde ter tido também a esperança de que isso poderia dissipar algumas das controvérsias sobre as escolhas difíceis que deviam ser tomadas. Mas sem a mínima surpresa, pouco tempo depois de sua criação, o próprio NICE passou a ser criticado no fórum deliberativo formado pela Casa dos Comuns (*House of the Commons*).[4] Juntos, esses momentos de deliberação – os procedimentos do NICE e o debate ocorrido na Casa dos Comuns sobre o NICE – são mais apropriados para nossos propósitos que os casos dos Estados Unidos. Eles envolvem uma preocupação com a institucionalização da deliberação por todo o país sobre as prioridades da área da saúde de um modo que os Estados Unidos tentaram em apenas alguns Estados. Além disso, a deliberação tem lugar em uma nação na qual os princípios de justiça voltados para a saúde estão mais próximos da satisfação do que nos Estados Unidos e também coloca um grande desafio à nossa demanda de que tais princípios são necessários em qualquer teoria adequada da democracia deliberativa. Se uma teoria precisa de princípios substantivos quando aplicada no campo da saúde no Reino Unido, então, consequentemente, ela deveria precisar deles quando aplicada a questões similares nos Estados Unidos.

## Por que a reciprocidade requer deliberação?

Para determinar que tipos de princípios pertencem à uma teoria da democracia deliberativa, precisamos considerar primeiro o significado e as implicações do princípio fundamental de reciprocidade. A reciprocidade é amplamente reconhecida como princípio central da democracia em suas muitas variações morais – liberal, constitucional, procedimental, e deliberativa –, mas grande parte das teorias não conferem a ela o papel central que ocupa na democracia deliberativa. A reciprocidade assegura que os cidadãos

---

[3] Para conhecer os proferimentos feitos pelo novo diretor do NICE, Michael Rawlins, ver HORTON, 1999, p. 1028-1029 e YAMEY, 1999, p. 1222.

[4] Órgão equivalente à Câmara dos Deputados no Brasil. (N.T.).

devem uns aos outros justificativas para as leis e as políticas públicas que os vinculam mutuamente e que eles coletivamente elaboram. O objetivo de uma teoria que toma a reciprocidade seriamente é auxiliar as pessoas a chegarem a um acordo político na base de princípios que podem ser justificados a outros que compartilham o objetivo de chegar a esse entendimento.

A justificação mútua não significa somente oferecer razões a outras pessoas, ou mesmo oferecer razões que elas parecem inclinadas a aceitar (por exemplo, quando se encontram em uma posição frágil no processo de barganha). Ela significa providenciar razões que constituem uma *justificação* pelo fato de impor leis vinculatórias a outras pessoas. Que razões contam para essa justificação é, sem dúvida, uma questão substantiva. Padrões meramente formais para a justificação mútua – como um requerimento de que as máximas implicadas por leis sejam generalizáveis – não são suficientes. Se a máxima é utilizada para "maximizar o interesse individual ou o interesse de grupo", generalizá-la não assegura que a justificação seja mútua. Algo similar poderia ser dito sobre todos os outros potenciais candidatos a padrões formais. A justificação mútua requer referência a valores substantivos.

Podemos ver mais claramente por que a justificação mútua não pode proceder sem sustentar-se sobre valores substantivos, se imaginarmos qualquer conjunto de razões que poderia negar às pessoas oportunidades básicas, como o igual direito de voto e cuidados essenciais com a saúde. Mesmo que as razões satisfaçam padrões formais, elas não podem constituir uma justificação mútua, porque aqueles que são privados das oportunidades básicas poderiam rejeitá-las de uma forma racional. Negar o direito de voto a algumas pessoas é uma privação procedimental que se mostra inconsistente com a reciprocidade: não podemos justificar leis coercitivas à pessoas que não tiverem nenhuma participação em sua produção. Do mesmo modo, negar às pessoas cuidados (atendimentos) básicos de saúde é uma privação substantiva que não pode ser justificada aos indivíduos que deles precisam. O fato de que tais negações sejam inaceitáveis mostra que a justificação mútua não é nem puramente formal nem puramente procedimental.

Pelo fato de que tal negação de oportunidades básicas não pode ser mutuamente justificada, os princípios da teoria democrática precisam ser tanto procedimentais quanto substantivos. Uma teoria democrática cujos princípios permitiriam que algumas pessoas fossem desnecessariamente privadas de oportunidades básicas, como a saúde, não leva a sério o valor da justificação mútua implicada pelo princípio da reciprocidade. Além disso, tal teoria democrática não trata as pessoas como indivíduos livres e iguais.

Democracia deliberativa para além do processo

Embora defendamos o princípio fundamental da reciprocidade, esse princípio converge em suas implicações com o ideal de pessoas livres e iguais, o qual é a base de muitas teorias democráticas, e não só das deliberativas.

Os princípios de nossa teoria democrática deliberativa especificam os termos de cooperação que satisfazem a reciprocidade. Tais termos são similares ao que John Rawls chama de "termos justos da cooperação social". Mas o conteúdo procedimental e substantivo desses termos irá variar de acordo com diferentes interpretações do que a reciprocidade requer. Uma teoria é "deliberativa" se os termos justos da cooperação social incluem o requerimento de que os cidadãos, ou seus representantes, realmente procuram oferecer uns aos outros razões mutuamente aceitáveis para justificarem as leis que adotam. As razões, como vimos anteriormente, referem-se a valores tanto substantivos quanto procedimentais.

Embora a reciprocidade seja um valor fundamental na democracia deliberativa, ela não possui o mesmo papel que os primeiros princípios, como a utilidade ou a liberdade, possuem em teorias como o utilitarismo ou libertarianismo (*libertarianism*). Essas teorias derivam todos os seus outros princípios de seus primeiros princípios. A reciprocidade não é um princípio primeiro do qual deriva a justiça, mas sim um princípio regulatório que serve a dois papéis diferentes. Primeiro, ela guia o pensamento no processo pelo qual cidadãos e teóricos consideram o que a justiça requer no caso de determinadas leis em contextos específicos. Segundo, ela revela a necessidade de outros princípios para preencherem o conteúdo da teoria democrática deliberativa. A reciprocidade aponta para a necessidade do desenvolvimento de princípios como a publicidade, a *accountability*, a liberdade básica, a oportunidade básica e a oportunidade justa, as quais são necessárias para uma justificação mútua das leis. Como o primeiro papel desempenhado pela reciprocidade sugere, esses princípios devem ser desenvolvidos em um processo atual de justificação mútua.

Uma importante implicação da reciprocidade consiste no fato de que a deliberação democrática – o processo de troca mútua de razões – não é equivalente a justificativas hipotéticas propostas por algumas teorias do contrato social. Tais justificativas podem constituir parte da troca moral de razões às quais alguns cidadãos apelam, mas a troca de razões precisa sobreviver ao teste de uma deliberação atual se ela deseja instituir leis que realmente vinculem todos os cidadãos. Essa deliberação deve ter lugar não só nos lares privados dos cidadãos ou nos estudos de filósofos, mas também em fóruns públicos políticos. Nesse sentido, a teoria deliberativa propõe um ideal político que é dependente de um processo, mesmo que seu conteúdo não seja exclusivamente orientado pelo processo.

O requerimento que a deliberação atual põe em voga não é simplesmente um problema de tentar assegurar que os cidadãos sintam que seus pontos de vista foram levados em consideração, mesmo quando discordavam da solução. A deliberação política atual é requerida, em um determinado momento, para *justificar* uma lei diante de uma determinada sociedade pertencente a um tempo específico. O processo de troca de razões é necessário para declarar uma lei não somente como legítima, mas também como justa. O processo é necessário para assegurar que os princípios (substantivos ou procedimentais) que podem estar certos, de modo geral, estarão certos em um caso particular ou serão corretamente empregados nesse caso particular. Nenhuma quantidade de uma troca hipotética de razões pode apresentar todas as complexidades que são relevantes para determinar se uma lei é justificada em um tempo específico e em uma dada sociedade. Seria difícil decidir tendo como base qualquer princípio geral de oportunidade básica se, por exemplo, o NICE teve razão em negar um financiamento para uma nova droga antigripal (zanamivir) comercializada como *Relenza* pela companhia farmacêutica Glaxo-Wellcome.[5] O que ficaria faltando não seria simplesmente informação factual, mas o peso dos fatos e o equilíbrio dos valores no contexto de outras decisões relativas à saúde, ou a ela relacionadas, que representantes e cidadãos precisam tomar.

Pode ser frutífero pensar no requerimento da deliberação atual como análogo a uma característica de uma pesquisa científica. A reciprocidade está para a justiça na ética política como a réplica está para a verdade na ética científica. Uma descoberta verdadeira na ciência requer que ela seja posta à prova (*replicability*), o que demanda uma demonstração pública. Uma descoberta referente à justiça na ética política requer reciprocidade, a qual requer uma deliberação pública. A deliberação não é suficiente para estabelecer a justiça, mas ela, em algum ponto da história, é necessária. Assim como a réplica repetida é desnecessária, uma vez que a verdade de uma descoberta (como a lei da gravidade) foi amplamente confirmada, uma deliberação repetida é desnecessária, uma vez que um preceito de justiça (como a igual proteção sob as leis) foi extensivamente deliberado. A deliberação ainda pode ser desejável, claro, mesmo quando a justiça não a requer.

---

[5] Ver o texto "Nice appraisal of Zanamivir (Relenza)", que figura no site <http://www.nice.org.uk>. Para ter acesso a algumas das reações, ver MOORE, 1999, p. A19.

A própria prática da deliberação atual – oferecer razões justificáveis para leis mutuamente vinculantes para os cidadãos participantes do processo – tanto exemplifica quanto promove o valor da reciprocidade. Cidadãos que possuem oportunidades efetivas de deliberar tratam uns aos outros não meramente como objetos que devem ser julgados por princípios teóricos, mas também como sujeitos que podem aceitar ou rejeitar as razões dadas para as leis que os vinculam mutuamente. As razões não devem ser entendidas como vinculatórias (*binding reasons*) a não ser que sejam apresentadas aos cidadãos que possuem a chance de considerá-las e rejeitá-las de forma direta e indireta através de seus representantes responsáveis (*accountable*) em um fórum público. Nesse sentido, a criação do NICE sustenta o valor da reciprocidade, uma vez que ele dá aos cidadãos um exemplo de deliberação em movimento, na qual eles podem ter acesso às justificativas que seus representantes oferecem para políticas que irão afetar seu bem-estar de modo significativo. A possibilidade de um debate contínuo no Parlamento sobre as práticas deliberativas, assim como sobre as decisões do NICE, auxiliam na percepção da reciprocidade.

O processo da deliberação também possui um valor epistêmico. As decisões têm uma maior possibilidade de serem moralmente justificáveis se aqueles responsáveis pelo processo de tomada de decisão são chamados a oferecer justificativas para as políticas a outras pessoas, incluindo aqueles que, além de estarem bem informados, representam os cidadãos que serão mais afetados pelas decisões. Esse valor da deliberação é especialmente grande quando a justificação feita para uma decisão precisa combinar problemas factuais e valorativos, como no caso da maioria das decisões relativas à saúde, incluindo aquelas tomadas pelo NICE. Embora especialistas possam ser os melhores avaliadores de evidências científicas, eles não apresentam nenhuma demanda especial para encontrar a resposta correta sobre prioridades quando níveis de risco e cálculos de custos e benefícios estão envolvidos.

## Por que a reciprocidade requer princípios substantivos

A prática da deliberação é uma atividade processual de troca recíproca de razões pontuada por decisões coletivamente vinculantes. Ela é um processo de busca por decisões mutuamente vinculatórias fundamentado em razões mutuamente justificáveis. Em virtude de as razões terem de ser mutuamente justificáveis, o processo pressupõe alguns princípios de conteúdo substantivo. É possível, e algumas vezes desejável, estabelecer uma distinção entre aspectos procedimentais e substantivos de princípios e teorias, mas transformar essas distinções em princípios separados ou teorias distintas significa distorcer tanto a teoria quanto a prática da democracia (deliberativa). Embora, por conveniência, nós façamos referência a princípios e teorias enquanto procedimentais e substantivas, estritamente falando, as teorias e os princípios democráticos possuem dimensões procedimentais e substantivas, e abordagens que forçam uma estrita divisão entre elas estão enganadas.

O próprio princípio da reciprocidade não expressa valores nem puramente procedimentais, nem puramente substantivos. Uma perspectiva recíproca é tanto procedimental quanto substantiva, porque a justificação recíproca não pode ocorrer sem apelar, geralmente ao mesmo tempo, para razões que se referem a procedimentos do governo e à substância das leis. Mesmo filósofos como Stuart Hampshire, que procuravam excluir completamente a justiça substantiva de suas teorias políticas procedimentais, admitiam a necessidade de alguns valores substantivos – tais como a "decência comum" – no próprio conceito de justiça (HAMPSHIRE, 1989, p. 112). Hampshire aponta que a justiça é "primariamente procedimental" – mas não completamente (p. 112). Assim como outros filósofos que querem ser puros procedimentalistas, ele nunca disse o que constitui o conjunto correto de princípios procedimentais e também não esclareceu por que pessoas que permanecem sujeitas a regras tirânicas devem contentar-se somente com princípios procedimentais se eles permitem a tirania.

No mínimo, ninguém iria discutir seriamente que justificativas deveriam reconhecer alguns valores expressos por princípios substantivos como a liberdade e a oportunidade. Seria dificilmente suficiente para o NICE justificar uma decisão de negar remédios prescritos a imigrantes indígenas do oeste baseando-se no fato de que eles não são brancos. Mesmo – ou especialmente – se uma grande maioria de cidadãos britânicos aceitasse tal razão, a justificação não satisfaria nenhum padrão adequado de reciprocidade. Também não seria aceitável negar remédios prescritos a uma minoria em desvantagem alegando que ela está de acordo com a conclusão. Provavelmente, eles simplesmente aceitaram, porque possuem menos poder do que os grupos predominantes e não possuem nenhuma alternativa melhor em uma situação de barganha.

Para percebermos mais claramente por que a reciprocidade requer princípios substantivos, precisamos também imaginar uma situação na qual o próprio processo de tomada de decisão fosse justo no sentido de que o poder de barganha das partes em disputa fosse equitativo, mas no qual o processo de troca de razões entre os responsáveis pela tomada de decisão estivesse tomado pelo preconceito (ou que somente poderia ser razoavelmente interpretado como baseado no preconceito) contra os imigrantes indígenas do Oeste ou outro grupo minoritário em desvantagem. A troca de razões marcada pelo preconceito conduz, assim, a uma solução – sustentada por uma vasta maioria – que nega um estrito cuidado com a saúde da minoria em desvantagem. Essa solução não pode ser justificada com base na reciprocidade, mesmo se, por outro lado, os procedimentos através dos quais ela foi alcançada fossem totalmente justos. A justificativa para a solução não trata os membros de um grupo minoritário como dignos de uma justificativa que ele poderiam racionalmente aceitar. De modo alternativo, alguém pode dizer que a troca de razões guiada pelo preconceito nega aos membros de um grupo minoritário o *status* de indivíduos livres e iguais. Dada a natureza da troca de razões, isso aconteceria dessa forma não importando quão justo fosse o próprio processo de tomada de decisão.

No debate sobre o NICE, ocorrido na Casa dos Comuns, podemos ver o princípio de reciprocidade em ação e a mistura de valores procedimentais e substantivos que ele implica. O debate começou de maneira difícil quando um membro do parlamento (MP),[6] que é também um médico, desafiou a ideia de que o NICE, ou qualquer outra pessoa, teria a autoridade política ou moral para racionar cuidados relativos à saúde. Outro MP respondeu, dizendo que o racionamento era necessário e, além disso, justificável: "às vezes alguns tratamentos não estão disponíveis quando eles poderiam beneficiar pacientes ou populações, porque simplesmente não existem os recursos para providenciar todos esses tratamentos no NHS". Embora o debate a princípio parecesse se desviar para assuntos relativos à legitimidade do processo (quem tem autoridade para decidir), muitos críticos (como também muitos defensores do governo) concordaram que o NICE representava um avanço até onde o processo concernia. Muitos reconheceram que o novo processo de tomada de decisão era preferível ao anterior e muito superior ao processo menos deliberativo que prevalecia nos Estados Unidos.

Em vez disso, o desafio estava voltado contra o conteúdo da decisão do NICE em sua primeira revisão de uma droga. O NICE recomendou contra a previsão de um fundo do NHS para a nova droga antigripal *Relenza*.[7] Os críticos preocupavam-se com o fato de que essa decisão poderia se transformar em um precedente que poderia justificar a recomendação do NICE contra

---

[6] Membro do Parlamento: alguém que foi eleito para representar os cidadãos de um distrito particular em um Parlamento. (N.T.).

[7] Ver "NICE appraisal of Zanamivir (Relenza)". Para conhecer algumas das reações, ver MOORE, 1999, p. A19. A Administração de Alimentos e Medicamentos aprovou o Relenza para o uso nos EUA, apesar de uma votação de 13 contra quatro, englobando um conjunto de especialistas "de fora" que não recomendavam a aprovação. Alguns críticos acreditam que a droga tem sido prescrita em excesso durante a estação corrente de gripe. Ver STOLBERG, 2000, p. A18.

o financiamento de outras drogas novas, mais caras e efetivas, como o *"beta interferon"* (que trata dos sintomas da esclerose múltipla). Eles argumentavam que decisões que negavam a cobertura poderiam desprover pacientes que possuem menos vantagens em tratamentos de melhoria de vida e de urgências médicas que pacientes com mais vantagens, e que essa oportunidade desigual não podia ser justificada. Isso deixaria os menos afortunados sem o tratamento de saúde e as chances de vida que de que todo cidadão usufrui; então todos deveriam ter o direito de possuí-los.[8] Eles apelaram para princípios substantivos, e não simplesmente para uma demanda de que o processo era injusto, ou mesmo de que ele não era deliberativo.

Defensores da decisão tomada pelo NICE perceberam corretamente que eles precisavam justificar a "substância" da decisão, porque o processo deliberativo no qual o NICE se engajou (e através do qual foram incorporados ao debate ocorrido na Casa dos Comuns) não poderia, por si mesmo, ser uma justificativa suficiente para a decisão. Eles invocaram de maneira explícita padrões substantivos para defender a decisão do NICE. Eles argumentaram, por exemplo, que a decisão de não financiar o Relenza não afetaria negativamente as chances básicas de vida de qualquer cidadão, nem mesmo de pacientes que possuem alto risco de complicações causadas pela gripe (*influenza*). Eles pediram mais pesquisas sobre os efeitos do Relenza em pacientes de alto risco e sugeriram que se houvesse evidências de que os benefícios do medicamento reduziam as sérias complicações secundárias da gripe em tais pacientes, então eles iriam apoiar a criação de um fundo pelo NHS. Os argumentos por eles sustentados, embora corretos nos méritos, estavam inteiramente em ordem, e, se corretos, seriam também necessários para justificar a conclusão dos defensores da decisão tomada pelo NICE. O fato de que eles eram necessários não pode ser acomodado imediatamente em uma teoria democrática que se limita somente a considerações procedimentais.

Uma virtude óbvia, mas não menos importante, de uma teoria que não se limita a princípios procedimentais é que ela não tem problema em afirmar que o que a maioria decide, mesmo após uma longa deliberação, está errado. Através de uma teoria deliberativa, devemos ser capazes de condenar a tirania da maioria em termos substantivos: devemos ser capazes de dizer

---

[8] Como declarado por um MP no debate ocorrido na Casa dos Comuns: "Quando falamos sobre o racionamento dos tratamentos do NSH, não estamos dizendo que ninguém no Reino Unido os possua. O que estamos dizendo é que eles não estão disponíveis para as pessoas pobres. Os ricos e aqueles que têm recursos podem ter acesso a esses tratamentos de modo privado" (Debate na Casa dos Comuns em 10 de novembro de 1999).

que uma maioria age incorretamente se ela viola a liberdade básica quando nega um tratamento de saúde baseando-se em critérios como raça, gênero ou pobreza. Ou, suponha que a maioria, seguindo perfeitamente procedimentos deliberativos, decide instituir uma prática de doação compulsória de órgãos. Essa lei poderia ser justificada por uma concepção puramente procedimental da democracia deliberativa. Se uma teoria deliberativa inclui princípios substantivos, como a liberdade básica que protege a integridade física, os democratas seriam capazes de criar objeções a essa lei sem abandonar seu compromisso com a democracia deliberativa.

Obviamente os democratas podem estar enganados quando fazem demandas baseadas em princípios substantivos, ou porque deduzem implicações incorretas de um princípio correto, ou porque se baseiam em um princípio indefensável. Talvez a doação compulsória de órgãos não viole a liberdade básica, ou talvez esse princípio particular de liberdade básica seja falho. Nosso argumento em favor da inclusão de princípios substantivos – baseados na reciprocidade – não só permite a ocorrência desses dois tipos de erros, como também incorpora à própria teoria o *insight* de que teóricos democráticos e os cidadãos podem estar errados sobre os princípios procedimentais e substantivos. A deliberação lida explicitamente com a probabilidade de perspectivas errôneas sobre princípios e suas implicações, uma vez que considera provisórios os princípios de uma teoria, os quais, além disso, estão sujeitos a um processo deliberativo. Apontar a possibilidade de um engano acerca dos princípios substantivos não se constitui em um argumento contra a inclusão de tais princípios em uma teoria democrática deliberativa.

As conclusões de teorias puramente procedimentais às vezes aproximam-se das demandas de padrões substantivos requeridos pela reciprocidade. Por exemplo, uma teoria procedimental da democracia pode dizer que a discriminação racial na votação não pode ser justificada, porque ela exclui uma classe de seres humanos da cidadania, e isso viola os requerimentos procedimentais da democracia, os quais demandam a emancipação de todos os adultos. Essa razão procedimental tem validade até certo ponto, pois ela não consegue estabelecer o motivo pelo qual essa discriminação não é justificada. Teóricos democráticos deveriam ser capazes de alegar que a discriminação racial (por exemplo, no caso da provisão de tratamento de saúde sustentada por uma Organização lucrativa de Apoio à Saúde) não é justificada ainda que a cidadania democrática ou quaisquer outros valores processuais estejam em questão. A tirania da maioria é digna de contestação não só em bases procedimentais, mas também substantivas.

Além disso, esse tipo de objeção deveria ser produzido no interior de uma teia democrática deliberativa. Acima de tudo, a democracia nunca significou meramente a regra da maioria. Negar liberdades básicas e oportunidades através de políticas raciais discriminatórias é o resultado da ação do Estado, ou pode ser remediado pela ação do Estado, e qualquer ação ou inação desse tipo requer uma justificação que possa ser racionalmente aceita por aqueles que têm suas liberdades e oportunidades negadas. Essa é uma implicação direta do requerimento básico da reciprocidade. O requerimento de apresentar tal justificativa – invocar princípios substantivos no fórum público para justificar uma lei ou política mutuamente vinculatória – não é uma característica acidental da democracia deliberativa; os princípios substantivos são parte integrante do próprio processo deliberativo.

Dizer que os princípios são parte integrante do processo não significa negar que podem ser justificados fora desse processo. Como qualquer teórico da justiça (ou cidadão que produz uma demanda relativa à justiça), os democratas deliberativos podem apresentar princípios para consideração que entendem como justificáveis – e que de fato podem estar corretos, mas simplesmente ainda não justificáveis enquanto leis. Teóricos deliberativos tentam justificar seus princípios substantivos de vários modos familiares, alguns iguais àqueles utilizados por qualquer teórico. Justificamos os princípios substantivos, como a liberdade básica, no livro *Democracy and Disagreement*, primeiramente, em seus próprios termos – identificando valores centrais, convicções e casos paradigmáticos sobre os quais ninguém negaria, de modo racional, que foram violados (por exemplo, a discriminação racial). Assim, por analogia e outras formas de razoabilidade, tentamos reforçar e estender os princípios de modo que possam ser aplicados a casos mais controversos. Trata-se também de revelar quanto da deliberação política atual procede.

Certamente esses princípios substantivos podem ser rejeitados, e talvez mesmo rejeitados após uma troca de razões, em um processo deliberativo que satisfaça as condições procedimentais da democracia deliberativa. Mas um argumento paralelo preciso pode ser feito sobre os princípios procedimentais. Esses últimos podem também ser rejeitados por uma democracia deliberativa (da mesma forma que uma concepção puramente procedimental de democracia deliberativa). Procedimentalistas puros não têm acesso a uma base moral que não está presente em nossa concepção, sob a qual seja possível afirmar que os constrangimentos procedimentais que recomendam a uma democracia deliberativa constitucional são corretos ou autoritários.

Alguns críticos que rejeitam a inclusão de princípios substantivos em uma teoria democrática deliberativa não são procedimentalistas puros com relação à justiça. Eles concordam que a justiça requer a proteção das liberdades e oportunidades básicas, incluindo talvez mesmo o acesso a um tratamento de saúde adequado, mas ainda insistem que a questão central das teorias *democráticas* deveria ser mantida de forma distinta de questões de justiça distributiva. Eles são procedimentalistas puros no que diz respeito à democracia, mas não à justiça. A democracia, insinuam eles, deveria supostamente nos dizer como decidir quando não concordamos sobre o que é justo, e nós não deveríamos confundir os problemas por meio da combinação de princípios de justiça com os procedimentos necessários para decidir disputas sobre esses princípios.

Esse argumento é mais definicional do que substantivo: a democracia (incluindo a democracia deliberativa) *significa* procedimentos justos e não soluções corretas. Os críticos não podem apoiar-se no uso ordinário ou na história da teoria democrática moderna, porque a democracia representativa tem sido raramente caracterizada como exclusivamente procedimental. A utilização ordinária de um conceito tão complexo quanto o de democracia é enormemente variado, assim como o são as concepções de democracia encontradas na teoria democrática moderna. E a própria prática democrática é repleta de debates sobre princípios substantivos. Por que então forçar tanto para excluí-los da definição de democracia?

A razão não pode ser a de que a teoria democrática será de algum modo internamente inconsistente se ela contiver princípios tanto substantivos quanto procedimentais. Na verdade, quanto mais princípios uma teoria contém, maior a probabilidade de que haja conflitos entre eles. E a inclusão de princípios procedimentais e substantivos certamente aumenta o potencial para o conflito. Mas a própria política democrática é abundante em conflitos entre princípios, e uma teoria democrática que tenta isolar-se desse tipo de conflito, limitando o espectro de princípios que inclui, provavelmente será menos relevante para reconhecer e solucionar os desentendimentos com os quais as democracias tipicamente se confrontam. Quando os desentendimentos misturam valores procedimentais e substantivos, como muitos assim o fazem na atual prática democrática, teóricos que artificialmente segregam substância e procedimento em teorias separadas da justiça e da democracia estão propensos a distorcer o papel de ambos.

Alguns procedimentalistas puros podem desejar a exclusão dos princípios substantivos, porque eles são contestáveis, e a democracia deveria ser supostamente um meio de solucionar desentendimentos entre princípios contestáveis tal como a liberdade básica. Mas o conteúdo dos princípios que são mais procedimentais, como a regra da maioria ou a *accountability* pública, são também contestáveis. Uma teoria puramente procedimental não evita o desentendimento fundamental: conflitos entre princípios procedimentais não são menos severos do que entre princípios substantivos. Por exemplo, no debate realizado na Casa dos Comuns sobre a decisão do NICE de negar a cobertura para o *"beta interferon"*, o MP de North Wilshire implicitamente colocou uma questão procedimental básica (até que ponto o controle democrático requer uma autonomia local?) quando argumentou que seus eleitores deveriam ter acesso ao medicamento. Ele alegava que – em razão da relativa autonomia das regiões – alguns cidadãos em outras partes do país poderiam ter acesso ao *"beta interferon"* através do NHS, enquanto seus eleitores não teriam: "isso é uma terrível tragédia para eleitores como os meus, que poderiam ter acesso ao '*beta interferon*' se vivessem em Bath ou Oxford, mas não em Wiltshire".[9]

Os debates políticos sobre o racionamento dos tratamentos de saúde que ocorreram não somente no Reino Unido, mas também em quase toda democracia contemporânea claramente revelam a necessidade de considerarmos procedimentos e resultados ao julgarmos a justiça democrática. Em jogo estão tanto as condições sob as quais essas decisões são tomadas quanto o seu conteúdo. Será que os corpos responsáveis pelo processo de tomada de decisão reúnem representantes de todas as pessoas que são mais afetadas pela decisão a ser tomada? Será que os representantes são *accountable* diante de todos os que os elegeram? Essas questões procedimentais não podem ser respondidas no contexto desses debates sem que se pergunte também: até que ponto a substância das decisões é justificável a todas as pessoas que se encontram vinculadas através delas? Excluir o critério substantivo – como a liberdade e a oportunidade – que julga a justiça das decisões seria algo moralmente arbitrário e incompleto de acordo com a própria premissa de reciprocidade sustentada pela democracia deliberativa. (Excluir o critério substantivo seria também moralmente arbitrário e incompleto de acordo com outras premissas que são comumente identificadas como fundamentais para a democracia deliberativa, tal como o fato de que os indivíduos devem ser vistos como livres e iguais, ou o respeito mútuo).

---

[9] Debate realizado na Casa dos Comuns em 10 de novembro de 1999. Ver também LENAGHAN, 1997, p. 967-71.

Democracia deliberativa para além do processo

Afirmar que uma teoria democrática deveria incluir princípios substantivos não compromete ninguém a ater-se a um conjunto particular de princípios. No livro *Democracy and Disagreement*, propomos um conjunto de princípios que é, ao mesmo tempo, substantivo e procedimental e apresentamos argumentos para sua inclusão como parte da constituição de uma democracia deliberativa (GUTMANN; THOMPSON, 1996, p. 199-229). Os argumentos que apresentamos têm a intenção de ser parte integrante do próprio processo deliberativo e, na verdade, incluem fragmentos de deliberações atuais. Por exemplo, defendemos que leis ou políticas que privam os indivíduos das oportunidades básicas necessárias para que façam escolhas entre diferentes concepções de bem viver não podem ser mutuamente justificadas como requer o princípio da reciprocidade. As oportunidades básicas geralmente incluem um tratamento de saúde adequado, educação, segurança, trabalho e renda e são necessárias para que se viva uma vida decente e para ter a habilidade de fazer escolhas entre diferentes concepções de bem viver. Além disso, gostaríamos de incluir um princípio de oportunidade básica como parte integrante de qualquer teoria adequada de democracia deliberativa.

Críticos que alegam que esse princípio não é mutuamente justificável, ou que outros princípios de igualdade são mais reciprocamente justificáveis, estão aceitando efetivamente a ideia de que a teoria democrática deveria incluir princípios substantivos. Mesmo enquanto desafiam o conteúdo dos princípios, eles estão, apesar de tudo, aceitando que os termos do argumento deveriam ser recíprocos. Tais desafios são bem-vindos pelos termos da própria teoria, a qual demanda razões que podem ser publicamente acessadas por todos aqueles que serão por elas vinculados.[10] Esse tipo de desafio pode então tornar-se parte de processo deliberativo. A razão pela qual esse desafio se adéqua aos termos da própria teoria democrática deve-se ao fato de que os princípios da teoria, *per se,* têm um *status* moral e político provisório.

## Por que os princípios devem ser moralmente provisórios

Como é possível para uma teoria propor princípios substantivos para acessar leis, enquanto toma os cidadãos como os juízes morais finais das

---

[10] Nem tão acolhedores são outros críticos – aqueles que rejeitam o objetivo de dar um conteúdo substantivo às demandas de reciprocidade ou aqueles que rejeitam o padrão de reciprocidade. Mas nenhum dos dois apresentam demandas razoáveis e sensíveis. Tendo rejeitado a ideia de justificação mútua, eles foram fortemente pressionados a explicar como poderiam justificar todas as leis e políticas impositivas e coercitivas diante de cidadãos que delas discordam moralmente. Ver seção III a seguir e GUTMANN e THOMPSON, 1996, p. 352-353.

leis que produzem? A chave para a resposta da democracia deliberativa está no *status* provisório desses princípios.[11] Os princípios da democracia deliberativa possuem um *status* diferente na democracia deliberativa do que em muitas teorias políticas e morais. Eles são moral e politicamente provisórios de modo que se tornam mais abertos ao desafio e, por isso, mais aplicáveis à discrição democrática. A base moral do *status* provisório dos princípios deliberativos provêm do valor da reciprocidade. Oferecer razões que os outros podem racionalmente aceitar implica acatar as razões que os outros oferecem nesse mesmo espírito. Ao menos para uma certa variedade de pontos de vista ao qual se opõem, os cidadãos poderiam reconhecer a possibilidade de que um ponto de vista rejeitado possa mostrar-se correto no futuro.[12] Esse reconhecimento possui implicações não só sobre o modo como os cidadãos deveriam tratar seus oponentes, mas também sobre a maneira como entendem seus próprios pontos de vista.

O processo de troca mútua de razões implica, além disso, que cada participante envolvido considere seriamente novas evidências e novos argumentos, novas interpretações de antigas evidências e argumentos, incluindo razões morais oferecidas por aqueles que se opõem às decisões e razões que possam ter rejeitado no passado. "Considerar seriamente" significa não só cultivar disposições pessoais (tais como a "mente aberta" e o respeito mútuo), mas também promover mudanças institucionais (tais como fóruns abertos e medidas provisórias) que encorajem a reconsideração de leis e de suas justificativas. Uma implicação disso é que os cidadãos e seus representantes *accountable* devem continuar a colocar à prova suas próprias opiniões políticas, procurando fóruns nos quais seus pontos de vista possam ser desafiados, mantendo aberta a possibilidade de sua revisão ou mesmo de sua rejeição.

Assim, a democracia deliberativa expressa uma concepção dinâmica da justificação política, na qual a provisoriedade – a abertura à mudança através do tempo – é uma característica essencial de quaisquer princípios justificáveis. A provisoriedade apresenta-se sob duas formas gerais: os princípios são *moralmente* provisórios, no sentido de que estão sujeitos à mudança por meio

---

[11] A discussão aqui esboçada sobre os aspectos moral e politicamente provisórios dos princípios pode ser encontrada na análise desenvolvida em GUTMANN e THOMPSON, 2000, p. 161-180.

[12] A variedade de pontos de vista é determinada pelo que chamamos de "desentendimentos deliberativos", que são aqueles sobre os quais os cidadãos continuam a estabelecer diferenças entre princípios morais básicos, embora procurem uma solução que seja mutuamente justificável. O debate sobre o aborto é um exemplo de um desentendimento deliberativo, porque ambos os lados podem justificar seus pontos de vista por meio de uma perspectiva recíproca. O debate sobre a segregação racial é um exemplo de um desentendimento não-deliberativo, porque um lado pode ser racionalmente rejeitado através de uma perspectiva recíproca. Ver GUTMANN e THOMPSON, 1996, p. 2-3, 73-79.

de um argumento moral apresentado posteriormente, e são *politicamente* provisórios no sentido de que estão sujeitos à mudança provocada por um argumento político apresentado posteriormente.

Princípios moralmente provisórios são apresentados como demandas que podem ser desafiadas e alteradas através do tempo em resposta a novos *insights* filosóficos, evidências empíricas ou interpretações desses *insights* e evidências. Eles são justificados somente quando assim apresentados. Muitas teorias endossam algo parecido com essa visão geral – por exemplo, adotando alguma forma de falácia ou, de modo mais simples, expressando uma aprovação geral com relação a uma abertura moral e intelectual das mentes. Mas a postura provisória que a democracia deliberativa assume diante de suas próprias demandas é distinta por ser parte integrante da teoria. A democracia deliberativa sustenta os meios para uma mudança fundamental no conteúdo da própria teoria e subjuga seus próprios princípios, assim como outros princípios morais, ao escrutínio crítico ao longo do tempo. Se, como consequência desse escrutínio, seus princípios fundamentais alteram-se substancialmente – ou seja, de uma orientação mais igualitária para uma orientação mais libertária (ou vice-versa) – a teoria é vista de maneira apropriada como uma revisão em andamento em vez de uma rejeição.

Nem todos os princípios podem ser desafiados ao mesmo tempo através de uma teoria democrática deliberativa, mas qualquer princípio (ou mesmo muitos princípios) podem ser desafiados, em um tempo específico, por outros princípios da teoria. Os cidadãos e as autoridades *accountable* podem revisar um princípio em um processo sequencial no qual os outros princípios são mantidos constantes. Eles podem alterar seu próprio entendimento de todos os princípios aplicando-os em um contexto diferente ou a tempo diferente. Por exemplo, quando o Conselho do NICE decidiu-se contra o financiamento do *Relenza*, ele implicitamente tornou claro o *status* provisório de sua decisão limitando-a a uma única temporada (ou surto) de gripe. O NICE também recomendou que julgamentos adicionais fossem conduzidos e dados posteriores fossem obtidos, para que sua decisão pudesse ser retomada na próxima temporada de gripe. De acordo com o Conselho, uma atenção particular deveria ser dada às investigações para descobrir se o *Relenza* apresentava efeitos positivos na redução de sérias complicações secundárias da gripe em pacientes de alto risco. A base moral para uma decisão contra o financiamento do *Relenza* – a demanda de que o seu uso não afeta de modo significativo a oportunidade básica de vida de ninguém – não seria mais defensável se evidências comprovassem que o medicamento poderia reduzir, de modo significante, sérias complicações da gripe em pacientes de alto risco. Desse modo, tanto o processo quanto a substância da decisão mantiveram aberta a possibilidade de que, no futuro, a recomendação fosse revisada.

A possibilidade de revisão aplica-se não só aos princípios substantivos, mas também a uma defesa honesta da própria prática da deliberação. Isso nos mostra quão equivocado é argumentar que princípios substantivos não deveriam ter lugar na teoria, porque eles não passariam de meras propostas filosóficas. Princípios substantivos não são nem mais nem menos provisórios – e nem mais nem menos propostas filosóficas – que o próprio caso em deliberação. Seria mesmo possível questionar, a partir da teoria deliberativa, se a deliberação é justificável – e o que isso acarreta – assim como questionar se a liberdade básica é justificável – e o que isso acarreta.

Consideremos a deliberação ocorrida na Casa dos Comuns sobre se o próprio NICE – também um fórum deliberativo – seria o modo mais justificável de tomar decisões acerca de tratamentos de saúde. Essa parte do debate começou quando vários MPs alegaram que deixar o NICE fazer recomendações significava "proteger o Governo das decisões mais difíceis que devem ser tomadas". Será que o NICE deveria recomendar o *beta interferon*, que custa aproximadamente 10 mil libras por paciente ao ano e que tem sido classificado como "marginalmente efetivo"? (Ele trata a incurável esclerose múltipla "através da redução da taxa de exacerbação em pacientes que têm uma doença marcada por recaídas, sem apresentar grandes deficiências ou invalidez") (Rous, 1996, p. 1195-1196). Deveria o NICE recomendar novas drogas para quimioterapia, as quais não curam mas, como apontou um MP, "podem acrescentar anos de vida a um paciente, por um custo de aproximadamente 10 mil libras por ano"? Se o NICE se coloca contra a prescrição de novas drogas caras que podem providenciar alguns benefícios no tratamento de pacientes estaria ele protegendo o governo da pressão feita para aumentar o orçamento total do NHS? Se o NICE recomenda que o NHS prescreva essas drogas, estaria ele forçando o NHS a não financiar alguns outros tratamentos existentes e altamente valorizados (ou pressionando o governo a aumentar os fundos destinados ao NHS)? A resposta para essas questões substantivas depende de tomarmos uma posição a respeito do que o processo deveria ser.

Nem mesmo o princípio deliberativo que pede o oferecimento de razões morais na política escapa ao desentendimento racional. Alguns críticos da deliberação argumentam que a barganha é não só mais comum, mas também preferível como modo de solucionar desentendimentos morais na política. A demanda de que processos de barganha voltados para o próprio interesse (ou para o interesse de grupo) são melhores que os processos deliberativos apoia-se na premissa de que a política baseada em interesses é mais moralmente desejável e mutuamente justificável do que a política deliberativa. Se a barganha política satisfaz a reciprocidade (ou qualquer outro padrão moral) depende em parte das consequências atuais da barganha política em um contexto social específico. Se essas consequências mostrarem-se ser mutuamente justificáveis às pessoas que são por elas vinculadas, ou mais mutuamente justificáveis do que as consequências do processo deliberativo, então, nesse ponto, substituir a barganha pela deliberação satisfaria o objetivo fundamental da democracia deliberativa. Finalmente, uma demanda que os democratas deliberativos fazem frequentemente sobre a superioridade geral da deliberação sobre a barganha precisaria ser revisada – mas a fim de satisfazer as demandas da própria teoria deliberativa.

Em qualquer contexto político atual uma defesa geral da barganha não apresenta a possibilidade de ser plausível. O principal problema da barganha, entendida como substituto geral para a deliberação, é que ela aceita a distribuição corrente de recursos e de poder como ponto de partida para o início das negociações. Diante disso, esse não é o melhor processo para uma defesa moral dos procedimentos ou resultados democráticos (GUTMANN; THOMPSON, 1996, p. 57-58). É significante notar que ninguém que defendia a rejeição do NICE ao *Relenza* preocupou-se em justificar a decisão como o resultado de uma barganha. Nem ninguém na Casa dos Comuns sugeriu que a barganha deveria ter um papel no processo, tampouco propôs uma disputa de gerenciamento do trabalho, ou uma controvérsia sobre uma política de taxas.

Haveria limites ao que os democratas deliberativos podem tratar como provisório? Eles podem encorajar reinterpretações do significado e das implicações dos princípios deliberativos, mesmo o princípio-chave da reciprocidade, mas eles não podem acomodar as várias formas de rejeição da justificação moral requeridas não só pela reciprocidade, mas por muitas outras teorias democráticas moralmente embasadas. Democratas deliberativos podem acolher críticas a respeito de qualquer um de seus princípios, incluindo a reciprocidade, mas eles não podem aceitar uma rejeição geral do requerimento de que decisões políticas vinculantes precisam ser justificadas por razões morais. A recusa de desistir desse requerimento não é um traço peculiar da democracia deliberativa. Rejeitar a ideia da troca de razões morais na política significa abandonar não só a democracia deliberativa, mas também qualquer forma de democracia que demandaria que suas leis fossem justificáveis aos cidadãos que são por elas vinculados. Embora críticos da democracia deliberativa às vezes escrevam como se rejeitassem a troca de razões morais na política, eles raramente enfrentam o que tal rejeição poderia acarretar tanto na prática quanto na teoria.

O que essa rejeição poderia significar – mesmo em uma forma parcial em um caso particular – pode ser ilustrado se imaginarmos o que poderia ter acontecido se o NICE tivesse tomado sua decisão sobre o *Relenza* baseando-se nas considerações do poder de barganha. Nesse caso, um único agente mais poderoso, aquele que se dispusesse a maximizar seus ganhos a partir da decisão do NICE, era a empresa que manufaturava e distribuía o medicamento, ou seja, a companhia farmacêutica *Glaxo-Wellcome*. Quando os executivos da Glaxo souberam da existência da possibilidade de que o NICE poderia se colocar contra o financiamento do *Relenza* pelo NHS, eles ameaçaram abandonar os negócios da empresa no Reino Unido e encorajar outras companhias farmacêuticas a boicotar a economia britânica. Com o desenrolar da discussão, o NICE manteve sua posição e a Glaxo recuou em suas ameaças. Deliberação e justiça coincidiram nesse caso, e ambas prevaleceram. Esse não teria sido o resultado, dada a distribuição do poder como ponto de partida, se o NICE procurasse somente a barganha.

Democratas deliberativos rejeitam – e não só provisoriamente – qualquer teoria que negue a necessidade de uma justificação moral e, por isso, rejeitam também qualquer teoria que construa sua base política somente sobre o poder. Democratas deliberativos estão comprometidos – de modo não provisório – com modos mutuamente justificáveis de julgar a distribuição de poder. A democracia deliberativa aceita a provisoriedade de seus princípios, mas rejeita a provisoriedade da própria troca de razões morais como um modo de acessar a política. Teóricos que afirmam que a política diz somente sobre questões de poder precisam rejeitar muito mais do que os termos morais e os significados de julgamento dados à democracia deliberativa e precisam também rejeitar críticas feitas a qualquer distribuição atual do poder, não importa o quão injusta ela possa ser. Ou, se eles a criticarem, precisam fazer isso em termos que – sob seu próprio ponto de vista – as pessoas que seriam constrangidas pelo poder não possuem nenhuma razão moral para aceitá-los. Se eles se recusam a procurar por princípios políticos e práticas que podem ser mutuamente justificados, quem irá ouvi-los? Certamente, ninguém que esteja motivado a encontrar termos justos para a cooperação social. Sua audiência pode ser formada somente de pessoas que já desistiram de encontrar razões mutuamente defensáveis. Aqueles que renunciaram a razões recíprocas estão, por isso mesmo, ou tentando persuadir os já convertidos, ou

Democracia deliberativa para além do processo

alcançar os irracionais. No primeiro caso, sua audiência não tem nenhuma necessidade de ouvir, e no segundo nenhuma razão de fazê-lo (GUTMANN; THOMPSON, 1996, p. 353).

## Por que os princípios devem ser politicamente provisórios

Estamos agora em um ponto melhor para nos referirmos à segunda objeção contra a inclusão de princípios substantivos na teoria democrática deliberativa – aquela que diz que sua inclusão usurpa a autoridade política dos cidadãos democráticos. Uma teoria democrática que inclui princípios substantivos pode declarar que uma lei que os cidadãos criam é injusta, embora estejam corretos os procedimentos através dos quais eles a constroem. Não é confortável para o defensor da autoridade dos cidadãos dizer que os princípios substantivos são moralmente provisórios. Mesmo princípios moralmente provisórios – se eles são os mais justificáveis teoricamente num tempo específico – carregam a implicação de que eles devem ser politicamente desempenhados. A ação sob essa implicação nega aos cidadãos democráticos a autoridade para determinar, através de um processo deliberativo, o que deveria ser politicamente desempenhado e por que. Para responder a essa objeção, a democracia deliberativa apoia-se no segundo tipo de *status* condicional: a provisoriedade política.

A provisoriedade política significa que os princípios deliberativos e as leis que justificam precisam não só estar sujeitos à deliberação atual em um tempo específico, mas também que sejam abertos à reconsideração atual e à revisão em um tempo futuro. Assim como o conjunto de razões em que se baseia o tratamento dos princípios como moralmente provisórios, a justificação para o entendimento da provisoriedade política dos princípios encontra-se no valor da reciprocidade. De acordo com a perspectiva da reciprocidade, as pessoas devem ser tratadas não como meros objetos de legislação ou como sujeitos passivos a serem governados, mas sim como agentes políticos que tomam parte no processo de governança, de forma direta ou por meio de seus representantes *accountable*, apresentando e respondendo a razões que justificariam as leis sob as quais elas precisam viver coletivamente. Mostramos anteriormente (na seção I) por que a reciprocidade requer uma deliberação atual e não meramente hipotética. Isso se deve ao fato de que os princípios deliberativos precisam ser justificados em um processo deliberativo atual no qual os cidadãos, ou seus representantes *accountable,* tomam parte. Assim, a autoridade política dos cidadãos democráticos é respeitada em um nível significativo.

Mas ainda pode ser alegado que, uma vez que um princípio ou lei é justificado nesse processo, ele atua como um constrangimento sobre outras leis novas que os cidadãos possam querer construir. Isso se explica porque o corpo formado pelos cidadãos e seus representantes que deliberam sobre as novas leis não é nunca exatamente o mesmo que aquele que instituiu as leis antigas; a autoridade democrática dos cidadãos, em qualquer tempo específico, é feita refém de princípios justificados em um tempo anterior. Providenciar esses constrangimentos é o que supostamente as constituições devem fazer, e isso pode explicar por que alguns democratas deliberativos são cautelosos com relação a entender seus princípios como parte de uma constituição. Mas se todos os princípios da democracia deliberativa são tidos como provisórios, no sentido de manterem-se abertos à revisão através do tempo, esses constrangimentos constitucionais que dão forma aos princípios substantivos, tais como a liberdade básica e a oportunidade, não são tão ameaçadores à autoridade política dos cidadãos.

Os democratas deliberativos não favorecem uma deliberação contínua, mas estão comprometidos não só com a deliberação sobre leis em um determinado tempo, mas também com a possibilidade de reconsiderá-las futuramente. A extensão pela qual qualquer lei está sujeita à atual reconsideração deve depender da força de razões morais disponíveis e de evidências empíricas (e quaisquer outras considerações morais relevantes) que a sustentem, as quais frequentemente se alteram com o tempo. No caso do *Relenza*, parte da razão por meio da qual a decisão do NICE foi justificada baseava-se no fato de que ela deveria ser revista depois de um ano, um intervalo apropriado à luz de mudanças significativas que podem ocorrer durante uma simples temporada de gripe. Uma decisão tomada por qualquer corpo oficial de não financiar o *Relenza*, mesmo que fosse bem sustentada, não seria justificável sem que esse corpo providenciasse a possibilidade de retomar a deliberação no futuro. Na verdade, em algum ponto a decisão é tomada, como aconteceu nesse caso, e ela é justificadamente executada. Mas a teoria deliberativa enfatiza, mais do que outras teorias democráticas, o que acontece antes da decisão e – ainda mais com relação à provisoriedade – o que acontece depois.

Desse modo, a provisoriedade política vai mais além do que sua contrapartida moral. Isso implica que os princípios deveriam estar abertos a desafios ao longo do tempo em um processo político atual que não só permita, mas encoraje a revisão. Mesmo quando uma lei é corretamente executada hoje, as práticas e instituições da democracia deliberativa deveriam assegurar que ela está sujeita à reconsideração regular, que é necessária à sua justificação através do tempo. Por isso, os democratas deliberativos deveriam suspeitar especialmente de práticas que rotineiramente acatam o "intento daqueles que modelam as questões" ou que tornam as emendas constitucionais quase impossíveis, mesmo quando as razões "herdadas" para a sustentação das leis em questão não são obrigatórias. Os democratas deliberativos deveriam dispor-se favoravelmente com relação às práticas que acrescentam medidas provisórias a leis e procedimentos cotidianos e requerer que os administradores investigassem "declarações impactantes" periódicas, descrevendo os efeitos dessas leis e as regulações que a tornam exequíveis. Assinalamos anteriormente que a justificação moral para a decisão do NICE contra o financiamento do *Relenza* – a afirmação de que o uso do *Relenza* não afeta de modo significativo a oportunidade básica de vida de ninguém – depende em parte da evidência de que tal droga não reduz de modo significativo as complicações em pacientes de alto risco. Em suas deliberações, o NICE demonstrou seu respeito pela provisoriedade política tomando medidas institucionais específicas: limitando sua decisão a uma temporada de gripe, providenciando uma revisão continuada dessa decisão e recomendando uma pesquisa posterior.

Agora deve estar claro que a objeção de que a presença de princípios substantivos em uma teoria deliberativa esvazia de antemão a autoridade democrática prova tanto muito quanto pouco. Ela prova muito se a mera inclusão de princípios substantivos implicar que esses princípios precisam vincular politicamente os cidadãos. Essa objeção aplica-se igualmente à inclusão de princípios procedimentais, os quais podem ser tão racionalmente contestáveis quanto os princípios substantivos. Se a objeção fosse aceita, ela iria requerer que a teoria democrática excluísse *todos* os princípios racionalmente contestáveis, tanto procedimentais quanto substantivos. A objeção prova muito pouco se a queixa é somente contra a elaboração de julgamentos provisórios (ainda que substantivos) que desafiam leis executadas através de métodos procedimentais adequados. Mesmo os críticos da teoria democrática deliberativa dificilmente a repreenderiam por tornar provisórios os julgamentos desse tipo. Se a teoria política fosse impedida de oferecer esses julgamentos, ela teria pouca relevância para uma política democrática a qual se propõe a criticar.

## Quando julgamentos morais e políticos entram em conflito

Idealmente, os julgamentos políticos e morais apresentados pela democracia deliberativa deveriam coincidir. O que a política deliberativa decide irá satisfazer a moralidade deliberativa. Na verdade, essa feliz conjunção ocorre com mais frequência do que geralmente se supõe. No caso do NICE, a decisão contra o financiamento do *Relenza*, tomada em um processo que foi mais deliberativo do que aqueles em que decisões como essa eram tomadas no passado, parece ser moralmente justificável (ao menos provisoriamente). Os estudos mais confiáveis, como relatados pelo NICE, mostram que o único benefício trazido pelo *Relenza* é um dia de redução dos sintomas da gripe em um paciente médio com um custo direto anual para o setor público maior que 10 milhões de libras. O NICE também levou em consideração o custo de um esperado aumento nas visitas aos médicos por pacientes típicos de gripe (sendo que a maioria está saudável) e o risco de esse aumento sobrecarregar o sistema de saúde trazendo apenas um pequeno benefício à saúde. Além disso, o NICE não encontrou nenhuma evidência de que o *Relenza* reduzisse qualquer um dos efeitos sérios e ameaçadores da gripe em pacientes de alto risco.

Contudo, alguns críticos colocaram objeções morais razoáveis à decisão do NICE. No debate ocorrido na Casa dos Comuns, o médico MP mencionado anteriormente reclamou que a decisão de não financiar o Relenza discriminava as pessoas pobres. "Quando falamos sobre o racionamento dos tratamentos do NHS, não estamos dizendo que ninguém no Reino Unido os tem. O que estamos dizendo é que eles não estão disponíveis para pessoas pobres. Os ricos e aqueles que têm condições de pagar por esses tratamentos, podem ter acesso a eles de maneira privada." O dinheiro economizado para todos os pacientes seria obtido às custas dos pobres, porque cidadãos mais abastados poderiam obter o *Relenza* através da prescrição do código postal. Por isso, a decisão do NICE de não financiar o *Relenza* pareceria ser sacrificante para o bem-estar de alguns cidadãos pobres a fim de poupar o dinheiro dos impostos.

Qualquer que seja o mérito da crítica feita por esse MP, todas as partes envolvidas na disputa sobre o *Relenza* deveriam estar aptas a concordar que ele levantou uma questão moral séria sobre uma decisão que foi alcançada através de um processo (deliberativo) politicamente justificável. Mesmo que, sob condições normais o NHS não pudesse fazer nada sobre essa questão do acesso diferencial aos medicamentos como o *Relenza*, os defensores da decisão (e outras escolhas igualmente difíceis) deveriam ser preparados para reconhecer os custos morais inerentes a uma situação na qual os ricos tendem a viver em distritos abastados, que proveem um melhor tratamento de saúde ,e que eles podem também pagar por qualquer tratamento de saúde existente no mercado, enquanto os pobres são completamente dependentes do NHS para financiar aqueles tratamentos que podem ter um custo acessível para a sociedade como um todo.

Nesse caso, havia algum desentendimento racional sobre se o julgamento político adaptava-se ao julgamento moral, mas em muitos outros casos não haveria nenhuma dúvida de que o julgamento político (procedimentalmente correto) entraria em conflito com o julgamento moral (cuidadosamente considerado). O processo deliberativo que os democratas deliberativos recomendam pode produzir um resultado contrário a um ou mais princípios substantivos de justiça que os democratas deliberativos também procuram defender. Esse tipo de conflito não parece ser um problema sério para uma teoria puramente substantiva, que simplesmente declara o resultado do processo como injusto. De modo semelhante, uma teoria puramente procedimental não enfrenta nenhum problema sério com relação a esse ponto: ela declara o resultado justo enquanto os procedimentos forem apropriados. Mas, como vimos, uma teoria democrática deliberativa deveria incluir tanto princípios procedimentais quanto substantivos, uma vez que as abordagens "puras", na melhor das hipóteses, negligenciam e, na pior das hipóteses, negam a complexidade moral da política democrática. Uma teoria democrática que reconhece o que está moralmente em questão no processo político de tomada de decisão precisa conter princípios que são, ao mesmo tempo, substantivos e procedimentais. Além disso, assim como vimos anteriormente, a premissa básica da teoria democrática deliberativa – a reciprocidade que implica a justificação mútua entre pessoas livres e iguais – sustenta princípios tanto substantivos quanto procedimentais.

Assim, comparada às teorias "puras", a democracia deliberativa enfrenta de modo mais abrangente os conflitos potenciais entre a deliberação política e moral. Ela não providencia uma solução simples, mas, pelo contrário, baseia-se na própria deliberação para lidar com os conflitos tal como eles emergem. Mas a questão persiste: como os democratas deliberativos podem afirmar conclusões substantivas sobre políticas e ainda sustentar o valor da deliberação atual, que pode ou não produzir aquelas mesmas conclusões? Filósofos políticos, incluindo democratas deliberativos como nós, alcançam conclusões substantivas (incluindo conclusões sobre quais procedimentos são mais justificáveis) sem se engajarem em qualquer deliberação política atual. Isso parece destacar-se diante do compromisso com o julgamento atual, e não hipotético, dos desentendimentos políticos.

Alguns críticos da democracia deliberativa colocam esse problema como um paradoxo desta (SCHAUER, 1999, p. 17-27). Os críticos argumentam que se, por um lado, eles aceitam os argumentos e as conclusões de uma teoria deliberativa substantiva (como aqueles que apresentamos em *Democracy and Disagreement*), eles não precisam incomodar-se em apelar para a deliberação política atual. A teoria substantiva provê todas as razões que qualquer um que a aceite precisa para produzir julgamentos políticos sólidos e sem a ajuda da qualquer deliberação atual. Se, por outro lado, os críticos rejeitam os argumentos e as conclusões da teoria substantiva, então eles deveriam também rejeitar a deliberação que ela recomenda. Da mesma forma, a teoria deliberativa que inclui princípios substantivos parece eliminar a necessidade da prática da deliberação.

Como indicado por nossa discussão anterior sobre a provisoriedade moral e política, essa objeção não expressa um paradoxo genuíno. Os princípios procedimentais e substantivos (mesmo as conclusões políticas) que os democratas deliberativos defendem não esvaziam de antemão a deliberação atual. De acordo com os verdadeiros termos da teoria, os princípios e as conclusões (procedimentais e substantivos) precisam estar sujeitos aos rigores da deliberação atual através do tempo: isso é parte do que significa tratá-los como politicamente provisórios. (A provisoriedade moral também beneficia-se indiretamente da provisoriedade política, porque os indivíduos que pensam na privacidade de seus lares ou escritórios geralmente produzem ideias, argumentos e perspectivas – ou respondem a desafios – que a deliberação pública traz à sua atenção.) Os democratas deliberativos oferecem seus princípios e suas conclusões não como constrangimentos filosóficos autoritários sobre a política democrática, mas como contribuições provisórias para a deliberação democrática.

As conclusões que os democratas deliberativos produzem sobre os princípios substantivos e procedimentais deveriam ser entendidas como hipóteses normativas sobre a moralidade política. Dados certos pressupostos sobre a reciprocidade, por exemplo, certos princípios são os mais mutuamente justificáveis. As hipóteses são normativas, porque mostrar simplesmente que algumas pessoas, mesmo uma maioria, de fato rejeitam os princípios ou suas implicações políticas, não as torna refutáveis. E restringir o financiamento para medicamentos experimentais somente àqueles que estão dispostos a participar de julgamentos clínicos casuais, por exemplo, pode ser a melhor política, mesmo se a maioria dos cidadãos a rejeita.

Mas princípios e políticas recomendados por teóricos deliberativos continuam sendo hipóteses, porque podem ser refutados ou redefinidos se forem apresentados melhores argumentos para princípios ou conclusões que competem no mesmo contexto. E eles são hipóteses sobre a moralidade política – não a moralidade em geral –, porque sua confirmação, refutação ou revisão precisas da deliberação pública no processo democrático. Se uma hipótese normativa é confirmada, refutada ou refinada, esse tipo de crítica pode obter sucesso somente através da sujeição de argumentos rivais aos rigores da deliberação atual. Teóricos deliberativos deveriam, é claro, levar em consideração as imperfeições sofridas na prática por qualquer um desses processos, bem como deveriam considerar as imperfeições em seu próprio processo de troca de razões, por menos óbvias que essas imperfeições possam ser (para eles, se não também para outros teóricos).

O problema do conflito entre os julgamentos moral e político é erroneamente concebido se for entendido como algo que requer uma escolha em geral ou adiantada entre princípios substantivos e procedimentais. Ambos os tipos de princípios estão sujeitos à deliberação e são igualmente provisórios do modo como descrevemos. A escolha entre princípios substantivos e procedimentais – quando entram em conflito – é igualmente sujeita à deliberação e deveria ser entendida, por conseguinte, como provisória. Nem princípios substantivos nem procedimentais têm prioridade, embora os cidadãos, às vezes, escolham justificadamente uma em detrimento da outra, em algum tempo específico.

No debate sobre o NICE na Casa dos Comuns, tanto seus críticos quanto seus defensores apelaram, ao mesmo tempo, para princípios substantivos e procedimentais. Eles mencionaram a justiça da decisão (será que ela viola a igual oportunidade prejudicando os pobres?) e o processo (será que ela isola o governo das demandas voltadas para o aumento das despesas com tratamentos de saúde?). Mesmo quando concordavam que o processo estava melhor que no passado, alguns críticos desafiaram a substância da decisão. E mesmo quando concordavam que a substância da decisão estava correta, alguns críticos questionavam o processo que gerou seu resultado. Alguns criticaram e alguns defenderam a substância da decisão e o processo. Mas ninguém tentou argumentar que, como regra geral, um tinha prioridade sobre o outro, ou que o desentendimento deveria ser solucionado decidindo-se, de uma vez por todas, se deveriam prevalecer os princípios substantivos ou procedimentais. Nesse sentido, o debate na Casa dos Comuns ilustra a natureza da deliberação pública em muitos dos melhores fóruns democráticos. O debate também capturou a complexidade moral da política democrática de uma maneira superior àquela utilizada pelas teorias que procuram resolver o conflito entre substância e procedimento excluindo um ou outro, ou declarando que um possui um trunfo que o outro não possui.

A teoria democrática deliberativa pode e deve referir-se a algo mais do que o processo. Ela pode incorporar de maneira consistente tanto princípios procedimentais quanto substantivos. Ela deveria ser mais do que o processo por muitas das razões por nós sugeridas, mas, acima de tudo, porque seu princípio fundamental – a reciprocidade – requer, ao mesmo tempo, princípios substantivos e procedimentais. A reciprocidade é amplamente aceita como o princípio central da democracia, mas mesmo aqueles democratas que não enfatizam esse princípio argumentam a partir de ideais como o entendimento das pessoas como livres e iguais, o respeito mútuo ou o repúdio à tirania da maioria, os quais, assim como a reciprocidade, requerem princípios procedimentais e substantivos para justificarem as leis que as democracias adotam.

A teoria democrática deliberativa está mais bem preparada para lidar com a quantidade de desafios morais e políticos de uma política democrática robusta, uma vez que ela inclui princípios tanto substantivos quanto procedimentais. Ela está mais bem equipada para enfrentar o conflito entre esses princípios, porque eles são, em graus variados, moral e politicamente provisórios. A teoria democrática deliberativa pode evitar de usurpar a autoridade moral ou política dos cidadãos democráticos, – e ainda assim produzir julgamentos substantivos sobre as leis que esses cidadãos decretam, porque ela demanda nem mais nem menos do que um *status* provisório para os princípios que defende.

## Referências

GUTMANN, A.; THOMPSON, D. Deliberative Democracy Beyond Process. In: *The Journal of Political Philosophy*, v. 10, n. 2, 2002, p. 153-174.

GUTMANN, A.; THOMPSON, D. *Democracy and Disagreement*. Cambridge, MA: Harvard University Press, 1996.

GUTMANN, A.; THOMPSON, D. Democratic Disagreement. In: MACEDO, S. (Ed.). *Deliberative Politics*. New York: Oxford University Press, 1999.

GUTMANN, A.; THOMPSON, D. Why Deliberative Democracy is Different. In: *Democracy*. PAUL, E. F. *et al.* (Ed.). Cambridge, UK: Cambridge University Press, 2000, p. 161-80.

HABERMAS, J. Discourse Ethics. In: *Moral Consciousness and Comunicative Action*. Cambridge, MA: MIT Press, 1993.

HAMPSHIRE, S. *Innocence and Experience*. Cambridge, MA: Harvard University Press, 1989.

HORTON, R. NICE: a step Forward in the Quality of NHS Care. In: *The Lancet*, 353, p. 1028-1029, 27 mar. 1999.

KNIGTH, J. Constitutionalism and Deliberative Democracy. In: MACEDO, S. (Ed.). *Deliberative Politics*, 1999, p. 159-169.

LENAGHAN, J. The Rationing Debate: Central Government should have a Greater Role in Rationing Decisions. *British Medical Journal*, n. 314, p. 967-971, 29 mar., 1997.

MACEDO, S. (Ed.). New York: Oxford University Press, 1999.

MOORE, S. D. UK Rebuffs Glaxo on the New Flu Drug. *Wall Street Journal.* 11 out. 1999. p. A19.

NATIONAL INSTITUTE FOR HEALTH AND CLINICAL EXCELLENCE. Disponível em: <http://www.nice.org.uk>

NICE Appraisal of Zanamivir (Relenza). Disponível em: <http://www.nice.org.uk>.

ROUS, E. *et al.*, A Purchase Experience of Managing New Expensive Drugs: Interferon Beta. *British Medical Journal*, n. 313, p.1195-1196, 9 nov. 1996.

SCHAUER, F. Talking as a Decision Procedure. In: MACEDO, S. (Ed.). *Deliberative Politics*, 1999, p. 17-27.

STOLBERG, S. G. F.D.A. Warns of Overuse of 2 New Drugs Against Flu, *New York Times*, New York, 13 jan., 2000. p. A18.

SUNSTEIN, C. Agreement without Theory. In: MACEDO, S. (Ed.). *Deliberative Politics*. New York: Oxford University Press, 1999.

YAMEY, G. Chairman of NICE Admits that its Judgments are Hard to Defend. *British Medical Journal,* n. 319, p. 1222, 6 nov., 1999.

YOUNG, I. M. Justice, Inclusion, and Deliberative Democracy. In: MACEDO, S. (Ed.). *Deliberative Politics*. New York: Oxford University Press, 1999.

# A conversação cotidiana no sistema deliberativo[1]

*Jane Mansbridge*

O que chamarei de "conversação cotidiana" não abrange todos os critérios implícitos no uso ordinário da palavra "deliberação".[2] Ela não é sempre autoconsciente, reflexiva ou considerada. Mas a conversação cotidiana, se não é sempre deliberativa, é, todavia, uma parte crucial do amplo sistema deliberativo de que as democracias necessitam se os cidadãos devem, em qualquer sentido, se autogovernarem. Através da conversação entre representantes formais e informais em fóruns públicos designados, da troca comunicativa entre constituintes e representantes eleitos ou outros representantes de organizações orientadas politicamente, da conversação na mídia, da conversação entre ativistas políticos e da conversação cotidiana em espaços formalmente privados sobre assuntos que o público deveria discutir – todos fazendo parte do que chamo de sistema deliberativo –, as pessoas começam a entender melhor o que querem e o que precisam, individual e coletivamente. O amplo sistema deliberativo abrange todas essas vertentes.[3]

---

[1] "Everyday talk in the deliberative system". Originalmente publicado em *Deliberative Politics: essays on democracy and disagreement* (MACEDO, 1999). Texto traduzido com a autorização da autora (N.T.).

[2] Gostaria de agradecer a Michael Bratman, Kimberly Curtis, Jean Elshtain, Stephen Macedo e Andrew Sabel, pelos comentários referentes a todas as partes deste capítulo, e a Kimberly Curtis, Marshall Ganz e Amy Gutmann, pelas conversas que me persuadiram a mudar a primeira versão da noção de "deliberação cotidiana" para "conversação cotidiana" (*everyday talk*). Este capítulo foi preparado quando atuei como pesquisadora integrante do Centro para Estudos Avençados em Ciências Comportamentais (Center for Advanced Study in the Behavioral Sciences). Sou grata pelo auxílio financeiro proporcionado pela National Science Foundation Grant #SBR-9601236.

[3] Ao utilizar a palavra "sistema" eu não quero sugerir que as partes de um todo possuem entre si uma relação mecânica ou perfeitamente previsível, embora ambos esses atributos sejam conotações das palavras "sistema" e "sistemático" no discurso ordinário. Em vez disso, quero sugerir uma interrelação entre as partes, de modo que uma mudança em uma delas tende a afetar as outras. (Ver CHRISTIANO, 1996b, para obter mais informações a respeito de grupos de interesse e partidos políticos enquanto componentes do que chamei de sistema deliberativo.)

Se um sistema deliberativo funciona bem, ele filtra e descarta as piores ideias disponíveis sobre problemas públicos, enquanto adota e aplica as melhores. Se o sistema deliberativo funciona mal, ele distorce fatos, retrata ideias de forma que seus proponentes sejam repudiados e encoraja os cidadãos a adotar modos de pensar e agir que não são bons nem para eles nem para a política como um todo. Em seu melhor funcionamento, um sistema deliberativo, assim como todos os sistemas de participação democrática, auxiliam seus participantes a entenderem melhor a si mesmos e ao contexto no qual se inserem. Ele também os auxilia a mudar a si mesmos e aos outros de modo a alcançar melhorias para eles e para a sociedade como um todo – embora às vezes esses objetivos entrem em conflito. O modo como alguém julga um sistema deliberativo depende, substantivamente, do que esse alguém acredita ser um modo "bom" ou "ruim" de pensar ou agir e do que esse alguém julga ser um entendimento bom ou ruim do *self* e de seu contexto. Esses julgamentos serão sempre fortemente contestados.

Este capítulo possui dois objetivos. Primeiro, argumenta-se que teóricos da deliberação devem prestar mais atenção à conversação cotidiana dos cidadãos, bem como à deliberação formal nas arenas públicas. Embora a conversação que pretende ser concluída com uma decisão vinculatória seja diferente da conversação que não tem essa intenção, essa diferença não é significante para julgar a qualidade da deliberação com propósitos democráticos. Segundo, argumenta-se que critérios existentes para o julgamento da conversação democrática são inadequados e precisam ser revistos. A análise aqui desenvolvida dirige-se inteiramente a uma teoria democrática que coloca o cidadão em seu centro.

Um dos maiores objetivos de Amy Gutmann e Denis Thompson em seu livro *Democracy and Disagreement* (1996) é ampliar o escopo da razão pública para incluir não só suas exemplificações judiciais, mas também as deliberações democráticas características das melhores legislaturas. Na verdade, eles ampliam o conceito de fórum público para incluir encontros de organizações cívicas, comitês de hospitais e associações esportivas e profissionais (p. 113 e 359). Não vejo razão para não ampliar o escopo ainda mais, de modo a incluir na arena da deliberação democrática o que chamo de "conversação cotidiana", assim como a mídia, os grupos de interesse e outros lugares de discussão.

A conversação cotidiana constitui-se em um dos extremos de um espectro que tem como extremo oposto os processos que se estabelecem em assembleias públicas de produção de decisões. A conversação cotidiana produz resultados coletivamente, mas não de maneira coordenada. Ela frequentemente produz resultados coletivos de maneira semelhante ao modo como o mercado os produz, através de efeitos combinados e interativos de ações de indivíduos relativamente isolados. Uma assembleia de tomada de decisão, em contrapartida, produz resultados em conjunto, geralmente através da troca de razões na interação face a face. A conversação cotidiana não é necessariamente pensada como outra ação que a própria conversação; a deliberação em assembleias almeja, ao menos em teoria, a ação. A conversação cotidiana pode ser quase puramente expressiva; a deliberação em assembleias, ao almejar a ação, é geralmente intencional. A deliberação em uma assembleia pública tem geralmente o objetivo de produzir uma decisão coletivamente vinculatória.

Pode parecer, então, que a conversação cotidiana e o processo de tomada de decisão em uma assembleia diferem em tipo em vez de grau (importância), porque somente uma assembleia governamental teria o objetivo e a capacidade de criar uma decisão coletivamente vinculatória. Contudo, a conversação cotidiana entre os cidadãos sobre problemas que o público deve discutir prepara o caminho para as decisões governamentais formais e para decisões coletivas, para além da decisão em si. Podemos confiar no fato de que decisões do governo formal refletem a vontade considerada dos cidadãos somente na medida em que essa vontade tenha passado por um processo de efetiva deliberação por parte dos cidadãos – na conversação cotidiana dos lares, locais de trabalho e lugares onde um grupo de amigos se encontra, assim como a conversação mais formal em assembleias públicas designadas.[4]

Alguns dos padrões que vários teóricos têm oferecido para julgar a deliberação apontam para uma grande diferença entre assembleias governamentais e outras formas de deliberação: essas assembleias (incluindo instâncias governantes das organizações cívicas, comitês de hospitais e associações profissionais e esportivas), diferentemente de outros locais de conversação, teriam como objetivo produzir uma decisão que contemple e vincule os participantes. Concluo, tanto dessa diferenciação inadequada quanto da análise direta das características da conversação cotidiana, que o amplo sistema deliberativo (incluindo a conversação cotidiana) deveria ser avaliado através dos mesmos padrões que a deliberação clássica nas assembleias. Esses padrões

---

[4] Embora Habermas ([1962] 1989) inclua em sua "esfera pública" deliberativa os espaços e as propriedades privadas de restrito acesso, como os cafés na Inglaterra no século dezessete, ele não inclui as cozinhas e os quartos de dormir, os quais frequentemente abrigam a conversação cotidiana.

precisam ser ampliados para acomodar o caráter mais informal das partes não governamentais do sistema deliberativo, mas, nessa ampliação, eles não precisam perder suas características. Tanto nos corpos legislativos quanto no restante do sistema deliberativo, o conceito de "razão pública" deveria ser ampliado para abranger uma mistura considerável de emoção e razão em vez da pura racionalidade. Os critérios de publicidade e *accountability* que, na apresentação de Gutmann e Thompson (1996), são designados fundamentalmente para assembleias representativas, aparecem também em outros lugares do sistema deliberativo, incluindo a conversação cotidiana. A reciprocidade também se aplica à conversação cotidiana, assim como os critérios de liberdade, igualdade, igual consideração, precisão na revelação de interesses e a capacidade transformativa que se aplica às deliberações em assembleias cujos procedimentos legitimam democraticamente suas conclusões.

No processo ampliado da deliberação entre os cidadãos, as diferentes partes do sistema deliberativo influenciam-se mutuamente, de um modo que é difícil de ser analisado. A televisão, o rádio, os jornais impressos, os filmes e outras mídias influenciam suas audiências pretendidas e são por elas influenciados. O mesmo se aplica para os movimentos sociais, que trabalham tanto para mudar o modo de pensar das pessoas quanto para pressionar os governos para a implementação de leis. A conversação política intencional dos ativistas políticos tanto influencia quanto é influenciada pela conversação cotidiana dos não-ativistas.[5]

A interação entre ativistas e não-ativistas em um movimento social, por exemplo, combina a dinâmica do mercado e da conversação. No mercado, empresários lançam um produto, o qual consumidores vão ou não comprar. Ao fazer essa escolha binária, comprar ou não, os consumidores dão forma ao que os empresários produzem. Nesse mercado ideal, empresários tentam entender os desejos potenciais e presentes dos consumidores a fim de fazer

---

[5] Em uma pesquisa representativa feita em 1989, em torno de um terço do público norte-americano entrevistado não estava engajado em qualquer ato político através do voto (VERBA; SCHLOZMAN; BRADY, 1996, p. 83). Por "não-ativistas" entendo pessoas como essas. Por "ativistas" entendo as pessoas que se identificam com um movimento social, que sentem uma obrigação com relação a ele, ou seja, um compromisso que estabelece pagar algum preço para promover os anseios do movimento. Ativistas são aqueles que discutem ativamente, criam astúcias e propagam as ideias do movimento como uma parte principal de suas identidades e de suas vidas. Ultimamente, a maioria dos cidadãos nos EUA se posicionam em algum lugar entre esses grupos. Eles podem ter momentos de ativismo mas, em grande parte de suas ações e identidades eles são não-ativistas. O termo "não-ativistas" por mim empregado também se aplica aos setores não-ativistas das vidas dessa maioria de cidadãos parcialmente ativos. A análise desenvolvida neste artigo, acredito eu, não depende da definição exata de qualquer um desses grupos. Ele também centra seu foco sobre apenas um dos aspectos do sistema deliberativo – a conversação cotidiana dos não-ativistas –, e não em outros aspectos do sistema deliberativo ou em outros modos de influência dos não-ativistas no processo político.

um produto que eles vão comprar; empresários que oferecem um produto indesejado não terão sucesso. As conversações, diferentemente, não dependem de sinais binários. Uma conversação ideal, como a situação de fala ideal desenvolvida por Habermas, objetiva o entendimento. Mas mesmo uma conversação tem um componente que opera de forma semelhante ao mercado: cada adversário oferece palavras, que o outro entende ou não, julga de seu interesse ou não. Mesmo um parceiro que não fala pode moldar o que o outro diz através de uma indicação não verbal de entendimento ou confusão, interesse ou enfado. Não-ativistas afetam o que os ativistas dizem e pensam, em parte por serem parceiros na conversação com os ativistas (ou atores intermediários) e, em parte, por responderem a essas ofertas demonstrando entendimento ou confusão, interesse ou enfado, apropriação ou rejeição.

A interação entre ativistas e não-ativistas somente inicia o verdadeiro trabalho dos não-ativistas. Nas ações e conversações cotidianas, os não-ativistas testam novas e velhas ideias contra suas realidades diárias, fazem pequenas apostas – micronegociações – que tentam pôr alguma versão da ideia em ação, e frequentemente conversam sobre as ideias com amigos, analisando cuidadosamente o que pode ser útil ou inútil, o que parece sensato ou loucura, o que parece ser justo ou tendencioso. Em suas micronegociações e conversações privadas, os não-ativistas influenciam ideias e símbolos disponíveis no processo político, não só de forma agregativa, favorecendo um lado ou outro numa votação ou pesquisa de opinião pública, mas também substantivamente, através de sua prática. Eles configuram o sistema deliberativo com seu próprio exercício de poder e troca de razões acerca de questões que o público deve discutir. O ativismo dos não-ativistas, que possui seu grande efeito na conversação cotidiana, inclui mesmo a manifestação de menosprezo que alguém pode dirigir a uma personagem sexista da televisão enquanto assiste a um programa com seus amigos. Tal manifestação é, a meu ver, um ato político.

## Uma vez mais voltamos à máxima de que "o pessoal é político"

Fora da disciplina da Ciência Política, no subcampo da teoria política e na subcultura de certos grupos ativistas, o rótulo "político" pode ter pouca relevância ou pouco poder laudatório. Dentro dessa disciplina, subcampo e subcultura, entretanto, o rótulo tem uma função legitimadora para objetos de estudo, uma função normativa que traz para a cena critérios específicos de julgamento para atividades políticas e uma função valorativa ao levar a sério uma atividade particular. O leitor que atribui o rótulo "político" ao tipo de ações e conversações cotidianas que este capítulo descreve, pode, para quase todos os propósitos deste último, simplesmente pensar neles como "pré-políticos". Mas, como estou interessada no critério normativo apropriado para assuntos políticos, irei argumentar que esses modos cotidianos e informais de ação e deliberação são mais bem entendidos como políticos.

Proponho definir como político "o que o público deve discutir" quando essa discussão toma parte de alguma versão, talvez altamente informal, de uma "decisão" coletiva.[6] Enquanto coletividade, as pessoas (reunidas em um perímetro amplo ou pequeno que nós ou nossos antepassados instalaram) tomam muito mais decisões do que aparece em nosso aparato formal de Estado. Uma ampla quantidade de escolhas e chances individuais mutuamente interativas, valorizadas desigualmente através de padrões de dominação e subordinação e outras desigualdades justificáveis e injustificáveis, cria inúmeras escolhas coletivas. Frequentemente, essas escolhas coletivas, ou decisões, afetam de forma substantiva as escolhas individuais de cada membro da coletividade. Para politizar uma dessas escolhas coletivas, deve-se atrair a atenção do público para ela, como algo que o público deveria discutir enquanto coletividade, objetivando possíveis mudanças. O que o público deve discutir é explicitamente um problema controverso.[7]

Esse processo de trazer uma "decisão" coletiva para a atenção pública, não precisa envolver o Estado. Podemos trazer para a atenção pública não uma

---

[6] Pretende-se que essa formulação seja mais específica do que a expressão "questões de interesse geral" cunhada por Habermas ([1974] 1979, p. 49) ou do que a expressão de Benhabib (1994, p. 26) "problemas de interesse comum". Ela não possui a pretensão de ser muito mais específica, pois todas essas formulações permanecem abertas à contestação do sentido de "geral", "comum" e "o que o público deve discutir". Contudo, tenta ressaltar essa abertura à contestação, tornando explícita a palavra "deve". É importante notar que Habermas utilizou a frase "questões de interesse geral" para descrever o "público", e não o "político". Ele aponta que os cidadãos "comportam-se como um corpo público quando realizam uma conferência de modo irrestrito... sobre questões de interesse geral"([1974] 1979, p. 49). Como contraste, ele utilizou o adjetivo "político", modificando "a esfera pública", para designar uma discussão que "lida com objetos conectados com a atividade do Estado" ([1974] 1979, p. 49). A formulação por mim sugerida não restringe o significado do "político" a questões ligadas à atividade do Estado. Outras palavras que não "Estado" e "governo" nos permitem reter uma importante distinção entre problemas de decisão do Estado e problemas de decisão coletiva fora do Estado. Young (1990, p. 9) cita Hannah Pitkin (1981, p. 343) e Roberto Unger (1987, p. 145) para definir a política, respectivamente, como "a atividade através da qual grupos de pessoas relativamente amplos e permanentes determinam o que eles vão fazer coletivamente, estabelecer como vão viver juntos e decidir seu futuro, não importa a extensão, através de seu poder", e a "luta para obter os recursos e arranjos que garantem os termos básicos de nossas relações práticas e passionais. Entre esses arranjos estão, de modo premente, o contexto institucional e o contexto imaginativo da vida social". Essas definições são muito compatíveis com a minha.

[7] A simples permissão da entrada de certas questões como a pedofilia no debate público lhes confere uma legitimidade baseada na possibilidade de que tal debate possa incitar a aprovação. Jean Elshtain (comunicação pessoal) argumenta nesses termos para excluir tais questões do debate público e até mesmo do reino da política. Por razões diferentes, mas paralelas, John Stuart Mill (1840, p. 272-273) sugeriu manter certos valores fundamentais *acima* de discussões" (ênfase dele).

decisão produzida de modo coordenado, mas sim uma que emerja de processos altamente informais, inconsistentes e agregativos. Não precisamos envolver também o Estado na discussão ou na resolução da questão. Uma máxima medieval conclui que "o que afeta a todos deveria ser decidido por todos".[8] Se essa máxima significa, como parece ser seu objetivo, que o que é "decidido por todos" deve ser feito através do governo formal com seu monopólio legítimo da força, acredito que ela esteja errada. O público pode certamente decidir coletivamente, mas informalmente através da evolução das normas; certas questões que afetam a todos em uma área particular não devem ser decididas por todos através do governo formal. Minha ação como CEO (*Chief Executive Officer*) da General Motors ou cardeal da Igreja Católica ou âncora da CBN ou simplesmente como indivíduo privado pode sutilmente afetar a todos na política, mas coletivamente, embora de modo informal, o público precisa decidir que não permitirá que uma decisão do governo formal afete as áreas nas quais atuam os CEOs, cardeais, âncoras ou indivíduos.

Muito tem sido escrito a respeito de temáticas consideradas "políticas" para ser aqui detalhado.[9] No momento, entretanto, gostaria de explicar como cheguei à definição aqui sugerida, dar alguns exemplos do que desejo desenvolver e explicar por que definições prévias não me parecem plenamente satisfatórias.

Carol Hainisch foi a primeira que utilizou a frase "o pessoal é político" para expressar uma ideia desenvolvida no grupo ao qual pertencia, New York Radical Women. No artigo com esse título, Hainisch (1970) explicou aos críticos, através do movimento feminista, por que grupos de conscientização, os quais geralmente discutem questões como as experiências individuais de mulheres como a menstruação ou o orgasmo, eram tão políticos quanto grupos mais orientados para a ação. Hainisch argumentou que questões como sentir vergonha da menstruação ou acreditar incorretamente que o orgasmo vaginal é diferente e melhor que o orgasmo clitoriano eram, utilizando meus próprios

---

[8] Citado em, por exemplo, WALZER (1983, p. 292). Esse é também um entendimento relativamente comum na teoria moderna. Dewey, por exemplo, define problemas "públicos" como aqueles cujas consequências "afetam o bem-estar de muitos outros" e são "tão importantes que precisam de controle". Ele define "o público" como "todos aqueles que são afetados pelas consequências indiretas das transações a tal ponto que julga-se necessário que essas consequências sejam sistematicamente examinadas"([1926] 1994, p. 12, e 16). Deixando de lado o problemático sujeito indefinido de "julga-se", essa definição deixa inexplorado o sentido de "controle" e "sistematicamente", uma vez que grande parte dos significados pode mentir se a definição não amplia simplesmente os limites do público a qualquer um, mesmo que indiretamente (mas "seriamente") afetado ([1926] 1994, 35). Veja a nota 25 sobre os limites da política e a nota 29 sobre as dimensões normativas da noção de "público" de Dewey.

[9] Sobre a distinção privado/público, veja, por exemplo, ELSHTAIN (1981, p. 217-218, 331-353); DIETZ (1985); YOUNG (1987, p. 74); BENHABIB ([1987] 1988, p. 177, n. 12); OKIN (1990, p. 124-133; MACKINNON (1989, p. 120); MANSBRIDGE; OKIN (1993).

termos, problemas que o público deveria discutir. Esses sentimentos e crenças requerem uma discussão pública, porque sustentam uma estrutura de dominância masculina que, por razões de justiça, deve ser mudada. Embora essa mudança deva ser coletiva em um amplo sentido, ela não requer necessariamente uma ação coordenada ou uma ação realizada através do governo formal. Na verdade, muitas dessas questões eram quase certamente deixadas de fora do âmbito do governo formal. O pessoal torna-se político quando lutas individuais conectam-se conceitualmente com uma luta normativa ampla por igual *status* no campo político como um todo.

Cunhando a frase "o pessoal é político", as feministas querem dizer que inúmeros interesses, anteriormente considerados trivialmente como "pessoais" e experimentados como individuais ou idiossincráticos, são vistos agora como "políticos", experimentados por mulheres enquanto um grupo ou por subgrupos de mulheres, merecendo uma discussão coletiva com o propósito de decidir se é ou não apropriado iniciar uma ação coletiva (embora talvez informal e fragmentada). Uma questão torna-se política quando merece uma discussão pública e uma possível ação.

Definir o político como tudo aquilo que envolve "poder" inclui muito e pouco. Inclui muito quando o poder é utilizado de forma coercitiva: se todos são iguais, eu exerço poder, mas ele não é "político" se aponto uma arma para sua cabeça e exijo seu dinheiro, se eu demonstro raiva quando você deseja o último biscoito do pacote ou se eu restrinjo sua possibilidade de usar o carro, porque eu o levei para Wisconsin. Mais importante, essa definição inclui muito pouco, pois ela exclui tudo o que envolve a persuasão em vez do poder. Ela exclui tudo o que cria e alimenta o "comum". Nessa perspectiva, Jean Elshtain (1981, p. 128) convincentemente questiona as primeiras escritoras feministas por concluírem, como fez Kate Millet, que o poder "é a essência da política" ou, como afirmou Nancy Henley, que dizer que o "pessoal é político" significa "não há nada que façamos – não importa quão individual e pessoal possa ser – que não reflita nossa participação em um sistema de poder".

Um erro contrário é dizer, como Hannah Arendt e Sheldon Wolin, que "o político" é somente o fundamento do "comum", quando este último exclui arranjos procedimentais, como a regra da maioria, para decidir problemas de conflito de interesses através de formas relativamente legítimas de poder, ou como Arendt denominou, da "violência".[10] O "político" não deveria excluir as

---

[10] Para uma crítica da posição sobre esse assunto, ver WOLIN (1960, 1996); ARENDT (1965) e HABERMAS ([1976] 1985). Para um argumento sobre a legitimidade democrática do "poder" definido como uma ameaça de sanção ou uso da força, ver MANSBRIDGE (1995a).

bases do "comum", como uma definição baseada somente no poder é capaz de fazer, nem ser confinado ao "comum".

Finalmente, o que o público deveria discutir é um problema de preocupação coletiva e, de certo modo, que exige uma decisão coletiva, mas não é sempre um problema para a ação positiva; ainda que formular uma ação seja ou não uma das questões que o público deve discutir. Devemos discutir uma questão coletivamente (de modo formal ou informal) e decidir coletivamente (de modo formal ou informal) se devemos ou não agir para solucionar essa questão, seja através do governo formal, seja através de processos individuais mais informais. Nisso discordo de Benjamin Barber (1984, p. 121, 137, 161, 174 e *passim*), que define o âmbito do "político" como "circunscrito por condições que impõem uma necessidade de ação pública". Adapto a formulação de Ronald Beiner (1983, p. 148), que descreve a política como o meio através do qual os seres humanos tentam "fazer sentido de sua situação comum através do discurso intersubjetivo". Acrescento ainda que "produzir sentido" quase inevitavelmente tem implicações decisórias para a ação, quando decisão e ação são definidas no sentido altamente informal, fracamente coletivo que defino aqui.[11]

Será que definir a política dessa forma ampla "[erode] os termos da esfera privada" (ELSHTAIN, 1981, p. 333)? Acredito que, em pequena medida, sim. Sugerir que o público deveria discutir assuntos íntimos e familiares, ao menos em termos gerais, pode levar à destruição das defesas que uma pessoa possui contra a invasão de seu mundo privado pelo público. Essa defesa existe simplesmente para dizer que o que acontece na família, ou na esfera íntima, não deve ser objeto de discussão pública. Normas apropriadas deveriam colocar assuntos como o orgasmo ou práticas de lidar com crianças, por exemplo, fora dos limites públicos. Proibições informais ao discurso público sobre essas questões constituem uma das defesas mais fortes que posso imaginar contra a invasão do privado pelo público. Todavia, argumento que a esfera privada pode ser suficientemente protegida contra sérias incursões vindas do governo formal sem impor limites à discussão pública.

O que o público deveria discutir é algo controverso e essencialmente contestável. A questão "isso é político?" demanda um argumento com o objetivo de convencer o interlocutor que uma questão deve ou não ser discutida pelo público. Esse tipo de argumento tem de produzir razões

---

[11] Minha definição é compatível com a de Barber se definimos "ação" de modo a incluir a decisão de não agir em "público" para incluir processos coletivos informais com os quais estou principalmente preocupada, bem como os processo formais de ação estatal.

que expliquem o motivo pelo qual o problema em questão deveria ser alvo da preocupação coletiva; por que deveriam duas ou mais pessoas falar sobre tal assunto?

Um argumento desse tipo não deveria destruir a distinção entre os domínios do público e do privado. Ele não deveria eliminar ou tampouco subordinar ambos a conceitos alternativos. Ele não deveria demandar que o privado seja completamente integrado ou subsumido pelo público. Ele não deveria insistir que o domínio público seja privatizado. Ele não deveria desvalorizar a esfera privada ou sugerir que as relações que a caracterizam tenham pouca significância ou valor.[12] Mas ele deveria mostrar que alguns problemas, embora tidos como pouco relevantes ou como muito íntimos para serem discutidos publicamente, são problemas sobre os quais o coletivo, ou o público, deve deliberar.

## Ativismo cotidiano e conversação cotidiana

O ativismo cotidiano ocorre quando um não-ativista age para mudar as ações ou crenças dos outros a respeito de uma questão que o público deveria discutir. Boa parte do ativismo cotidiano tem lugar na conversação. Aqui temos o exemplo de uma mulher afro-americana contando uma experiência de ativismo cotidiano a outros participantes de um grupo focal:

> Nasci e cresci em Chicago e nunca fui ao sul em toda a minha vida. Mas todos os meus cunhados são do sul. Então, me reuni com essa grande família para jantar e estava esperando, sabe, sentada à mesa, esperando. E, de repente, todos os homens aglomeraram-se [ela faz um ruído divertido, provocando risos] em um canto da sala. E, também de repente, todas as mulheres [ela produz outro ruído] agruparam-se na cozinha. E eu permaneci sentada à mesa coçando minha cabeça. E as mulheres trouxerem os pratos, entregaram-nos a todos, e meu marido perguntou: "Você vai preparar meu prato?". "Eu não preparo seu prato em casa. Por que deveria preparã-lo aqui?" Isso é uma coisa de geração. É um ciclo que não tem fim. O pai dele fez isso, e o pai de seu pai também. Eles simplesmente se sentavam e esperavam enquanto as mulheres preparavam tudo.
>
> [Outros no grupo fazem perguntas e se manifestam.]
>
> Bom, o que eu fiz foi pôr um fim nisso, como se estivesse libertando as outras mulheres na família, e, assim, de repente, elas pararam de servi-los – [outros interromperam com suas histórias].[13]

---

[12] Esses comentários respondem aos argumentos de ELSHTAIN (1981).

[13] Grupo focal realizado em 1994. Exemplo extraído de uma amostra representativa da cidade de Chicago composta de mulheres afro-americanas que haviam dito, em um questionário prévio, que elas possuíam menos que uma educação de colégio e se consideravam "feministas".

Com esse pequeno ato – uma combinação de fala e, nesse caso, a ausência do cumprimento de uma expectativa – o não-ativista intervém na sua própria vida e na vida de outros para promover um ideal relativamente novo de justiça de gênero, exemplificado pelo verbo "libertar". Ela pretendia afetar os outros através de suas ações e palavras. Ela também acreditava, sem dúvida, que as questões sobre as quais ela agiu eram questões que o público deveria discutir.

Na questão que estudo atualmente – mudança de concepções relativas à justiça de gênero –, o ativismo cotidiano dos não-ativistas que conheci baseou-se menos no poder, ou seja, na ameaça da sanção ou do uso da força, que na influência, isto é, persuadindo os outros a seguir um dado curso de ação por seus próprios méritos.[14] Em um ou dois incidentes que meus informantes descrevem, uma forma de poder contribuiu mais para o trabalho de mudança social – como quando uma mulher telefonou para uma companhia onde trabalha um vendedor de janelas sexista para fazê-lo ser demitido. Em vários outros incidentes, o poder sob a forma de uma ameaça derivada da raiva pessoal e do isolamento teve um papel importante. Ainda assim, mesmo nos incidentes nos quais o poder assumiu o papel principal, apelos persuasivos à justiça sustentam a abordagem de meus informantes sobre o conflito.

Considere o ato de chamar alguém de "machista". O uso de um apelido, geralmente em momentos de raiva, certamente aproxima-se do topo de uma escala de formas de deliberação articuladas, não manipulativas e humanas. Isso em muito se distancia do ideal de que a deliberação deve ser conduzida em um contexto de respeito mútuo, empatia e escuta. Ele funciona como uma sanção e amedronta, implicitamente, sanções posteriores, adaptando-se solidamente à constelação particular de efeitos causais que chamo de "poder". Ainda assim, a acusação capturada no termo "machista" também opera como uma forma de influência bruta. Ela apresenta, inerentemente, duas demandas – uma estrutural e outra normativa. Descritivamente, ela afirma que o comportamento em questão resulta, em parte, de uma estrutura de relações de gênero que se estende através de indivíduos particulares engajados nessa interação. Normativamente, ela aponta que o comportamento dos homens não é só desagradável, mas também injusto. Persuadir os outros a agir ou deixar de agir com base em ideais compartilhados e em competição na interação humana, geralmente toma uma forma reduzida.

---

[14] Para uma elaboração dessa distinção entre poder e influência, ver MANSBRIDGE (1995a). Gostaria de evitar a pura implicação racionalista da "persuasão dos méritos", mas não consegui encontrar em inglês uma frase que incluísse um apelo legítimo às emoções relevantes através de um apelo legítimo a razões relevantes e adequadas ele.

No trecho abaixo transcrito, uma mulher profissional de classe (*professional-class women*), auto identificada como conservadora em um espectro liberal-conservador, conta que chamou seu marido de "machista":

> **JM**: Qual foi a reação do seu marido quando você disse isso a ele?
>
> **R**: Lembro-me que ele ficou surpreso e disse que não achava que ele fosse, mas que pensou sobre o assunto e achava que era um pouco machista. Nunca havia lhe ocorrido que ele era machista antes de eu dizer.
>
> **JM**: Você acha que ele considerou isso uma crítica?
>
> **R**: Sim. Acho que ele não queria que fosse desse modo, especialmente porque ele valoriza minha inteligência, e é esse o motivo pelo qual se casou comigo. Acho que ele melhorou; em comparação com alguns anos atrás, vejo que ele está melhor agora.[15]

Em algumas das situações de mulheres que chamaram um homem de "machista", a frase deu início a uma troca que levou a uma mudança de comportamento, primeiramente através da persuasão baseada em um apelo implícito por justiça. Em muitas situações, os homens simplesmente riram da crítica ou ficaram bravos, e as mulheres participantes da interação pensaram que não havia nenhuma chance de que os homens mudassem. Em muitas situações, as mulheres não desafiaram os homens diretamente. Em vez disso, elas conversaram umas com as outras "em segredo" (nos bastidores), usando a frase e a análise que ela corporifica para sustentarem-se mutuamente num sentido emergente de injustiça que elas ainda não ousavam tornar público.[16]

Nos movimentos sociais, novas ideias – e novos termos como "machismo" ou "homofobia" – entram na conversação cotidiana através da interação entre ativistas políticos e não-ativistas. Os ativistas tecem, a partir de ideais ou ideias solidamente baseadas na cultura existente, ideais ou ideias que começam a sedimentar essa base. Enclaves sociais nos quais ativistas conversam intensamente uns com os outros alimentam esse tipo de inovação. Os ativistas, junto com outros que, por várias razões, encontram-se nesses enclaves, discutem e tentam colocar em prática essas extensões e revisões das ideias recebidas. No espaço protegido do enclave, e também nas bordas entre o enclave e o centro da sociedade, os ativistas experimentam persuadir os outros. Eles descobrem, através da empatia, da intuição, da lógica e da tentativa e erro, quais ideias movem os outros a mudar suas próprias ideias e comportamentos e quais

---

[15] De uma sequência detalhada de pesquisas realizadas no início de 1994, verificou-se que 63% das mulheres em uma amostra representativa da área de Chicago declarou ter utilizado a palavra "machista".

[16] Ver SCOTT (1990) para comparações.

não surtem o mesmo efeito. O enclave nutre o desenvolvimento de ideias extremas – como a de que os defensores do controle de armas conscientemente objetivam destruir as capacidades do cidadão de resistir ao governo ou que os bebês deveriam ser produzidos em tubos de ensaio por especialistas em biocibernética. O enclave confirma a alguns de seus participantes a respeito da realidade de suas percepções, sejam elas acuradas ou não. Isso atiça a raiva coletiva. Encoraja soluções criativas, algumas vezes originais, para problemas coletivos. Ajuda a remover convicções paralisantes de que nada pode ser feito. Atiça os domínios intelectuais e emocionais.

Do cerne do enclave e do "fermento" que o rodeia emergem ideias que podem ou não chegar a qualquer lugar na ampla sociedade. Para mudar o modo de pensar e o comportamento de um grande número de pessoas, uma ideia precisa ser suficientemente congruente com outras existentes para encontrar um nicho nos esquemas que as pessoas já empregam para interpretar o mundo. Ela pode explicar fenômenos até agora inexplicáveis ou aplicar velhas lições a algo relativamente novo. Uma ideia nova geralmente emerge de uma nova base material. Mas o forte papel de esquemas interpretativos, tanto em culturas particulares de enclaves competitivos quanto nas vertentes frequentemente conflitivas do pensamento dominante, asseguram que nenhuma ideia pode ser prevista simplesmente a partir de uma mudança material.

Quando os ativistas com suas muitas tendências e facções levam suas ideias à sociedade mais ampla, eles se tornam empreendedores sem astúcia, ou portadores de uma infecção ou participantes de um monólogo. Se no mercado muitos consumidores compram ideias, se em epidemias muitos ficam infectados ou se na conversação muitos olhos se iluminam ou ficam vidrados, depende dos ativistas, dos tradutores que têm um pé no enclave e outro na sociedade mais ampla e das necessidades e ideias dos membros da ampla sociedade.

Quando novas ideias se difundem na sociedade mais ampla, diferentes tipos de pessoas as apreendem e as testam por diferentes razões. Alguns encontram nessas ideias um novo clube com o qual podem derrotar velhos inimigos, outros veem a centelha com a qual podem seduzir amigos em potencial. Alguns encontram nelas a resposta para charadas intelectuais e emocionais. Alguns as veem como extensões saudáveis de ideais que já carregam. Especialistas tomam parte, revistas de notícias escrevem pequenas notas sobre essas ideias, ou artigos de capa, ou mesmo histórias completas. Programas de televisão as colocam no ar ou fazem apontamentos focalizando-se nelas. Se as ideias possuem relevância para a vida dos cidadãos ordinários, estes últimos começam a tomar posições e a conversar sobre elas com seus amigos. As mulheres podem conversar com seus maridos e com outras mulheres na família. Elas podem parar de servir pratos e talvez chamar os homens que conhecem de machistas.

Se partes de novos ideais começam a ganhar aceitação geral, muitas pessoas, incluindo não-ativistas, começam a mudar suas vidas a fim de dar vida a esses ideais de modo mais eficaz. Aqueles cuja vida material é aperfeiçoada através do ato de pôr novos ideais em prática têm incentivos para promulgar essas ideias. Aqueles cuja vida material sofrerá danos, têm incentivos para denegri-las. Mas a perda e o ganho material não explicam completamente a adesão ou a rejeição a uma ideia. As pessoas são governadas, em parte, por seus ideais, e elas querem, geralmente, agir de acordo com eles. Mostrar que um novo ideal é consistente com um ideal antigo, ou que argumentos prévios aos quais novos ideais não se aplicam estão errados, pode fazer, ao menos, com que alguns indivíduos contemporâneos mudem suas ideias sobre o que consideram como relacionamentos corretos, sobre ações corretas e sobre suas vidas.

As ideias e os ideais que geram e são gerados por esse processo podem ser tanto boas quanto ruins. O processo que gera, ao longo do tempo, uma convicção crescente de que escolas devem ser racialmente integradas marca o mesmo processo, em linhas gerais, que o que gera, ao longo do tempo, a convicção de que os judeus devem ser enviados para os campos de concentração. Mas, embora as linhas gerais possam ser as mesmas, o processo, em seus detalhes, pode não ser o mesmo. Os ideais do bom funcionamento do processo deliberativo têm derivado, em parte, de uma longa observação humana de quais processos produzem boas decisões através do tempo, assim como, em parte, do entendimento de que procedimentos têm elementos que são bons por si mesmos. A crença dos democratas é que os bons sistemas deliberativos vão, com o tempo, produzir resultados justos. Mas o critério para definir a boa deliberação encontra-se ainda como uma questão aberta. É ainda difícil dizer se o critério para a boa deliberação em uma assembleia pública pode ser percebido como o mesmo critério para se definir um bom sistema deliberativo.

## Critério para julgar a deliberação e a conversação cotidiana

Gutmann e Thompson (1996) sugerem os princípios de reciprocidade e *accountability* como critérios para julgar a deliberação em uma assembleia pública. Esses critérios aplicam-se de maneira diferente ao amplo sistema deliberativo, incluindo a conversação cotidiana e também precisam de revisão para capturar adequadamente o que distingue a boa conversação democrática da ruim, em uma assembleia ou na conversação cotidiana.

A publicidade, tal como Gutmann e Thompson a apresentam, é basicamente uma virtude de assembleias representativas, que tipicamente produzem uma decisão vinculatória. Habermas e Kant sugerem que o sistema deliberativo como um todo deveria também alimentar a publicidade nas ideias.[17] Mas nem a conversação formal nem a cotidiana deveriam fazer da publicidade um fetiche; o segredo geralmente oferece melhores condições para a deliberação que a publicidade. Em uma assembleia formal de tomada de decisão, os procedimentos são geralmente mais produtivos se as portas permanecem fechadas e os membros da sociedade não têm de escutar suas palavras. De modo semelhante, na conversação cotidiana do amplo sistema deliberativo, o pensamento criativo geralmente se desenvolve em um espaço protegido. Um melhor critério é que a publicidade pura e simples seria uma mistura de proteção e publicidade nos primeiros estágios do processo deliberativo, mas com o máximo de publicidade viável nos estágios finais (ELSTER 1998, p. 197).

A *accountability* pode parecer, ainda mais que a publicidade, a virtude de um corpo representativo. Num sentido mais amplo, todos os cidadãos são responsivos (*accountable*) uns aos outros. Dado o fato de que nem jornalistas nem cidadãos ordinários são formalmente *accountable* aos seus leitores ou concidadãos, respectivamente, o critério da *accountability* precisa ser interpretado de maneira mais ampla no sistema deliberativo como um todo. Na maioria das instâncias de conversação cotidiana, faz sentido impor somente um sentido informal de responsabilidade aos outros, e é válido discutir sobre o que pode ser essa responsabilidade indubitavelmente contestável.[18] O "discurso de ódio", por exemplo, poderia ser analisado de modo útil no quadro mais amplo de análise das formas de *accountability* mútua apropriadas à boa conversação democrática. Começar a fazer isso

---

[17] Grande parte da literatura do final do século XVIII e do início do século XIX que exalta as virtudes da "opinião pública" (HABERMAS, [1962] 1989, p. 90-102) aplica-se especificamente ao que chamo de "conversação cotidiana". Habermas (p. 100-101) também sustenta a aplicação do critério da publicidade à conversação cotidiana. Bentham menciona o "regime da publicidade" e aplica o critério "tanto dentro quanto fora do parlamento e aponta a importância de Kant para o desenvolvimento da razão pública no curso da conversação em empresas mistas [incluindo] pessoas de negócios ou mulheres"(p. 106).

[18] Ver MANSBRIDGE ([1980] 1983, p. 248-251) para informações mais detalhadas sobre como certos cidadãos atuam como representantes dos cidadãos inativos, e MANSBRIDGE (1995b, 1997b), para um melhor desenvolvimento do tema da *accountability* informal no setor representativo.

coloca a questão, aplicável também às assembleias deliberativas, de que a constante *accountability* perante os outros nem sempre produz a deliberação mais criativa e autêntica, ou mesmo uma deliberação que é, em último caso, a mais apta a auxiliar a política como um todo. Seres humanos podem, às vezes, precisar de espaços protegidos da *accountability*, bem como da publicidade, a fim de pensar mais livremente sobre os problemas que enfrentam. Novamente, um bom critério para a deliberação não deveria impor uma total *accountability* nos estágios criativos do processo, mas somente em seus estágios públicos posteriores.

O critério da reciprocidade aplica-se quase sem problemas à conversação cotidiana. Gutmann e Thompson (1996) agrupam sob o conceito de reciprocidade os valores do respeito mútuo, os objetivos de consistência do discurso e consistência entre discurso e ação, a necessidade de reconhecer os sentimentos e crenças mais fortes dos outros e os valores de "abertura de pensamento" e "economia da discordância moral" (com relação às racionalidades que minimizam a rejeição de uma posição oposta). Gutmann e Thompson incorporam à reciprocidade (tornando-a um passo inicial no processo deliberativo) a proposta alternativa de Lynn Sanders (1997) da deliberação através do testemunho, ou seja, sustentar a própria perspectiva com as próprias palavras; uma ação que tanto possui valor expressivo quanto ajuda a mudar os esquemas interpretativos dos outros. Todos esses valores podem ser aplicados à conversação cotidiana.

Nessa mesma perspectiva, a discussão de Bejamin Barber (1984) sobre a "conversação democrática forte" enfatiza a obrigação de ouvir. Amitai Etzioni (1996, p. 102-106) propõe, para diálogos morais informais entre cidadãos, regras de engajamento que incluem o apelo a um valor externo ou amplo que pode reconciliar os participantes em um dado conflito sem afrontar os compromissos morais mais profundos dos outros (incluindo deixar algumas questões fora do debate[19]) e como possíveis substitutos para a linguagem dos direitos, a linguagem das necessidades, desejos e interesses. Daniel Yankelovitch (1991) formula alguns dos modos pelos quais, idealmente, o julgamento público deveria diferir de uma mera agregação de preferências – incluindo "trabalhar através" de questões públicas controversas como se alguém fosse trabalhar o luto após a morte. Íris Young (1996) abre o processo da deliberação a participantes em desvantagem com relação a entendimentos elitistas tradicionais do

---

[19] Gutmann e Thompson estão certos ao serem cuidadosos com essa solução que é, às vezes, necessária, porque ela antecipa intenções de gerar deliberação através do desacordo.

processo de troca de razões, acrescentando a ele elementos de "saudação" (reconhecimento mútuo explícito e cuidado conciliatório), "retórica" (formas de fala, como humor, que reflexivamente incitam a audiência) e "narração de histórias" ou "testemunhos" (que pode mostrar aos estranhos quais valores importam para aqueles que os sustentam). As sugestões de Young aplicam-se facilmente à conversação cotidiana. Todos esses outros escritores explicitamente aplicam seus entendimentos expandidos de reciprocidade à conversação cotidiana.

Mesmo interpretada tão expansivamente, a reciprocidade não pode permanecer como um critério inquestionável para julgar tanto a deliberação formal quanto a conversação cotidiana. Gutmann e Thompson (1996, p. 90) concluem sua seção sobre a reciprocidade comentando que "a política do respeito mútuo não é sempre boa". A fim de atrair a atenção para uma posição legitimada que iria, de outro modo, ser ignorada, eles apontam que os cidadãos podem precisar "tomar medidas extremas e mesmo ofensivas[...] recusar-se a cooperar com os oponentes e mesmo ameaçar retaliação". O mesmo é verdade para a conversação cotidiana, porque os proferimentos públicos são registrados, porque ser feito de bobo em público é pior que receber um insulto privadamente e porque a sequência da interação em uma assembleia de muitos interlocutores dificulta a correção de interpretações errôneas ou a amenização de uma observação severa por meio de um cumprimento subsequente. Falantes em um fórum público precisam ser particularmente cuidadosos para medir suas palavras e dar aos outros ao menos um respeito formal. Os ambientes menos *accountable* e menos comprometidos com a responsividade da conversação cotidiana alimentam uma grande incivilidade.

Tanto num fórum público quanto na conversação cotidiana há locais justificáveis para ofensa, não cooperação e ameaça de retaliação – mesmo para rancor, raiva, animosidade, egoísmo, que nada almejam além de ferir. Essas formas de conversação são às vezes necessárias não só para "promover o respeito mútuo a longo prazo"(GUTMANN; THOMPSON, 1996, p. 90), mas também para alcançar autenticidade, para revelar (como no testemunho) a dor e a raiva, o ódio que alguém sente ou o tripúdio da dor que outros sentem, quando a expressão ou o conhecimento desses sentimentos adia o entendimento, que é o objetivo da deliberação. Essas formas não civis de conversação são geralmente necessárias como meios para atingir o objetivo de aproximar a liberdade e a igualdade na deliberação. Às vezes, somente uma oposição intensa pode romper as barreiras do *status quo*. Ninguém sempre ouve atentamente aos outros, e membros de grupos dominantes particularmente acham que não precisam ouvir os membros de grupos subordinados. Então, os subordinados, às vezes, precisam da motivação da raiva.[20]

A conversação cotidiana às vezes providencia espaços, como os braços de um melhor amigo, nos quais as palavras rudes mais corrosivas podem ser pronunciadas, entendidas, assimiladas e retrabalhadas para um consumo mais público. Os corredores dos fóruns públicos exercem a mesma função. Qualquer um que tenha deliberado frequentemente em um fórum público – mesmo que esse fórum não reúna mais que 25 pessoas ou seja composto pelos membros de um departamento acadêmico – sabe que a boa deliberação tem de incluir o que vem antes e depois, como a conversa dos indivíduos sobre suas posições com pessoas que pensam de maneira semelhante e com opositores, como a raiva é trabalhada contra o inimigo a fim de providenciar o ímpeto da fala e como as fúrias são aplacadas, como desentendimentos são explicados, como compromissos são quebrados ou posições são bem marcadas, como pontos confusos e enviesados e preocupações pequenas com o consenso são reveladas como internamente contraditórias. Esses processos operam melhor em grupos de somente dois ou três participantes, onde o fluxo da comunicação, tanto verbal quanto não verbal, é relativamente incontrolável.[21] A conversação cotidiana, o encontro de cidadãos nas cidades da Nova Inglaterra, a legislatura do Estado e do Congresso norte-americano são parecidos nessas características. Todos eles requerem seus espaços de autenticidade não mediada, os quais, às vezes, requerem não reciprocidade em relação ao mundo exterior, tanto em fóruns públicos quanto no sistema deliberativo como um todo. Além disso, o critério para a boa deliberação não deveria ser o de que toda interação no sistema exiba respeito mútuo, consistência, entendimento, mente aberta e economia moral, mas que o amplo sistema reflita esses objetivos.

---

[20] Linguistas apontam que as culturas humanas diferem radicalmente com relação ao nível em que várias formas de expressão são permitidas e como essas formas são interpretadas (ver, por exemplo, KOCHMAN, 1981, sobre as diferenças entre brancos e negros nos EUA). Como vários teóricos exploram a fundo o papel das emoções e de atos de incivilidade no processo democrático, é importante distinguir essas formas de discurso e de ações que provavelmente podem promover um entendimento mútuo entre culturas das formas discursivas que simplesmente refletem os hábitos culturais do escritor.

[21] Os "bastidores" ou o "pano de fundo" (*backstage*), contudo, não solucionam os problemas das desigualdades deliberativas. Na ação que ocorre nos "bastidores" e na conversação cotidiana, bem como no fórum deliberativo, membros das classes profissionais são participantes que possuem maior probabilidade de apresentar capacidades que gerem grande influência no curso do debate do que a classe trabalhadora e as classes média e baixa (MANSBRIDGE [1980] 1983, p. 201). O quão sem controle essa perspectiva pode ser é, novamente, um problema a ser contestado. Ver CHRISTIANO (1996a) a respeito da "contestabilidade inerente da igualdade deliberativa"; KNIGHT e JOHNSON (1998), para uma crítica dos "preceitos de discussão razoável" de Rawls, e o próprio RAWLS (1971) sobre as condições para legitimar a desobediência civil.

Joshua Cohen (1989) foi o primeiro teórico a especificar critérios através dos quais alguém pode julgar a legitimidade democrática da deliberação, isto é, o grau em que a deliberação estruturada desejável gera autoridade legítima para exercer poder. Seus critérios para legitimar a deliberação aplicam-se igualmente bem à deliberação em assembleias públicas e à conversação cotidiana, pois a qualidade desta afeta a legitimidade normativa de muitas de nossas decisões coletivas informais. Mas seus critérios também requerem revisão.

O primeiro critério de Cohen é o de que a deliberação seja livre. Esse critério é mais bem reinterpretado como o ideal habermasiano de "liberdade de poder", ou seja, a liberdade (ficar livre de) de ameaça de sanção ou uso da força.[22] Embora Foucault esteja certo ao dizer que nenhuma situação pode ficar livre do poder – e cada um de nós é constituído pelo poder e exerce poder em toda interação –, alguns espaços para falar e agir são, embora

---

[22] Cohen categoriza o conceito de Habermas não sob o critério da liberdade, mas sob o critério de uma decisão que resulta da troca de razões. O próprio critério de Cohen de "liberdade" inclui não ser "constrangido pela autoridade de normas ou requerimentos prévios" (1989, p. 22). Essa condição parece problemática, a não ser que ela signifique, como entendo que Cohen quis dizer, *absolutamente* constrangidos pela autoridade *tradicional* de normas ou requerimentos prévios. Nossas vidas e *selves* não têm sentido algum longe de normas e requerimentos prévios; podemos quase dizer que são feitos deles. Muitas dessas normas e requerimentos são corretos e justos. Alguns (como a linguagem) são, de muitos modos, meramente convenientes, mas também contêm elementos de uso da força contra os interesses de alguns, geralmente grupos subordinados. Algumas das normas e alguns dos requerimentos são altamente injustos. A deliberação, mesmo em seu sentido ideal, deve ser constrangida por regras prévias quando estas são neutras ou justas. Ela não deve ser absolutamente constrangida; nem deve ser constrangida meramente pela tradição ou por outros requerimentos que não possam se sustentar sob o escrutínio público. Essas considerações estão incluídas em minha definição de liberdade de poder. Conceitualmente, o que chamo de "liberdade" possui fortes vínculos com o entendimento que Bentham e Kant apresentam de publicidade. Habermas descreve como o princípio de Kant mostra que as ações políticas estão "de acordo com a lei e a moralidade, somente até o ponto em que suas máximas forem capazes de publicidade ou precisarem dela", princípio este derivado de seu pensamento sobre o papel de "oferecer razões na conversação cotidiana" (HABERMAS, [1962] 1989, p. 108). A conclusão de Kant de que "o uso público da razão precisa sempre ser livre" (p. 106, citação), a qual anima sua distinção entre razão "pública" e a "privada", é totalmente apropriada como ideal regulativo na conversação cotidiana. Todos esses critérios, incluindo a liberdade, devem ser entendidos como ideais regulativos, ou seja, como ideais que não podem nunca ser plenamente adquiridos, mas, em vez disso, servem como padrões a serem alcançados. Desse modo, os ideais regulativos da democracia deliberativa se aproximam dos ideais regulativos da democracia agregativa (ou "adversária"); por exemplo, quando agregados, cada um deve contar como um e nenhum como mais do que um. Na prática, a democracia deliberativa e a democracia agregativa não podem nunca executar plenamente esses ideais regulativos. Esse fato não significa que devemos rejeitar esses ideais enquanto objetivos ou deixar de usá-los para julgar o grau de legitimidade (o qual, por isso, nunca será pleno) da prática democrática existente. Por isso, essa não é uma crítica apropriada do ideal regulativo (tal como "ame o teu vizinho como a ti mesmo"), para dizer (como, por exemplo, SANDERS, 1997) que ele não pode ser alcançado plenamente na prática. É uma crítica apropriada desse ideal dizer que almejá-lo produz efeitos ruins em valores como a utilidade e a justiça; ou que almejar um ideal que não pode ser plenamente alcançado na prática é algo que, em si mesmo, produz efeitos ruins (Ver CHRISTIANO, 1996b, para uma boa crítica sobre como fazer da deliberação a única base para a legitimidade).

nunca totalmente livres, mais livres que outros.[23] Encontramos esses espaços tanto no processo democrático de construção da Constituição quanto em nossa busca diária por autoentendimento e pela criação de quadros comuns de referência. Constituições democráticas geralmente tentam isolar fóruns públicos deliberativos dos piores efeitos do poder externo: a Constituição norte-americana, por exemplo, exime os representantes do Congresso de assumirem a responsabilidade por seus atos oficiais. As negociações são geralmente feitas de modo que cada uma das duas partes (como trabalho e gerenciamento) tenha um número igual de representantes e votos, permitindo ao poder formal de cada um cancelar o poder formal do outro. Para garantir liberdade suficiente para a conversação cotidiana, uma política precisa não só providenciar liberdades específicas de fala, imprensa e associação, necessárias para a boa deliberação (DAHL, 1989; KNIGHT; JOHNSON, 1994), mas também gerar para todos os grupos alguns espaços que são relativamente livres de poder.[24]

A igualdade, outro dos critérios de Cohen, aplica-se ao julgamento tanto da conversação cotidiana quanto da deliberação formal. A deliberação nunca está completamente livre do poder. Por isso, Cohen aponta de maneira correta que o critério de igualdade requer tornar os participantes "substantivamente iguais, de modo que a distribuição existente de poder e recursos não interfira em suas chances de contribuir para a deliberação" (COHEN, 1989, p. 23). Na medida em que ameaças de sanção e força entram na arena deliberativa, cada participante deve ter recursos iguais para usar como proteção contra a ameaça de sanção e do uso da força. As assimetrias não deveriam dar vantagens injustas a nenhum participante (KNIGHT; JOHNSON, 1998, p. 293; MANSBRIDGE, 1988). Quando o poder sistêmico, derivado de uma história de dominação e subordinação, produz um conjunto de expectativas e normas naturalizadas que colocam os subordinados em desvantagem, tanto a deliberação clássica quanto a conversação cotidiana precisam, a fim de alcançar as condições de igualdade, prover um conjunto de alternativas para essas expectativas. A necessidade de solicitar e encorajar constituintes previamente excluídos, a fim de aproximar-se da igualdade (KNIGHT; JOHNSON, 1994, 1998; YOUNG, 1999), não significa que todo fórum

---

[23] Ver ALLEN (1970) e também EVANS e BOYTE (1986) sobre o "espaço livre"; MANSBRIDGE (1990, 1995a), sobre enclaves deliberativos; FRASER ([1992] 1997), sobre contrapúblicos subalternos; SCOTT (1990), sobre espaços isolados; e JOHNSON (1997), para uma interpretação de Foucault enquanto alguém que procura por espaços de liberdade concreta.

[24] A liberdade na deliberação precisa também incluir o que John Rawls (1971) chamou de "o valor da liberdade", mas eu coloco essas considerações sob a categoria de igualdade.

necessita incluir todos os afetados, mas que no sistema deliberativo como um todo, nenhum participante deve ter uma vantagem injusta.[25]

Mas a igualdade apropriada para a conversação cotidiana e para a deliberação formal não requer igual influência. Embora Cohen escreva que cada participante deve ter "voz igual" na decisão, a igualdade deliberativa não deveria significar que cada participante deve ter um efeito igual nos resultados. Em vez disso, a força do melhor argumento (incluindo a força de bons argumentos baseados na emoção) deve prevalecer, não importa quem originou o argumento ou quão frequentemente ele teve origem em um ou mais participantes.[26] Na prática, a influência não é fácil de ser separada do poder, mas tanto assembleias públicas que funcionam suavemente quanto um grupo de amigos envolvidos em uma conversação cotidiana tentarão fazer essa separação o quão melhor puderem. Eles vão tomar uma boa ideia de qualquer fonte, mas vão rejeitar tentativas de exercer poder, particularmente o poder desigual, no sentido da ameaça de sanção ou do uso da força.[27]

---

[25] YOUNG (1990), FRASER ([1992] 1997) e MANSBRIDGE (1990, 1995a), entre outros, referem-se aos requerimentos institucionais que usualmente aumentam a igualdade na deliberação. Ver MAIER (1953) e HASTIE (1993) sobre o encorajamento de vozes minoritárias na deliberação. A questão dá inclusão envolve normas que consideram os limites da política (DAHL, 1956, p. 64-67). Sem colocar limites na política, a máxima "o que afeta a todos deve ser decidido por todos" pode acarretar o aumento de peso do poder dos indivíduos em uma decisão (incluindo sua capacidade de bloquear o consenso e, por isso, mantendo o *status quo*) no nível em que a decisão poderia afetá-los.

[26] Para mais detalhes sobre o efeito da igualdade ao instaurar uma arena para a autoridade do melhor argumento, ver HABERMAS ([1962] 1989, p. 36); para saber sobre a deliberação que não requer igual influência, ver MANSBRIDGE ([1980] 1983, especialmente p. 235-244) e, mais recentemente, WARREN (1986) e BRIGHOUSE (1996, p. 125). Quando Cohen (1989, p. 22) utiliza o termo "voz igual" como requerimento para os participantes na deliberação legítima, ele presumivelmente não quer insinuar um número igual de palavras para cada participante ou um igual efeito nos resultados. O termo "voz igual" ainda não possui um significado exato ou mesmo frequentemente estipulado na teoria democrática. Uma nova geração de teóricos começou recentemente a enfrentar os desafiantes problemas envolvidos na formulação de um conceito de igualdade que seja congruente com os ideais deliberativos. Em seu excelente ensaio sobre o sujeito, o argumento mais desafiador proposto por Knight e Johnson (1998, p. 281) é que a "deliberação requer uma igual capacidade para promover demandas persuasivas", incluindo "a habilidade de elaborar razões, articular ideias, etc.". Poderíamos, é verdade, argumentar a favor desse ideal, enfatizando seu lado regulativo e inatingível, com base na ação plena, no autodesenvolvimento e na representação precisamente fiel dos interesses de alguém na deliberação. Mas não está claro que a igualdade referente a essas capacidades, ou mesmo a igualdade deliberativa, seja requerida na deliberação. Muitos participantes da deliberação podem preferir a formulação de Christiano (1996a, p. 259), segundo a qual embora "eu possua um grande interesse em ter minhas visões expressadas [...] não é essencial que eu as expresse". Uma formulação posterior de Christiano, a qual diz que a igualdade deve prevalecer na deliberação e que "um tempo igual deve ser dado" a opiniões diferentes é, contudo, muito mecânica e inapropriada para o modo como o pensamento e a deliberação operam atualmente (quando um ponto pode ser bem exposto em cinco palavras e outro pode requerer quinhentas). As sugestões institucionais de BOHMAN (1996) para uma igualdade posterior na deliberação são mais persuasivas que sua análise do ideal normativo (ver p. 107, 113, 122, 124, 126 e 131, para mais informações sobre diferentes formulações desse ideal).

[27] A influência legítima não abrange a manipulação (levar os outros a concordar com posições contra seus interesses mais caros através da persuasão que possui a forma externa do "melhor argumento"). A manipulação é ilegítima em qualquer deliberação democrática, incluindo a conversação cotidiana.

O critério de igualdade também demanda uma forma de respeito mútuo entre os participantes. O respeito mútuo, um componente principal da reciprocidade esboçada por Gutmann e Thompson, requer escuta (BARBER, 1984). Ele requer que você tente, através da imaginação e da empatia, colocar-se no lugar dos outros (WILLIAMS, 1962; MINOW, 1987; BENHABIB, 1991). Ele também requer o reconhecimento das diferenças entre você e os outros, as quais tornam impossível para você colocar-se completamente no lugar deles (YOUNG, 1997). Até o trabalho recente das feministas negras e dos autores pós-coloniais (HARRIS, 1990), as teorias do respeito mútuo não enfatizavam, nem mesmo reconheciam, a necessidade de considerar essas diferenças.

O critério de igualdade na deliberação deveria, além disso, ser modificado, de modo a exigir igual oportunidade para afetar os resultados; respeito mútuo e igual poder somente quando ameaças de sanção e do uso da força entram em cena.

O próximo critério de Cohen é que os resultados deliberativos deveriam ser implementados somente com referência às razões que os participantes oferecem. Requerer que a deliberação legítima seja "racional" exclui, implícita ou explicitamente, o papel positivo das emoções na deliberação. Amelie Rorty (1985) e Martha Nussbaum (1995) apontam as falhas de se criar dicotomias entre razão e emoção. As emoções sempre incluem alguma forma de julgamento e avaliação, e a razão raramente pode proceder sem o compromisso emocional, com a condição de que seja um compromisso emocional com o processo de troca de razões. A abordagem positiva de Nussbaum do papel das emoções na deliberação elege a emoção da compaixão como elemento essencial da boa troca de razões a respeito de problemas de interesse público. Outras emoções, como a solidariedade, também possuem um papel importante na deliberação. O terceiro critério para a legitimidade normativa é que a deliberação deveria basear-se na "troca de considerações" mais que na "troca de razões", porque construir o melhor sentido a respeito do que coletivamente devemos fazer requer uma atenção fina às cognições e emoções.[28]

O quarto princípio elaborado por Cohen é o grau em que a deliberação "almeja chegar a um *consenso* racionalmente motivado" (1989, p. 23, ênfase no original). Esse não é, a meu ver, um critério apropriado

---

[28] Ver MANSBRIDGE (1992b, 1997); LINDBLOM (1990, p. 32); BARBER (1984, p. 174); KNIGHT; JOHNSON (1998, p. 284).

para legitimar a deliberação. Mesmo no nível de uma assembleia formal, a deliberação normativamente legitimada deveria almejar não só o consenso, mas o esclarecimento do conflito, aguçando-o se necessário. De modo semelhante, o critério de Cohen para um "procedimento deliberativo ideal" inclui que ele deveria ser "focado no bem comum" (1989, p. 19), mas tal foco singular torna difícil reconhecer que a deliberação pode concluir de maneira correta e legítima que os interesses dos participantes estão fundamentalmente em conflito (MANSBRIDGE, [1980] 1983, 1992; KNIGHT; JOHNSON, 1994, 1998; YOUNG, 1996; SANDERS, 1997). A pressão consciente ou inconsciente para enquadrar o argumento de alguém em termos do bem comum pode distorcer seriamente o entendimento dos participantes sobre a questão em debate, dificultando sua resolução através da barganha legitimada (por exemplo, alterar participações ou igualar resultados mediante pagamento a todas as partes).

Pelas mesmas razões, a deliberação não deveria formatar idealmente as "identidades e os interesses dos cidadãos", somente de "maneira que elas possam contribuir para a formação de uma concepção pública do bem comum" (COHEN, 1989, p. 19). A deliberação formal, a conversação cotidiana e outras formas de participação democrática deveriam capacitar os cidadãos a ver o conflito de maneira mais clara quando ele foi previamente mascarado – por exemplo, pelas decisões não públicas da elite e por definições hegemônicas do bem comum (BACHRACH; BARATZ, 1963; BACHRACH, 1974. Ver também o critério de "entendimento iluminado" em DAHL, 1979, p. 104-105). As mulheres, por exemplo, têm sido socializadas de modo a colocar os interesses de outros sempre adiante de seus próprios interesses, o que interfere no modo como estes são por elas interpretados. A articulação do interesse próprio tem um papel legítimo na deliberação democrática, particularmente em discussões de justiça distributiva (MANSBRIDGE, 1992a; STOCKER, 1992; KNIGHT; JOHNSON, 1998). Uma deliberação legítima deveria contemplar o critério de auxiliar os cidadãos a entenderem melhor seus interesses, sejam eles forjados com vistas ao bem comum ou não.

Revisados dessa forma, os critérios para a produção de decisões justificáveis formulados por Gutmann e Thompson e os critérios de Cohen para legitimar decisões em um fórum vinculante tornam-se razoáveis para julgar a conversação cotidiana. Em ambientes de relativa liberdade e igualdade, considerando tanto a razão quanto a emoção, a conversação cotidiana e a deliberação formal deveriam ajudar os participantes a entenderem seus conflitos e suas afinidades. Não tentarei resolver aqui como podemos julgar a deliberação formal e a conversação cotidiana na base de sua capacidade de transformar um participante de "pessoa privada" em "cidadão" (HABERMAS, [1962] 1989).[29] Em ambas as vertentes, devemos julgar essas transformações pelos tipos de solidariedade e compromisso aos princípios que envolvem.[30]

## Uma variedade de fóruns, uma variedade dentro de padrões

Os espaços para a realização da deliberação localizam-se em um espectro que engloba desde a assembleia representativa (BESSETTE, 1994), a assembleia pública encarregada de produzir uma decisão vinculante (COHEN, 1989; GUTMANN; THOMPSON, 1996), passando pela esfera pública (HABERMAS, [1962] 1989), até os contextos mais informais de conversação cotidiana. Mover-se ao longo desse espectro, implica mover-se ao longo de um espectro similar, do formal ao informal, dentro dos mesmos padrões para a boa deliberação.

Jürgen Habermas ([1962] 1989, p. 25) traçou uma linha entre uma assembleia vinculante – como *locus* da "formação das vontades" – e o resto do sistema deliberativo – como reino da "formação da opinião".[31] Mas essa linha não deve, creio eu, implicar nenhuma grande diferença nos padrões para a deliberação. A esfera pública habermasiana não está restrita a um fórum vinculante restrito. Nem os dois elementos constitutivos da esfera pública – contidos na afirmação de que "as pessoas privadas [...] reúnem-se para formar um público" através da troca crítica de razões – definem ou mapeiam a deliberação através de uma distinção tida como vinculante ou desvinculante.[32]

---

[29] DEWEY ([1926] 1994) também desejava que "O Público" "formasse a si mesmo"(p. 31), "definindo e expressando seus interesses"(p. 146), e se tornasse "organizado" (p. 28), em contraste com a "massa", a qual ele via como "difusa, móvel e diversa"(p. 146), formada de "muitos públicos" (p. 126). Ver também BARBER (1984).

[30] Para um forte ceticismo sobre a transformação, ver ROSENBLUM (1998) e KNIGHT; JOHNSON (1994).

[31] Em 1992, Habermas tomou emprestado de Nancy Fraser ([1992] 1997, p. 307-308, especialmente nota 26) a ideia de que a esfera pública "geral" consiste tanto em uma esfera pública "forte" que se engaja no processo de elaboração de decisões vinculatórias quanto uma esfera pública "fraca" que se engaja exclusivamente no processo de formação de opinião e consiste de "públicos subculturais sobrepostos" que podem formar "identidades coletivas". Argumento aqui que a esfera pública fraca deve incluir o amplo escopo de conversações cotidianas a respeito de questões que o público deve discutir. Essa esfera pública fraca é responsável pela "formação informal da opinião que prepara e influencia o processo de tomada de decisão política"(p. 171). Enquanto reino da "formação da opinião", ela se difere do reino da "formação da vontade", ou seja, da arena formal de elaboração de decisões vinculantes (p. 314).

[32] Embora esses dois critérios de "caminhar juntos" para formar uma troca pública e crítica de razões não

Assim, o critério para julgar a deliberação encontra-se em um processo que não se restringe à distinção acima apontada. Em último lugar deveriam estar os padrões que auxiliam a criar obrigações políticas (APPLBAUM, 1992). Possivelmente menos rigorosos, mas não diferentes, são os padrões que geram autoridade legitimada para o exercício do poder (MANIN, 1987; COHEN, 1989). Ainda menos rigorosos são os padrões que nos permitem julgar quais argumentos são justificáveis para os outros cidadãos (GUTMANN; THOMPSON, 1996), adequados para continuar a cooperação (BOHMAN, 1996), ou simplesmente produtores de decisões de alta qualidade (ESTLUND, 1993). A linha entre fóruns que produzem decisões vinculantes e todos os outros espaços mais informais de discussão não corresponde, segundo Gutmann e Thompson, à linha entre legitimidade e a mera justificação. Estes autores se colocam explicitamente fora da linha que divide as decisões vinculantes das não vinculantes, tornando sua análise aplicável somente a decisões vinculatórias. Mas eles também tornam claro que não estão trabalhando dentro do quadro da legitimidade, mas dentro de um quadro mais amplo de justificação.[33]

---

exclua fóruns não vinculantes como as cafeterias, eles parecem excluir a conversação cotidiana. No primeiro critério, a conversação cotidiana informal sozinha pode "colocar juntos os potenciais críticos difusos" do público (HABERMAS, [1962] 1989, p. 382). Ideias, perdidas entre uma população de indivíduos conectados a movimentos sociais, governos, uma mídia diferenciada e outras fontes de estímulo intelectual, realizam alguns dos requisitos do "trabalhar juntos por um objetivo comum" (*pulling together*). Se o grupo é capaz de compor um "público" é uma questão controversa. Meu entendimento da esfera pública intencionalmente desafia a agudeza crítica tanto da concepção que Dewey apresenta do "público" (ver a nota 29 logo acima) quanto do ideal de esfera pública de Habermas (o qual deve produzir a transformação da "pessoa privada" em "cidadão"), baseando-se no fato de que se esses conceitos requerem a cidadania para que o bem comum seja almejado (mesmo que haja uma discordância, às vezes drástica, a respeito desse bem), eles não definem os únicos fins apropriados, e, se eles não requerem tal objetivo, seu sentido se torna ambíguo. No segundo critério, a "consideração crítica" de razões apropriadas e de emoções parece um bom requerimento para a esfera pública (ver acima, p. 225-226), particularmente se essa consideração abrange formas abreviadas de deliberação, como argumentos inteiros resumidos em uma palavra, regras práticas e simples, e outras formas heurísticas que poupam tempo e esforço cognitivo (POPKIN, 1991).

[33] Gutmann e Thompson (1996, p. 13) realmente associam a qualidade vinculante das decisões à sua justificação. As decisões que eles analisam "são coletivamente vinculantes e, por isso, devem ser justificáveis, de modo tão abrangente quanto possível, a todos a elas submetidos". Contudo, o modo como alguém torna-se "submetido" a elas não está completamente claro. Gutmann e Thompson podem, assim como Rawls, embasar o dever do cidadão na obediência à lei somente através da justiça do sistema constitucional mais amplo, uma vez que a lei em questão não exceda certos limites de injustiça. Essa postura seria congruente com o fato de que eles explicitamente rejeitam a ideia de que a democracia deliberativa vai necessariamente produzir uma decisão justa (p. 18) e de que também rejeitam explicitamente a ideia de que uma decisão é legítima se o processo que a produziu foi legítimo (p. 200). Mais importante é o fato de eles rejeitarem a dicotomia que coloca a seguinte questão: "os procedimentos democráticos têm prioridade sobre resultados justos ou o contrário?"(p. 27). Em vez disso, "nem os princípios que definem o processo da deliberação [as 'condições da deliberação', isto é, os princípios de reciprocidade, publicidade e *accountability*] nem os princípios que constituem seu conteúdo [o 'conteúdo da deliberação' , isto é, os princípios de liberdade básica, oportunidade básica e oportunidade justa] têm prioridade na democracia deliberativa. Ambos interagem dinamicamente de modo que ultrapassam a dicotomia

Se não extraímos da distinção entre fóruns vinculatórios e não vinculatórios padrões qualitativos diferentes para julgar a deliberação de cada lado dessa linha, somos deixados com um conjunto de padrões que simplesmente se aplicam mais e mais frouxamente na medida em que os participantes na conversação são cada vez menos formalmente responsivos (*accountable*) entre si. A conversação cotidiana nesse sentido diferencia-se da deliberação clássica em uma assembleia, não em tipo, mas somente em grau.

Não nego que a representação formal difere, de modos relevantes, da *accountability* informal. Assembleias com autoridade para produzir decisões vinculatórias também diferem das conversações informais presentes na conversação cotidiana. A questão mais importante é se qualquer um dos critérios utilizados para julgar a qualidade da deliberação, com os quais se preocupam, entre outros, Gutmann e Thompsom, alteram as fronteiras entre vinculante/desvinculante ou entre a representação formal e a informal. Com a possível exceção da *accountability*, que obviamente se torna formal com a instituição da representação formal, essa análise requer que esses critérios não se alterem: eles simplesmente tornam-se mais maleáveis em sua aplicação. A deliberação pública estende-se através de um espectro no qual vários pontos divisórios – Estado/não Estado, representantes, princípios vinculatórios/não

entre procedimento e resultado" (p. 27). Não é fácil examinar e descrever a relação entre esses seis princípios que interagem dinamicamente em termos de se uma lei que resulta ou não de uma deliberação é justificável. Na maioria dos argumentos utilizados no livro, a justificação encontra-se marcada por um espectro de modo que "quanto mais próximas as condições [ou seja, os princípios de reciprocidade, publicidade e *accountability*] encontram-se de serem satisfeitas, mais justificáveis tendem a ser os resultados"(p. 17). Mas algumas seções do livro sugerem uma estrutura baseada na fórmula "ou...ou", na qual se um ou mais de um dos princípios for violado, os resultados da deliberação não podem ser justificados. Por exemplo, "liberdade e oportunidade somam-se à reciprocidade, à publicidade e à *accountability*, enquanto os princípios constitucionais de uma democracia deliberativa (p. 199 e 201), são "modelos que autoridades públicas e cidadãos *não devem* violar no processo de elaboração de políticas públicas a fim de que estas possam ser provisoriamente justificadas aos cidadãos por elas vinculados"(p. 199, grifos meus). Isso soa como se a justificação estivesse sujeita à violação de qualquer um dos seis princípios. Essa interpretação é fortalecida pela declaração que eles fazem de que "políticas públicas que violam [um princípio constitucional] *não são justificáveis*, mesmo se fazem parte de um processo que satisfaz as condições de deliberação"(p. 199-200, grifos meus). Por outro lado, essas sentenças que se utilizam do recurso "ou...ou" aparecem todas na seção sobre liberdade e oportunidade. Elas não podem, por isso mesmo, ser aplicadas a todos os seis princípios, mas somente aos três princípios que constituem o "conteúdo" da deliberação, ou seja, a liberdade, a oportunidade e a oportunidade justa. Essa contrainterpretação é fortalecida não só pelo contexto, mas também pelo reconhecimento de que parte do papel desses princípios de "conteúdo" é agir em analogia aos direitos ou a outras formas de prioridade, constrangendo (p. 199, 229, 354 e 355), restringindo (p. 209) e impondo regras (p. 225) a certas ações que atuam na deliberação e resultam dessas próprias regras. Ainda que os segundos três princípios (liberdade, oportunidade e oportunidade justa) possuam um forte papel baseado na norma do "ou...ou", elaborando políticas que os violam de maneira "não justificável", essa diferença com relação aos primeiros três princípios não é explicada de modo claro. Gutmann e Thompson postulam fracamente que cada um dos seis princípios constrangem e restringem todos os outros (p. 355), embora os princípios de conteúdo sejam "mais constrangedores" do que os princípios de condições (p. 199).

vinculatórios – não possuem uma relação coerente com os critérios para a deliberação. Assim como perguntamos o que pode motivar a boa deliberação dentro de nossas assembleias formais e vinculatórias, deveríamos também perguntar o que pode motivar a boa deliberação em nossos grupos de interesse, em nossa mídia e/ou em nossa conversação cotidiana. Todas essas vertentes são partes importantes do amplo sistema deliberativo.

A conversação cotidiana foi antigamente reverenciada como o *locus* fundamental da formação do julgamento público. Hoje ela raramente aparece na literatura teórica sobre a deliberação,[34] uma vez que os teóricos voltam sua atenção para a deliberação em assembleias formais e vinculatórias. É hora de ampliar nossos horizontes descritivos e analíticos novamente e dar crédito adequado, como componente crítico da democracia, ao sistema deliberativo como um todo, incluindo seu cerne: a conversação cotidiana entre os cidadãos.

## Referências

ALLEN, P. *Free Space: A Perspective on the Small Group in Women's Liberation.* New York: Times Change Press, 1970. (Versão resumida publicada em KOEDT, E. L.; RAPONE, A. (Eds.). *Radical Feminism.* New York: Quadrangle Press, 1973. p. 271-279.)

APPLBAUM, A. I. Democratic Legitimacy and Official Discretion. *Philosophy and Public Affairs*, v. 21, p. 240-274, 1992.

ARENDT, H. *On Revolution.* New York: Viking, 1965.

BACHRACH, P. Interest, Participation, and Democratic Theory. In: PENNOCK, J. R.; CHAPMAN, J. W. (Eds.). *Participation in Politics: NOMOS XVI.* New York: Lieber-Atherton, 1974.

BACHRACH, P.; BARATZ, M. Decisions and Non-Decisions: an Analytical Framework. *American political Science Review*, v. 57, p. 632-642, 1963.

BARBER, B. R. *Strong Democracy: Participatory Politics for a New Age.* Berkeley: University of California Press, 1984.

BEINER, R. *Political Judgement.* London: Methuen, 1983.

BENHABIB, S. Deliberative Rationality and Models of Democratic Legitimacy. *Constellations*, n. 1, p. 26-52, 1994.

BENHABIB, S. *Situating the Self.* New York: Routledge, 1991.

---

[34] Para referências anteriores sobre a conversação cotidiana, ver a nota 17. Para saber sobre a literatura corrente acerca da deliberação, ver as citações presentes em GUTMANN e THOMPSON (1996), mais recentemente, WEITHMAN (1995); BOHMAN (1996); BOHMAN e REHG (1998); ELSTER (1998) e HERZOG (1998, capítulo 4).

BENHABIB, S. (1987). The Generalized and Concrete Other. In: BENHABIB, S.; CORNELL, D. (Eds.). *Feminism as Critique*. Minneapolis: University of Minnesota Press, 1988.

BESSETTE, J. M. *The Mild Voice of Reason: Deliberative Democracy and American national Government.* Chicago: University of Chicago Press, 1994.

BOHMAN, J. *Public Deliberation.* Cambridge, MA: MIT Press, 1996.

BOHMAN, J; REHG, W. (Eds.). *Deliberative Democracy.* Cambridge, MA: MIT Press, 1998.

BRIGHOUSE, H. Egalitarianism and the Equal Availability of Political Influence. *Journal of Political Philosophy*, n. 4, p. 118-141, 1996.

BURY, J. P. (1920) *The Idea of Progress.* New York: Macmillan, 1932.

CHRISTIANO, T. Deliberative Equality and Democratic Order. In: SHAPIRO, I.; HARDIN, R. (Eds.). *Political Order: NOMOS XXXVIII*, New York: New York University Press, 1996a.

CHRISTIANO, T. *The Rule of the Many: Fundamental Issues in Democratic Theory.* Boulder, Colorado: Westview Press, 1996b.

COHEN, J. Deliberation and Democratic Legitimacy. In: HAMLIN, A.; PETIT, Philip (Eds.). *The Good Polity: Normative Analysis of the State.* Oxford: Basil Blackwell, 1989.

DAHL, R. A. *After the Revolution?* New Haven: Yale University Press, 1956.

DAHL, R. A. *Democracy and Its Critics.* New Haven: Yale University Press, 1989.

DAHL, R. A. Procedural Democracy. In: LASLETT, P.; FISHKIN, J. (Ed.). *Philosophy, Politics and Society.* New Haven: Yale University Press, 1979.

DEWEY, J. (1926). *The Public and Its Problems.* Athens: Swallow Press/Ohio University Press, 1994.

DIETZ, M. G. Citizenship with a Feminist Face: the problem with maternal thinking. *Political Theory*, n. 13, p. 19-37, 1985.

ELSHTAIN, J. B. *Public Man, private woman: women in social and political thought.* Princeton: Princeton University Press, 1981.

ELSTER, J. Deliberation and Constitution Making. In: ELSTER, J. (Ed.). *Deliberative Democracy,* Cambridge: Cambridge University Press, 1998.

ELSTER, J. (Ed.). *Deliberative Democracy.* Cambridge: Cambridge University Press, 1998.

ESTLUND, D. M. Who's afraid of deliberative democracy? On the strategic/deliberative dichotomy in recent constitutional jurisprudence. *Texas Law Review*, n. 71, p. 1437-1477, 1993.

ETZIONI, A. *The New Golden Rule.* New York: Basic Books, 1996.

EVANS, S. M.; BOYTE, H.C. *Free Spaces.* New York: Harper & Row, 1986.

FOUCAULT, M. The Subject and Power. Afterword. In: DREYFUS, H.; RABINOW, P. *Michel Foucault: beyond structuralism and hermeneutics.* Chicago: University of Chicago Press, 1982.

FRASER, N. (1992). Rethinking the Public Sphere. In: *Justice Interruptus*. New York: Routledge, 1997.

GUTMANN, A.; THOMPSON, D. *Democracy and Disagreement*. Cambridge: Harvard University Press, 1996.

HABERMAS, J. (1992). *Between Facts and Norms*. Translation by William Rehg. Cambridge, MA: MIT Press, 1996.

HABERMAS, J. (1974). *Communication and the Evolution of Society*. Translation by Thomas McCarthy. Boston: Beacon Press, 1979.

HABERMAS, J. (1976). Hannah Arendt's Communications Concept of Power. In: *Philosophical-Political Profiles*. Translation by Frederick G. Lawrence. Cambridge, Mass.: MIT Press, 1985.

HABERMAS, J. (1973). *Legitimation Crisis*. Translation by Thomas McCarthy. Boston: Beacon Press, 1975.

HABERMAS, J. (1962). *The Structural Transformation of the Public Sphere*. Translation by Thomas Burger and Frederick Lattimore. Cambridge, MA: MIT Press, 1989.

HAINISCH, C. The personal is political. In: FIRESTONE, S.; KOEDT, A. (Ed.). *Notes from Second Year: Women's Liberation, major Writings of the Radical Feminists*. New York: Radical Feminists, 1970.

HARRIS, A. Race and Essentialism in Legal Theory. *Stanford Law Review*, n. 42, p. 581-616, 1990.

HASTIC, R. (Ed.). *Inside the Juror*. Cambridge: Cambridge University Press, 1993.

HERZOG, D. *Poisoning the Minds of the Lower Orders*. Princeton: Princeton University Press, 1998.

JOHNSON, J. Communication, Criticism, and the Postmodern Consensus. *Political Theory*, n. 25, p. 559-583, 1997.

KNIGHT, J.; JOHNSON, J. Aggregation and Deliberation: on the possibility of democratic legitimacy. *Political Theory*, n. 22, p. 277-296, 1994.

KNIGHT, J.; JOHNSON, J. What Sort of Political Equality does Democratic Deliberation Require? In: BOHMAN, J.; REHG, W. (Ed.). *Deliberative Democracy,* Cambridge, MA: MIT Press, 1998.

KOCHMAN, T. *Black and White Styles in Conflict*. Chicago: University of Chicago Press, 1981.

LINDBLOM, C. E. *Inquiry and Change: the troubled attempt to understand and shape society*. New Haven: Yale University Press, 1990.

MACKINNON, C. A. *Toward a Feminist Theory of the State*. Cambridge: Harvard University Press, 1989.

MAIER, N. An Experimental Test of the Effects of Training on Discussion Leadership. *Human Relations*, n. 6, p. 161-173, 1953.

MANIN, B. On Legitimacy and Political Deliberation. *Political Theory*, n. 15, p. 338-368, 1987.

MANSBRIDGE, J. Activism Writ Small: Deliberation Writ Large. Paper delivered at the annual meeting of the American political Science Association. Washington, D.C., Aug. 28, 1997a.

MANSBRIDGE, J. A Deliberative Theory of Interest Representation. In: PETRARCA, M. P. (Ed.). *The Politics of Interests*. Boulder, Colo.: Westview Press, 1992a.

MANSBRIDGE, J. (1980). *Beyond Adversary Democracy*. Chicago: University of Chicago Press, 1983.

MANSBRIDGE, J. Everyday talk in the deliberative system. In: MACEDO, S. (Ed.). *Deliberative Politics: essays on democracy and disagreement*. Oxford: Oxford University Press, 1999. p. 211-239.

MANSBRIDGE, J. Feminism and Democracy. *American Prospect*, n. 1, p. 127-136, 1990.

MANSBRIDGE, J. Self-Transformation within the Envelope of Power. Paper delivered at the annual meeting of the American Political Science Association, Chicago, III., Sept. 2, 1992b.

MANSBRIDGE, J. The Equal opportunity to Exercise Power. In: BOWIE, N. E. (Ed.). *Equality of Opportunity*. Boulder, Colo.: Westview Press, 1988.

MANSBRIDGE, J. *The Many Faces of Representations*. Working Paper, Politics Research Group, John F. Kennedy School of Government, Harvard University, 1997b.

MANSBRIDGE, J. Using Power/Fighting Power: the Polity. In: BENHABIB, S. (Ed.). *Democracy and Difference*. Princeton: Princeton University Press, 1995a.

MANSBRIDGE, J. What is the feminist movement? In: FERREE, M. M.; MARTIN, P. Y. (Ed.). *Feminist Organizations: Harvest of the New Women's Movement*. Philadelphia: Temple University Press, 1995b.

MANSBRIDGE, J. You're Too Independent! In: LAMONT, M. (Ed.). *Race, Class and Culture*. New York: Russell Sage, 1999.

MANSBRIDGE, J.; OKIN, S. M. Feminism. In: GOODIN, R. E.; PETIT, P. (Ed.). *A Companion to Contemporary Political Philosophy*. Oxford: Blackwell, 1993.

MILL, J. S. Coleridge. *London and Westminster Review*, March, 1840.

MINOW, M. Foreword to the Supreme Court 1986 Term. *Harvard Law Review*, n. 101, p. 10-95, 1987.

NUSSBAUM, M. C. Emotions and Women's Capabilities. In: NUSSBAUM, M. C.; GLOVER, J. (Ed.). *Women, Culture, and Development*. Oxford: Oxford University Press, 1995.

OKIN, S. M. *Justice, Gender, and the Family.* New York: Basic Books, 1990.

PITKIN, H. Justice: On Relating Public and Private. *Political Theory,* n. 9, p. 327-352, 1981.

POPKIN, S. *The Reasoning Voter.* Chicago: University of Chicago Press, 1991.

RAWLS, J. *A Theory of Justice.* Cambridge: Harvard University Press, 1971.

RORTY, A. O. Varieties of Rationality, Varieties of Emotion. *Social Science Information,* n. 2, p. 343-353, 1985.

ROSENBLUM, N. L. *Membership and Morals: The Personal Uses of Pluralism in America.* Princeton: Princeton University Press, 1998.

SANDERS, L. Against Deliberation. *Political Theory,* n. 25, p. 347-376, 1997.

SCOTT, J. C. *Domination and the Arts of Resistance: Hidden Transcripts.* New Haven: Yale University Press, 1990.

STOKER, L. Interests and Ethics in Politics. *American Political Science Review,* n. 86, p. 369-380, 1992.

UNGER. R. *Social Theory: Its Situation and Its Task.* Cambridge: Cambridge University Press, 1987.

VERBA, S.; SCHLOZMAN, K. L.; BRADY, H. G. *Voice and Equality.* Cambridge: Harvard University Press, 1996.

WALZER, M. *Spheres of Justice.* New York: Basic Books, 1983.

WARREN, M. Deliberative Democracy and Authority. *American political Science Review,* n. 90, p. 46-60, 1996.

WEITHNAN, P. H. Contractualist Liberalism and Deliberative Democracy. *Philosophy and Public Affairs,* n. 24, p. 230-240, 1995.

WILLIAMS, B. The Idea of Equality. In: LASLETT, P.; RUNCIMAN, W. G. (Ed.). *Philosophy, Politics and Society.* Oxford: Blackwell, 1962.

WOLIN, S. S. Fugitive Democracy. In: BENHABIB, S. (Ed.). *Democracy and Difference.* Princeton, N.J.: Princeton University Press, 1996.

WOLIN, S. S. *Politics and Vision.* Boston: Little, Brown, 1960.

YANKELOVICH, D. *Coming to Public Judgement.* Syracuse. N.Y.: Syracuse University Press, 1991.

YOUNG, I. M. Impartiality and the Civic Public. In: BENHABIB, S.; CORNELL, D. (Ed.). *Feminism as Critique: On the Politics of Gender.* Minneapolis: University of Minnesota Press, 1987.

YOUNG, I. M. *Justice and Politics of Difference.* Princeton: Princeton University Press. 1990.

YOUNG, I. M. Communication and the Other: Beyond Deliberative Democracy. In: BENHABIB, S. (Ed.). *Democracy and Diffrence.* Princeton, N.J.: Princeton University Press, 1996.

# A teoria democrática deliberativa[1]

*Simone Chambers*

## Introdução

Tornou-se lugar comum falar sobre a "virada" deliberativa na teoria democrática (DRYZEK, 2000). De fato, essa virada é tão impressionante que tem gerado uma pequena indústria de artigos sob a forma de resenhas críticas e livros com o objetivo de resumir seu significado e seu conteúdo (BOHMAN; REHG, 1997; BOHMAN, 1998a; ELSTER, 1998b; MACEDO, 1999; FREEMAN, 2000). Em sua maioria, esses artigos e livros centram seu foco nos princípios teóricos principais que sustentam a teoria democrática deliberativa, comparam e contrastam as principais afirmações teóricas que a definem. Este artigo seguirá uma abordagem um pouco diferente. Em vez de examinar um terreno já muito bem explorado, procuro investigar não só o que "é" a teoria democrática deliberativa, mas também "como" ela tem sido utilizada. A teoria democrática deliberativa mudou do estágio de "pronunciamento teórico" para o estágio de "teoria aplicável". Embora eu revisite alguns dos principais debates teóricos, isso é feito por meio de uma pesquisa e uma avaliação do estado da teoria democrática deliberativa através do modo pelo qual ela tem sido aplicada em algumas áreas de pesquisa e do modo como ela se intersecta com debates normativos afins. Escolhi cinco áreas de pesquisa: direito público, relações internacionais, políticas públicas, pesquisas empíricas e políticas identitárias.

Essa lista não é exaustiva, nem suas categorias se excluem mutuamente. Além disso, quero enfatizar que o número de pesquisadores que estão

---

[1] "Deliberative Democratic Theory". Originalmente publicado em *Annual Review of Political Science* (2003). Traduzido com a permissão da autora e da *Annual Review of Political Science* (http://www.annualreviews.org).

trabalhando com um modelo de democracia deliberativa ou escrevendo sobre ele é enorme. Qualquer um desses subcampos poderia fornecer, por si próprio, material suficiente para um artigo sob a forma de resenha crítica. Não posso mencionar, nem mesmo discutir, todo o trabalho que está sendo produzido nesses campos e estou certa de estar deixando de lado algumas contribuições potencialmente significantes.

## Quem pode ser apontado como um teórico da democracia deliberativa?

Em 1999, Rawls se juntou à virada deliberativa e explicou que estava "preocupado com uma democracia constitucional bem ordenada... entendida também como uma democracia deliberativa" (1999, p.139). Um artigo produzido recentemente sobre democracia deliberativa destinou uma boa parte de sua análise a Rawls (FREEMAN, 2000). Embora Rawls concorde com uma democracia deliberativa – e sua concepção de razão pública seja central para esse entendimento da democracia – para os propósitos dessa revisão crítica ele não é considerado um teórico da democracia deliberativa. Muitos outros teóricos, que também se expressam favoravelmente à deliberação, não são considerados teóricos da democracia deliberativa nessa revisão. A explicação para isso é que quase todo mundo atualmente é favorável à deliberação de uma forma ou outra (seria difícil não o ser). E cada vez mais as pessoas entendem a democracia constitucional como uma deliberação que vincula os cidadãos de algum modo fundamental (TULLY, 2002). A linguagem e os conceitos da teoria deliberativa democrática infiltraram-se em muitos discursos e debates. Entretanto, nem todos os apelos ou assentimentos à deliberação podem ser considerados como teoria democrática deliberativa. Para os propósitos dessa revisão crítica, a teoria democrática deve ser entendida como um domínio mais restritivo do que apelos em favor da deliberação. Rawls não pode ser qualificado como teórico deliberativo porque, embora ele discuta alguns aspectos da democracia, a sua teoria não é uma teoria democrática *per se* (para um ponto de vista alternativo, ver LADEN, 2000). Para ser sincera, essa é uma distinção de algum modo arbitrária, mas a simpatia pela deliberação está agora tão difundida que, se não traçássemos alguma distinção, eu teria que investigar a teoria liberal em vez de avaliar somente a teoria deliberativa.

Embora eu acredite que a maioria dos cientistas políticos tenha uma ideia correta daquilo que se entende por teoria democrática deliberativa, incluo, como ponto de partida, uma breve lista de suas componentes principais. A teoria democrática deliberativa é uma teoria normativa que sugere modos através dos quais podemos intensificar a democracia e criticar as instituições que não satisfizerem o padrão normativo. De modo específico, essa teoria afirma ser um modo mais justo e verdadeiramente democrático de lidar com o pluralismo do que modelos agregativos ou realistas de democracia. Assim, ela começa por se afastar dos entendimentos individualistas liberais ou econômicos de democracia, indo em direção a uma visão ancorada nas concepções de *accountability* e discussão. Uma teoria democrática centrada na discussão substitui uma teoria democrática centrada no voto. Visões focadas nos processos de votação veem a democracia como uma arena na qual preferências e interesses fixos competem através de mecanismos justos de agregação. Em contrapartida, a democracia deliberativa está focada nos processos comunicativos de formação da opinião e da vontade que precedem o voto. A *accountability* substitui o consentimento tornando-se o cerne conceitual da legitimidade. Uma ordem política legítima é aquela que pode ser *justificada* a todos aqueles que se submetem às suas leis. Assim, a *accountability* é primeiramente entendida em termos de "prestar contas" acerca de algo, ou seja, é um processo no qual uma política pública é articulada, explicada e, mais importante, justificada publicamente. O consentimento (e, é claro, a votação) não desaparece. Pelo contrário, ele ganha uma interpretação mais complexa e rica no modelo deliberativo do que no modelo agregativo. Embora os teóricos da democracia deliberativa apresentem diferentes pontos de vista acerca de quão críticos são em relação às instituições representativas existentes, a democracia deliberativa não é geralmente entendida como uma alternativa à democracia representativa. Ela é, na verdade, uma ampliação da democracia representativa.

Definições de deliberação e de como distingui-la de outras formas de discussão – por exemplo, a barganha ou a retórica – variam enormemente entre os teóricos (compare ELSTER, 1997 e BOHMAN, 1996 a respeito da barganha; ver REMER, 1999, 2000 sobre a retórica). Além disso, mesmo quando uma forte distinção é feita entre, digamos, barganha e deliberação, isso raramente implica que a barganha é ilegítima ou antidemocrática. Isso significa que os cidadãos precisam deliberar e decidir quando e onde a barganha é um método justo e apropriado para a resolução de disputas (HABERMAS, 1996). De forma geral, podemos dizer que a deliberação é o debate e a discussão que têm como propósito produzir opiniões racionais e bem informadas nas quais os participantes são convidados a revisar preferências à luz da discussão, de novas informações e das demandas feitas pelos demais participantes. Embora o consenso não precise ser o objetivo final da deliberação, e os participantes persigam presumivelmente seus interesses,

A teoria democrática deliberativa

o que caracteriza idealmente a deliberação é um interesse abrangente ou coletivo na legitimidade dos resultados (entendida como a justificação diante de todos os concernidos).

Os teóricos da democracia deliberativa estão interessados, entre outras, nas seguintes questões: como a deliberação pode ou deve dar forma às preferências, moderar interesses privados, conferir poder aos marginalizados, mediar diferenças, promover a integração e a solidariedade, favorecer o reconhecimento, produzir opiniões e políticas racionais e possivelmente conduzir ao consenso? A teoria democrática deliberativa investiga criticamente a qualidade, a substância e a racionalidade dos argumentos e das razões acionados para defender leis e políticas. Ela estuda e avalia as instituições, os fóruns, os ambientes e os espaços públicos disponíveis para a justificação deliberativa e para a *accountability* e se preocupa com as condições sociais, econômicas, políticas e históricas necessárias à uma deliberação bem-sucedida, assim como se ocupa das atitudes, dos comportamentos e das crenças requeridas aos participantes. Finalmente, a teoria democrática deliberativa abrange uma leitura aprofundada (alguns diriam "releitura") das questões fundamentais concernentes aos direitos, à soberania popular e ao constitucionalismo. Este último torna-se mais visível quando a teoria democrática deliberativa está ligada à lei e ao constitucionalismo.

## Direito público

Com a publicação de *Between Facts and Norms: Contributions to a Discourse Theory of Law and Democracy*, Habermas anunciou que aquilo que começou na filosofia da linguagem terminou na teoria legal (1996). Mesmo antes disso, é claro, o conhecimento acadêmico na área legal havia percebido a virada deliberativa ou talvez tenha feito sua própria virada deliberativa, especialmente na área da teoria constitucional (MICHELMAN, 1988; ACKERMAN, 1991, 1998; SUNSTEIN, 1993; PREUSS, 1995; TULLY, 1995; NINO, 1996). Haveria aí um tema comum com a teoria legal deliberativa? Em um nível mais abstrato, há um tema partilhado no que tange à reconciliação da democracia e dos direitos. Os teóricos da democracia deliberativa, em sua maioria, estabelecem um meio termo entre o fundacionalismo dos direitos – que percebe a vontade do povo, geralmente entendida como vontade da maioria, em oposição direta aos direitos individuais e, portanto, requerendo limites claros e invioláveis (DWORKIN, 1996) – e a democracia forte e/ou teoria comunitária, que percebe os direitos individuais ou, ao menos, uma cultura obcecada com direitos individuais, como um impedimento nocivo ao bem comum (SANDEL, 1996). A teoria democrática deliberativa pode ser descrita como uma teoria simpática aos direitos de uma democracia robusta, com alguns teóricos tendendo para o lado dos direitos (GUTMANN; THOMPSON, 1996, 2002), enquanto outros são mais atraídos pelo lado da democracia (DRYZEK, 2000; TULLY, 2002).[2]

Habermas desenvolveu essa posição intermediária em uma teoria aprofundada de legitimidade. Em resposta à objeção liberal de que a democracia deliberativa privilegiaria a vontade da maioria sobre os direitos, e à objeção democrata de que ela privilegiaria os direitos sobre a vontade do povo, Habermas (1996, 2001a) defende a "coorignalidade" (*Gleichursprünglichkeit*) dos direitos e da soberania popular. Não há nenhuma vontade do povo sem direitos, e não há direitos sem alguma teoria da soberania popular para criar uma justificação original. A relação entre direitos constitucionais e soberania popular espelha a relação entre lei e democracia. A regra da lei é inerente à democracia, e a democracia não pode funcionar sem a regra da lei (HABERMAS, 2001a). Somos pessoas legais protegidas por direitos somente a partir do momento em que somos os autores dessas leis. Da mesma forma, somos autores somente a partir do momento em que somos pessoas protegidas pela lei.

A teoria legal de Habermas gerou muitos debates e críticas (ROSENFELD; ARATO, 1998; CHAMBERS, 2002; HONNIG, 2002). Uma questão comum que perpassa as críticas (MICHELMAN, 1996; SCHEUERMAN, 1999) tem sido: onde está, exatamente, uma democracia vigorosa em tudo isso? Um dos problemas relaciona-se ao fato de que Habermas quer fazer duas coisas que nem sempre são compatíveis. Ele quer oferecer uma impressionante teoria legal que reescreva e reinterprete a moderna tradição legal em termos deliberativos. Mas, ao mesmo tempo, ele deseja oferecer uma teoria normativa que possua algum viés crítico – que possa nos dizer o que está errado com a moderna tradição legal ou, ao menos, o que há de errado com o modo como ela funciona atualmente. O projeto prescritivo é geralmente encoberto pelo projeto descritivo. Assim, às vezes, a imagem que emerge não parece muito diferente daquela que parecemos ter agora, e Habermas é muito vago a respeito dos melhores e mais eficazes arranjos institucionais para o "empoderamento" deliberativo.

Um outro problema é que Habermas está lidando com o direito no mais alto nível de abstração. Contrariamente, questões ligadas ao *design*

---

[2] Em vez de perceberem um encadeamento entre essas duas linhas, Dryzek (2000) e Tully (2002) apontam que elas apresentam uma clara divisão na teoria deliberativa. Dryzek faz uma distinção entre a concepção constitucionalista liberal e concepções discursivas da democracia deliberativa, enquanto Tully estabelece um contraste entre uma abordagem constitucional da teoria e uma abordagem ativista. Discuto essa oposição a seguir.

institucional são mais bem encaminhadas através de uma tradição legal particular e constitucional. Habermas se sai muito melhor quando fala a respeito de constituições específicas como, por exemplo, a alemã ou a americana; ou quando se engaja no debate com estudiosos das leis que escrevem dentro de uma determinada tradição. O trabalho de Ackerman (1991, 1998) demonstra a efetividade desse foco. Ele também está envolvido em uma acintosa redescrição que supostamente deve levar a um conjunto significativo de prescrições, mas ele começa pelas bases da tradição constitucional americana. A redescrição da história constitucional americana é sustentada por uma teoria do dualismo constitucional. As políticas constitucionais possuem dois modos de funcionamento. Na maior parte do tempo, a Constituição se apresenta como um conjunto de princípios relativamente estável que os juízes aplicam, mas não alteram radicalmente. Esses princípios formam o pano de fundo da "política normal". Sob essa perspectiva, os cidadãos têm pouco o que fazer com a constituição, e as decisões da Corte permanecem atreladas a uma determinado paradigma interpretativo. Mas, de vez em quando, a política constitucional muda seu modo de operar. Durante esses "momentos constitucionais", os cidadãos se engajam em processos mais intensos de formulação de leis. Frequentemente, esses são tempos de crise ou de grande mudança envolvendo questões que chocam as nações, fazendo com que o debate se amplie e se intensifique. Nesses momentos, as elites convocam e ouvem o que o povo tem a dizer, e um novo acesso coletivo a valores e princípios resulta em uma mudança do paradigma constitucional. Esses momentos representam um processo de elaboração de uma emenda constitucional popular fora dos canais institucionais formais de produção de mudanças na constituição. Ackerman (1998, p. 11) identifica três desses instantes: "a reorganização das reservas financeiras, a Reconstrução e o *New Deal*, são todos atos de autoridade constituinte."

Um aspecto interessante da leitura que Ackerman faz da história americana, do ponto de vista da democracia deliberativa, é que ele situa a autoridade constituinte e o poder do povo na deliberação informal e ampliada. Embora tenham acontecido, ao longo desses períodos, eleições nacionais, o epicentro da soberania popular não pode ser identificado com um voto. Na verdade, não há nenhum epicentro. Essa discussão complementa e promove um tema habermasiano que vai ao encontro da teoria democrática deliberativa. Como mencionado anteriormente, a teoria democrática deliberativa desloca o coração da democracia para longe do voto e para dentro da esfera pública, das práticas de prestação de contas (*accountability*) e de justificação. É claro que políticas democráticas ainda são votadas e que a democracia deliberativa não é uma alternativa para a democracia representativa. Disso resulta uma visão bipartida da política democrática: uma parte abrange as instituições formais de representação (conhecidas também como públicos fortes), e a outra, a deliberação informal entre os cidadãos (públicos fracos) (FRASER, 1993; HABERMAS, 1998). Habermas tem sido muito criticado por ser vago em relação ao modo como essas duas partes se relacionam entre si. Em particular, ele não deixa claro: como a opinião informal e a formação da vontade, que são construídas no âmbito da sociedade civil e da esfera pública, podem ter o poder de influenciar as instituições formais de outra maneira que não seja através da mobilização da maioria dos eleitores? Estudos historicamente focados, como o de Ackerman, podem nos mostrar de que maneira as pessoas exercem um poder constituinte que não é completamente capturado pelo poder do voto.

Esse tema também pode ser visto no recente estudo produzido por Michelman (1999) a respeito do juiz William Brennan, da Suprema Corte de Justiça dos EUA. Aqui, novamente delineia-se uma discussão a respeito da interseção entre direitos e democracia em termos diferentes daqueles estabelecidos pelo confronto entre a vontade da maioria e os direitos individuais. Brennan é apontado como um juiz "responsivo", que ouvia e prestava contas ao povo sem ser dominado pela maioria. Habermas, Ackerman e Michelman, entre outros, estão tentando estabelecer uma relação entre a lei e a democracia que vá além do "majoritarismo". Uma outra forma de abordar essa questão centra-se na articulação, por meio da teoria legal deliberativa, entre a autoridade pública e a autoridade legislativa que vá além das urnas eleitorais, para investigar como a lei pode ser uma expressão da vontade popular via poder comunicativo. Isso resulta em uma teoria constitucional preocupada com as condições gerais do poder comunicativo. A teoria legal deliberativa investiga: a) o que deveria estar presente em uma constituição se desejamos promover uma ordem deliberativa (NINO, 1996), b) como devemos interpretar uma constituição para manter e intensificar a deliberação (SUNSTEIN, 2001) e, finalmente, c) como deveríamos criar as constituições se desejamos estabelecer uma legitimidade deliberativa (ELSTER 1998a, CHAMBERS, 1998).

Uma tendência correlata na teoria legal é digna de ser mencionada. Recentemente, teóricos começaram a explorar um modelo reflexivo de regulação das leis (ARATO, 1998; COHEN, J. L., 1999, 2002; SCHEUERMAN, 2001). Servindo-se da teoria dos sistemas (TEUBNER, 1993), esses estudiosos, como Cohen, desenvolvem "um novo entendimento da regulação legal e das relações entre Estado/sociedade, permitindo ver como a regulação do Estado pode promover a autonomia e reconhecer a pluralidade, ao mesmo tempo em que satisfaz as demandas por justiça" (COHEN, J. L., 2002, p. 4). Apesar de a teoria fundacional que revisamos acima ficar a meio caminho de direitos e democracia, a lei regulatória coloca um pequeno e distinto conjunto de antinomias. Aqui, o modelo de regulação fica a meio caminho de liberdade e igualdade, resultando geralmente em uma oposição entre a regulação descentrada e a regulação centrada no Estado. A lei reflexiva é, de um lado, uma alternativa a modelos liberais de regulação e, de outro lado, a modelos de políticas de bem-estar social (*welfare models*). Modelos liberais estão preocupados em manter a liberdade e minimizar interferências; a consequência é que a justiça sofre algumas vezes. Os modelos de políticas de bem-estar social, no esforço de estabelecer a justiça e a igualdade, é frequentemente intrusivo e pode levar a uma juridificação não desejada e, consequentemente, à perda de autonomia. A lei reflexiva busca uma "autonomia regulada" (COHEN, J. L., 2002). Na atuação desses dois paradigmas, podemos perceber "a tendência de super-regular ou sub-regular e de transformar a igualdade (assegurada pela regulação) e a liberdade (assegurada pela não-regulação?) em um jogo de soma zero" (COHEN, J. L., 2002, p. 16). A lei reflexiva envolve a regulação pública da autorregulação para promover a resolução de problemas locais. Em vez de o Estado fixar diretamente um problema, ele instaura e garante procedimentos justos através dos quais os cidadãos solucionam um problema. Alguns procedimentos coletivos de barganha são tipos de lei reflexiva. A versão democrática deliberativa dessa lei, que não é tão descentralizada quanto a versão da teoria dos sistemas, ressalta o aspecto da regulação *pública* da autorregulação local, assim como o aspecto local desta. Os princípios universais de reciprocidade, assim como os fins substantivos da justiça, devem informar o *design* da autorregulação. Geralmente, precisamos promover procedimentos que confiram poder aos cidadãos enquanto protegem sua autonomia.

Cohen aplica esse modelo a questões de intimidade e agressão sexual, em que privacidade *versus* justiça é ainda uma preocupação central. Em um domínio muito diferente, Scheuerman (2001) aplica esse modelo a questões ligadas à coordenação transnacional econômica e legal. Ele sugere que o paradigma da lei reflexiva (*reflexive law paradigm*) pode nos ajudar a pensar sobre uma ordem global legal que se estende entre liberdade e igualdade. "Essa abordagem básica combina, de forma precisa, uma dose certa de realismo e radicalismo demandada pela globalização: um modelo normativamente aceitável de regulação econômica global precisa afrontar agressivamente as desigualdades patentes da economia global emergente, mas precisa fazer isso ao mesmo tempo em que reconheça a falta de controle sobre algumas barreiras institucionais que se interpõem à busca por uma maior igualdade" (SCHEUERMAN, 2001, p. 87-88). Embora alguém possa atentar para o tratamento evasivo conferido à articulação da variável "liberdade" na equação, Scheuerman ainda procura procedimentos para a regulação que possa manter a autonomia das agências econômicas regulatórias submetendo suas decisões internas a princípios e instruções procedimentais. Isso nos conduz diretamente ao próximo tópico.

## Relações internacionais

Paralelamente à virada deliberativa da teoria democrática, ocorreu uma explosão no debate e na literatura sobre a soberania pós-nacional, a governança em vários níveis (*multilevel governance*), o cosmopolitismo e a nova ordem global. Um tema comum no discurso transnacional tem sido a questão do *deficit* democrático. Na medida em que a globalização econômica se intensifica, e zonas de mercado como a União Europeia (EU) se expandem, somos remetidos ao entusiasmo do século XIX com relação às livres forças do mercado e à intenção presente no século XX de controlá-las através do Estado de bem-estar social. Será que a globalização representa a libertação das forças do mercado do controle político desse Estado? Será que precisamos reinserir essas forças dentro de uma visão social e política coerente de uma "boa" sociedade? Terá a arena política nacional força suficiente para concretizar uma reinserção? Assim como a teoria democrática deliberativa aponta um meio termo entre o fundacionalismo dos direitos (*rights foundationalism*) e a democracia comunitarista, ela também aponta um meio termo entre mercados livres e estatismo. Mesmo reconhecendo os benefícios de mercados fortes, os teóricos da democracia deliberativa desejam inseri-los na política e, particularmente, na política democrática. Unidades políticas como a União Europeia e instituições como a Organização Mundial do Comércio colocam a questão da *accountability* política e democrática. Essas são apenas algumas das inquietações que projetaram os teóricos da democracia deliberativa para além do Estado-Nação de modo a investigarem a política pós-nacional.

Os dois pontos principais do debate relativo à *accountability* democrática são a governança nacional e a União Europeia.[3] Sobre a questão do cosmopolitismo, o espectro de visões dentro da teoria democrática deliberativa é

---

[3] A literatura sobre democracia transnacional, especialmente aquela relacionada à União Europeia e ao seu constitucionalismo, é vasta. Nesta seção evidencio somente debates sobre a teoria democrática deliberativa e não pretendo fazer referências a essa discussão mais ampla.

bastante amplo (STOCK, 2002), distanciando-se daqueles que argumentam que questões globais e perspectivas cosmopolitas precisam informar a política nacional, mas que a soberania precisa permanecer ligada ao Estado-Nação (THOMPSON, 1999) e aproximando-se daqueles que argumentam a favor de uma nova ordem plena na qual desenvolvemos organizações governamentais internacionais democraticamente *accountable* (HELD, 1995). Entre essas duas visões estão os teóricos que percebem a governança sem o governo e a *accountability* sem a representação formal através de mecanismos como organizações não governamentais (DRYZEK, 2000) e como o que pode ser chamado de esfera pública global (BOHMAN, 1998b, 1999).

Esse debate está ainda em seu estágio inicial, e seu impacto no campo mais vasto das relações internacionais não está claro, embora ele pareça se configurar como uma crescente discussão sobre a governança transnacional em geral, mesmo se ela não é informada especificamente pela teoria democrática deliberativa. Ainda mais interessante é o modo através do qual esse debate está se refletindo na teoria democrática deliberativa pelo fato de demandar aos teóricos que identifiquem claramente os vínculos que conectam os cidadãos em um empreendimento democrático. Por exemplo, Habermas (2001b, p. 107) teve de admitir que "qualquer comunidade política que deseja entender a si própria enquanto uma democracia precisa, ao menos, traçar uma distinção entre membros e não membros... Mesmo se tal comunidade está estruturada sobre princípios universalistas de um Estado constitucional democrático, ela ainda compõe uma identidade coletiva, no sentido de que interpreta e realiza esses princípios à luz de sua própria história e no contexto de sua própria forma de vida particular. Esse autoentendimento ético-político dos cidadãos de uma vida democrática específica está faltando em uma comunidade inclusiva e mundial de cidadãos". As questões aqui apontadas por Habermas são o ponto mais interessante de convergência do debate. Podemos perceber também sugestões inovadoras concernentes ao *design* institucional de organizações internacionais (HELD, 1995; ARCHIBUGI, 2000), mas as questões mais difíceis relacionam-se à quantidade e ao tipo de elementos em comum que são necessários para a democracia. As respostas possuem implicações não só para quão além do Estado-Nação podemos imaginar que a democracia possa avançar, mas também para quanto o pluralismo pode se expandir através dele antes de percebermos rachaduras em nossos muros democráticos (BENHABIB, 2002). Obviamente, Habermas não concebe a identidade coletiva em um modelo étnico, mas ele certamente se refere a ela em algum modelo de "solidariedade cívica", e isso pode ser problemático na medida em que nossas populações tornem-se mais diversas e entrem em um fluxo contínuo.

A relação entre identidade coletiva e uma democracia deliberativa viável também é acionada no debate sobre a União Europeia, especialmente na medida em que ela constitui as margens de uma extensão maior que abarca países com diferentes tradições cívicas. O foco desse debate tem sido a questão da elaboração de uma constituição para a União Europeia (WEILER, 1999; ERIKSEN; FOSSUM, 2000; HABERMAS, 2001c). Embora haja uma quantidade considerável de discursos sobre a integração europeia através da deliberação, ela se torna algumas vezes vaga e ocasionalmente sofre de um déficit institucional. Existem poucas sugestões concretas para espaços de cidadãos que poderiam, por exemplo, contrabalançar a tendência tecnocrática daquele bloco. O debate constitucional, embora aponte muito vagamente para a deliberação institucionalizada, está realmente direcionado para um nível mais aprofundado.

A teoria democrática deliberativa, em sua maior parte, pende para o lado de uma constituição europeia. As razões para isso incluem a manutenção e o reconhecimento dos princípios universais de reciprocidade, assim como a instituição de um quadro político abrangente acima do quadro econômico. Mas uma razão que parece estar certamente implícita no apoio de Habermas à constituição é que as constituições podem vincular os cidadãos para um empreendimento comum. Assim, para alguns, a democracia deliberativa precisa de um *demos* relativamente coerente e vinculado, que compartilhe uma identidade coletiva para que ela possa funcionar. Como mencionei, as questões impostas por essa perspectiva são as seguintes: qual a quantidade de coisas que as pessoas precisam ter em comum? De que tipo seriam elas? Habermas (2001b) e Benhabib (2002) apoiam uma forma de patriotismo constitucional que requer que as coisas em comum sejam mediadas através de princípios constitucionais. Mas mesmo tal patriotismo pode ser muito exigente se ele for gerado somente através de uma história comum.

Alguns teóricos da democracia deliberativa discordam desse entendimento da democracia deliberativa centrado na constituição. O modelo constitucional ilumina a possibilidade de um povo dar forma e dirigir, coletivamente, a sociedade de acordo com princípios ou valores construídos democraticamente – ou, como expresso nas palavras de Habermas, uma forma de vida compartilhada. Sob esse ponto de vista, precisamos tornar a Europa mais semelhante a um Estado-Nação a fim de que a democracia possa funcionar, e, contrariamente (como apontam Habermas [2001b] e

Thompson [1999]), a democracia não é realmente apropriada para a esfera internacional, porque pode haver povos com aspirações que não são compartilhadas. Por outro lado, teóricos como Dryzek (2000) e Bohman (1997, 1998b) (ver também SHAW, 1999 e TULLY, 2001) estão desenvolvendo modelos pós-nacionais de democracia mais genuínos, que não se sustentam sobre "elos vinculantes" tradicionais de um *demos* ou de uma identidade coletiva. A democracia está centrada não na vontade coletiva, mas sim na ação de tornar instituições, elites e governos "responsivos" (*accountable*) diante de uma pluralidade de vozes frequentemente reunidas por questões, interesses ou causas. "A política de uma sociedade civil transnacional constitui-se amplamente através do questionamento, da crítica e da publicização" (DRYZEK, 2000, p. 131). Soma-se a isso o fato de que não se trata de perseguir uma "forma de vida compartilhada". Esse modelo evita utilizar noções tradicionais de soberania que precisam de uma autoridade clara e constituída para interpelar o governante e oferecer uma democracia descentralizada na qual uma pluralidade de forças de comunidades e grupos sociais informais se engaje em campanhas globais de persistência discursiva. Uma democracia descentralizada delega a voz democrática a uma sociedade civil amplamente descoordenada e à esfera pública (WARREN, 2002). Na verdade, teóricos constitucionalmente orientados também conferem um grande peso à sociedade civil, mas, no modelo constitucional, as opiniões formadas em debates intersectantes da sociedade civil e da esfera pública são, em última instância, direcionadas para a instituição representativa que coordena nossa vida compartilhada. Uma visão completamente descentralizada da democracia preocupa-se com o modo através do qual as instituições representativas respondem às múltiplas e descoordenadas vozes da sociedade civil. Sociedades civis de nível nacional são as mais desenvolvidas e, portanto, a base mais promissora para a democracia descentralizada, mas a arena internacional é um contexto ideal para ilustrar os componentes fundamentais da democracia descentralizada, justamente porque não há nenhum centro sob a forma de um Estado.

## Políticas públicas

A pesquisa em políticas públicas foi um dos primeiros subcampos na ciência política a aderir a um modelo deliberativo. O final da década de 1980 e o início da década de 1990 assistiram à passagem de uma ciência política centrada na visão dos especialistas à inclusão dos cidadãos nos debates políticos (FISHER; FORESTER, 1993; MAJONE, 1990). De forma geral, estudos sobre políticas deliberativas podem ser divididos em duas áreas não totalmente distintas. A primeira delas envolve uma abordagem procedimental e se concentra no *design* de arenas para a escolha e o desenvolvimento de políticas. A segunda área, por sua vez, envolve a utilização de um modelo deliberativo para gerar políticas públicas capazes de produzir resultados substantivos. Poderíamos, é claro, separar as políticas públicas por temas de interesse. Essa tentativa pode nos conduzir a uma densa literatura, uma vez que teria que incluir as políticas ambientais, a bioética e a ética médica, as políticas educacionais, a energia e as políticas territoriais e os estudos da mídia, para apontar apenas algumas das áreas mais notórias influenciadas pelos modelos deliberativos.

Políticas públicas orientadas procedimentalmente abrangem todo um conjunto de discussões que vão desde debates acerca de iniciativas tomadas por uma pequena vizinhança até conversações que abrangem toda a nação. Algumas vezes, as propostas são muito específicas, como, por exemplo, a instituição de um "Dia Nacional da Deliberação" (*National Deliberation Day*) (ACKERMAN; FISHKIN, 2002) ou a sugestão de que a fundação e o estabelecimento de conselhos de cidadãos sejam prioridade máxima na reforma eleitoral (o estudo de Gastil, 2000 é particularmente útil para oferecer um panorama das iniciativas deliberativas empreendidas em todo o país). Outras vezes, a abordagem é mais geral e se dedica a investigar modelos gerais de análise política e disputa por resoluções (GUTMANN, 1999; FISCHER, 1993). É no campo da iniciativa e da análise política que a teoria democrática deliberativa aparece em sua forma mais concreta. Ouvimos frequentemente a reclamação de que a teoria democrática deliberativa é muito abstrata, por não possuir um centro institucional ou uma agenda definidos. Mas mesmo a mais breve tentativa de busca de uma literatura sobre iniciativas políticas indica que as iniciativas deliberativas estão se espalhando por todo o país, em todos os domínios de políticas. A consulta aos cidadãos, por exemplo, sob a forma de encontros abertos, tem se tornado recorrente. Mas juntamente com uma crescente literatura teórica sobre a deliberação e a democracia deliberativa, esses tipos de iniciativas estão se tornado mais sofisticados, inovadores e sensíveis a questões referentes à inclusão de grupos marginalizados ou setores silenciados pelo ostracismo (KAHANE, 2003). Conferências, conselhos e júris de cidadãos estão se proliferando, patrocinados por governos locais, estaduais e nacionais, bem como por um número crescente de instituições privadas (por exemplo, a *Kettering and Carnegie Mellon*) que se dedicam à deliberação entre cidadãos (GASTIL, 2000, GASTIL; GINA, 1995). Essas iniciativas estão fornecendo um ótimo material empírico sobre como a deliberação deve funcionar em vários âmbitos, assim como, é claro, contribuem, de forma significativa, para trazer os cidadãos para o processo deliberativo. Fenômenos como a iniciativa da cidade de Oregon de estabelecer um fundo público para a saúde (DANIELS, 1991; GUTMANN, 1999), os fóruns para a discussão de questões nacionais sobre a educação mantidos pela *Kettering Foundation* (BUTTON; MATTSON, 1999; O'CONNELL; MCKENZIE, 1995), e os experimentos de Fishkin relativos à sondagens deliberativas de opinião (*deliberative opinion polls*) (FISHKIN, 1995; GASTIL, 1996) são frequentemente citados como os melhores exemplos de funcionamento da deliberação. Mas esses três são somente a ponta do *iceberg*.

Embora eu tenha enfatizado uma abordagem procedimental das políticas públicas, é importante lembrar que procedimentos são elaborados para promover e facilitar a *deliberação* em vez de uma regra decisória justa.[4] As decisões precisam ser tomadas, e regras justas de decisão precisam ser estabelecidas, mas uma abordagem deliberativa centra seu foco em aspectos qualitativos da conversação que precede as decisões, e não em uma regra decisória matemática. Ao esboçar e propor fóruns deliberativos, os pesquisadores geralmente têm quatro objetivos em mente: aumentar a legitimidade através da *accountability* e da participação; encorajar, por meio da cooperação, uma perspectiva de "espírito público" sobre questões ligadas a políticas; promover o respeito mútuo entre as partes concernidas através da inclusão e da civilidade; e, por fim, aprimorar a qualidade das decisões (e das opiniões) através de um debate informado e substantivo (GUTMANN; THOMPSON, 1997).

A democracia deliberativa não deve ser confundida com a democracia direta. Por exemplo, ficaria sugerido, nessa associação, que a participação dos cidadãos em questões ligadas a políticas locais não deveria ser encorajada, porque ela seria dominada por atitudes que não se interessam por problemas que se passam longe da própria área residencial. Tais atitudes são comumente conhecidas pelo termo "*NIMBY*" (*not in my backyard*). Analistas de políticas deliberativas argumentam que essa crítica da participação assume que os cidadãos tomam parte somente no processo final de formulação das decisões (FISCHER, 1993). Mas um modelo deliberativo envolve os cidadãos em todos os estágios da construção de políticas, incluindo os estágios de pesquisa e de descoberta. Assim, o modelo deliberativo oferece uma maneira de vencer atitudes marcadas pelo termo "nimby" através do incentivo dado

---

[4] GUTMANN e THOMPSON (1997) associam o termo "procedimental" à uma ênfase em uma regra decisória e, dessa forma, o rejeitam como um modo de descrever a deliberação. Eu não discordo deles. Porém, utilizo simplesmente o termo "procedimental" de uma maneira mais ampla.

aos cidadãos para que solucionem, cooperativamente, dilemas políticos, em vez de simplesmente votarem em opções de políticas. Além disso, ao longo do processo público de deliberação, muitos argumentos do tipo "nimby" tornam-se difíceis de serem justificados.

Embora as recomendações atuais sobre políticas públicas derivadas da teoria democrática deliberativa sejam predominantemente procedimentais, o procedimento converte-se em substância até um certo ponto. Mas precisamos ser cautelosos a respeito do *status* de propostas substantivas para a teoria deliberativa. Por exemplo, Habermas trouxe uma recente contribuição à bioética ao posicionar-se contra a clonagem humana sob a alegação de que ela poderia afetar negativamente a autonomia individual (HABERMAS, 2001b). Ele argumenta que, ao substituirmos uma possibilidade pela intenção humana como o fator determinante na construção genética individual, nós necessariamente mudamos a base de um autoentendimento moral. Torna-se mais difícil perceber um indivíduo como livre e igual. Isso é especialmente válido quando pensamos sobre nós mesmos em relação ao "original" que forneceu o material genético. Sem avaliarmos os méritos do argumento de Habermas, gostaria de considerar suas conexões com a democracia deliberativa. Em primeiro lugar, Habermas poderia defender uma política contra a clonagem humana, porque os argumentos que ele ressalta são aqueles que têm maior probabilidade de obter concordância em um processo deliberativo envolvendo todos os afetados. Em segundo lugar, ele poderia dizer que a autonomia é uma condição para uma cidadania vigorosa e, portanto, o princípio contra a clonagem humana seria uma pre-condição da democracia, do mesmo modo que o reconhecimento de certos direitos humanos é uma pré-condição para a democracia. Ou, finalmente, ele poderia simplesmente apresentar uma contribuição, enquanto cidadão, para um debate em curso que nós, como cidadãos democráticos, precisamos construir ao longo dos próximos anos.

Se ele acredita que sua posição sobre o assunto da clonagem é razoável, então ele acredita que pode (idealmente) persuadir os outros da qualidade de seu argumento; ou seja, este último poderia se tornar o objeto de um acordo geral. Mas ele não acredita, tampouco a maioria dos teóricos da democracia deliberativa acredita, que uma teoria da deliberação é uma ferramenta para alcançar determinadas soluções para disputas substantivas acerca de políticas. Nesse sentido, a teoria democrática deliberativa não é como a teoria dos jogos. Modelos de democracia deliberativa são, na verdade, instrumentos imprecisos para "determinar" sobre "o que" as pessoas podem estabelecer um acordo. Uma razão que explica isso é que a questão posta em causa geralmente se modifica quando submetida ao debate público e democrático. A questão normativa mais grave é que, em princípio, soluções substantivas devem ser o resultado de uma deliberação atual e não virtual. Mas, às vezes, o que parecem ser questões substantivas são, no fundo, questões procedimentais. Sob esse ponto de vista, Habermas pode estar defendendo uma política contra a clonagem humana, porque ela é uma condição necessária para uma sociedade democrática. Em outras palavras, trata-se de um requerimento procedimental da deliberação. Mas esses próprios requerimentos estão sujeitos ao debate democrático e à deliberação. Assim, finalmente, a posição de Habermas acerca da clonagem poderia ser vista como uma contribuição de um cidadão para um debate ético corrente. Sua argumentação, contudo, é baseada no autoentendimento moral mais propício à prática da autonomia pública e privada. O ponto principal é que quanto mais substantivas (opondo-se à noção procedimental) são as recomendações políticas resultantes de uma perspectiva deliberativa, mais nos arriscamos a nos desviar da própria democracia (CHAMBERS, 2002; para uma crítica dessa abordagem procedimental, ver GUTMANN; THOMPSON, 2002).

## Pesquisa empírica

Teorias da democracia deliberativa envolvem muitas demandas empíricas e suposições, particularmente sobre a formação de preferências e opiniões. Por exemplo, uma hipótese central de toda teoria deliberativa é a de que a deliberação pode transformar opiniões e formas de pensar. E se esse não for (ou raramente for) o caso? Além do princípio de que modos de pensar podem ser transformados através da deliberação, também encontramos argumentos referentes à direção na qual essas formas de pensar são alteradas. Embora sejam poucos aqueles que aderem à visão de que a deliberação conduz, inevitavelmente, ao consenso, muitos acreditam que a deliberação construída sob as condições certas terá uma tendência de ampliar perspectivas, promover a tolerância e o entendimento entre grupos e, de modo geral, encorajar uma atitude orientada para o bem coletivo (BENHABIB, 1992; CHAMBERS, 1996; GUTMANN; THOMPSON, 1996; COHEN, J., 1997; DRYZEK, 2000). Há uma crença, amplamente difundida, de que a deliberação e a publicidade a ela associada terão um efeito considerável sobre as opiniões das pessoas. Mas, novamente, podemos perguntar: isso é verdade? Talvez a deliberação acirre nossos desentendimentos, intensifique a competição social e polarize opiniões (MANSBRIDGE, 1996; SUNSTEIN, 2002). Ou, talvez, as realidades empíricas tornem impossível a realização das condições deliberativas, especialmente da condição de igualdade (HOOGHE, 1999; SANDERS, 1997). Essas e outras questões empíricas levantadas pela teoria deliberativa têm incentivado a produção de uma crescente literatura dedicada a testar suas demandas.

A pesquisa empírica pode ser dividida em três categorias. A primeira envolve profundas experimentações inovadoras em campos como a psicologia social, a pesquisa voltada para júris/tribunais e a pesquisa de opinião pública (MACKIE, 2002). A segunda abrange a elaboração e execução de experimentos especialmente adaptados para testar demandas da teoria democrática deliberativa (NEBLO, 1998; WEBER, 1998; SULKIN; SIMON, 2001). A terceira categoria diz respeito a casos do "mundo real" como aqueles capazes de se transformar em testes para demandas teóricas. Essa terceira área é muito rica e envolve várias técnicas diferentes, incluindo métodos de observação participante (QUELL, 1998; MENDELBERG; OLESKE, 2000), *surveys* e questionários aplicados aos participantes de várias iniciativas deliberativas (PRICE; NEIJENS, 1998; PELLETIER *et al.*, 1999), análises qualitativas de iniciativas deliberativas (BUTTON; MATTSON, 1999; SMITH; WALES, 2000; MUTZ, 2002) e análises de conteúdo quantificado de proferimentos públicos que utilizam, por exemplo, um Índice de Qualidade do Discurso para avaliar se os proferimentos alcançam os ideais da deliberação (STEENBERGEN *et al.*, 2003; STEINER *et al.*, 2004).

O que a pesquisa empírica nos diz sobre a teoria normativa? A literatura é um pouco diversificada. Embora os empiricistas concordem que a teoria normativa tenha assumido uma certa atitude desdenhosa com relação às suas demandas empíricas, não há nenhum consenso se esse tipo de pesquisa geralmente sustenta as demandas normativas ou se as prejudica. Uma parte do material experimental é particularmente ambígua, porque é impossível recriar todas as condições intersectantes que dão forma à deliberação em uma comunidade política existente. Todavia, o efeito cumulativo dessa pesquisa empírica tem nos proporcionado uma ideia mais aprimorada sobre os detalhes fundamentais da deliberação e, especialmente, estimulado formas mais originais de pensar questões relativas ao *design* institucional. A seguir, exploramos brevemente um caso como esse.

Sunstein (2002) apontou que os teóricos democráticos deliberativos fariam melhor em explorar pesquisas ligadas à polarização de grupo, uma vez que parecem desafiar muitos dos requisitos centrais da democracia deliberativa. A pesquisa sobre a polarização de grupo indica que "membros de um grupo deliberativo se orientam de modo previsível em direção a um ponto mais extremo indicado pelas tendências pré-deliberativas dos participantes" (SUNSTEIN, 2002, p.176). A pesquisa parece sugerir que a polarização de grupo pode ser associada a dois fatores. O primeiro relaciona-se às dinâmicas sociais: membros de grupos desejam a aprovação e o reconhecimento de seus demais participantes. Isso tende a fazer com que os membros se apresentem como aqueles que detêm a opinião que prevalece no grupo. O segundo fator apresenta-se como um conjunto limitado de argumentos que foi distorcido em uma direção particular. Nesse sentido, quanto mais afinidade de ideias existir entre os membros de um grupo, e quanto mais parecidos eles forem desde o princípio, mais intenso será o efeito de polarização do grupo.

Essas descobertas não desafiam as requisições mais gerais da teoria deliberativa. De maneira ideal, uma deliberação bem ordenada é baseada na disponibilização de informações completas e na representação de todos os pontos de vista. Assim, a afirmação de que, sob essas condições (ideais), os participantes supostamente seriam capazes de apreender os pontos de vista dos outros, ampliando, assim, suas formas de pensar, não é diretamente colocada em risco. A verdadeira questão é se as condições dos experimentos de polarização de grupo oferecem uma representação mais plausível para as condições deliberativas reais do que a teoria normativa. A resposta não é tão óbvia como pode parecer. Dados experimentais registram fenômenos empiricamente observáveis, enquanto a teoria normativa geralmente atém-se a inferências e conjecturas sobre como as opiniões podem ser alteradas na deliberação. Mas nossa realidade política não se assemelha nem a um experimento controlado, nem a uma situação ideal de fala. É uma boa ideia perceber a pesquisa experimental através de um quadro comparativo que ilumina condições alternativas. A significância e a limitação da pesquisa sobre a polarização de grupo vêm à tona se a analisamos paralelamente a outros dados experimentais. Por exemplo, Sunstein (2002) aponta que os experimentos de Sondagem Deliberativa de Opinião (*Deliberative Opinion Polling*) descritos por Fishkin (1995) não encontraram nenhum efeito de polarização.

Ao empreender tentativas de evidenciar a viabilidade de uma deliberação nacional face a face, Fishkin propôs, desenvolveu e implementou uma série de convenções para debater questões de interesse coletivo, com o objetivo de estimular uma deliberação nacional (FISHKIN, 1995; GASTIL, 1996; MERKLE, 1996; FISHKIN; LUSKIN, 1999). Essas convenções foram elaboradas para reunir dados válidos sobre a dinâmica deliberativa, e, caso fossem bem-sucedidas, os resultados poderiam dar origem a debates nacionais. Desse modo, em vez de lançarem apelos a uma opinião pública "bruta", as elites poderiam ser encorajadas a incentivar uma opinião pública fruto do processo deliberativo (*deliberated public opinion*) (ACKERMAN; FISHKIN, 2002). O público poderia também ser encorajado a refletir sobre o processo deliberativo e a nele se engajar para participar da formação da opinião a respeito de uma determinada questão política. A ideia de que a deliberação em pequenos grupos pode ao menos colocar na agenda opiniões resultantes de processos deliberativos também está por trás de propostas como as comissões (ou conselhos) de cidadãos e os júris de cidadãos. Uma objeção feita a essas propostas é a de que os cidadãos precisam, em primeiro lugar, experimentar a deliberação face a face para considerarem se as opiniões originadas desse processo são persuasivas. Grande parte das objeções feitas às Sondagens Deliberativas de Opinião (MITOFSKY, 1996; FLAVEN; DOUGHERTY, 1996) – sendo que uma delas é a de que as sondagens são feitas sob condições experimentais altamente controladas – torna esse tipo de experimento questionável como espaço capaz de garantir um debate nacional. Mas, enquanto experimento e, em comparação com os estudos de polarização, elas produziram resultados interessantes.

Os participantes das conferências foram selecionados a partir de uma amostragem aleatória da população e convidados a participarem de debates sobre determinadas questões durante três dias. Durante esse tempo, todos os participantes receberiam uma remuneração em dinheiro para dedicarem-se exclusivamente à atividade deliberativa (as conferências aconteceram na Inglaterra, na Austrália e nos Estados Unidos). Nesses países, os participantes integraram pequenos grupos de discussão, assim como amplas sessões plenárias sobre questões políticas nacionais de maior relevo, e um *survey* foi realizado para coletar opiniões anteriores e posteriores à deliberação. A pesquisa de polarização prevê que as opiniões tenderão a mudar de acordo com a opinião média pré-deliberativa, mas nenhuma tendência forte como essa emergiu nas pesquisas de Sondagem Deliberativa de Opinião. O que explica a diferença? Sunstein (2002) aponta cinco diferenças relevantes entre o experimento de Fishkin e os experimentos de polarização de grupo: (a) nenhum voto foi feito durante as conferências de Sondagem Deliberativa da Opinião; (b) tais conferências são fóruns compostos por amostragem aleatória, enquanto a pesquisa sobre a polarização de grupos estuda, geralmente, grupos já existentes; (c) os moderadores conduziram as discussões e asseguraram que todos os pontos de vista foram ouvidos (esses moderadores frequentemente estavam ausentes nos estudos de polarização de grupo); (d) as conferências de Sondagem Deliberativa da Opinião formaram participantes especializados para formularem respostas às questões em pauta e (e) um vasto material informacional foi distribuído aos participantes das conferências.

A teoria democrática deliberativa

Sunstein conclui corretamente que essas diferenças possuem implicações para o *design* institucional. A utilização de moderadores, da amostragem aleatória (ou, ao menos, o fato de reunir pessoas com pontos de vista muito diferentes) e a ausência de votação irão reduzir a polarização de grupo e, desse modo, ampliar a deliberação. Acrescento que a deliberação e a democracia deliberativa são requeridas em um vasto campo de contextos, desde pequenos modelos de resolução de disputas entre duas pessoas que proliferam nas margens do sistema judicial até "debates" globais sobre os direitos humanos e o meio ambiente. A variedade de instituições, contextos, espaços e condições nas quais essas deliberações ocorrem é quase inesgotável. Uma comparação entre estudos de polarização de grupos e estudos relativos às Sondagens Deliberativas de Opinião proporciona uma breve consideração de algumas das dinâmicas que precisamos investigar em alguns tipos de deliberação e no *design* de certos tipos de instituições. Contudo, não está claro o que devemos concluir a partir desses estudos, por exemplo, com relação à deliberação informal, livremente direcionada, que ocorre na sociedade civil. Pesquisas empíricas podem ser valorosas para manter teóricos normativos cautelosos e com toda a sua atenção focada em questões específicas relativas ao *design* das instituições. Entretanto, a pesquisa empírica não pode ser a última ou a primeira palavra em teoria democrática deliberativa.

## Identidade, diversidade e reconhecimento

O confronto entre a teoria democrática deliberativa e as demandas de identidade, diversidade e reconhecimento conduziu a teoria deliberativa para novas e promissoras direções. Esse debate levou os teóricos deliberativos a reformular e especificar aspectos da teoria para torná-la mais concreta e apta a lidar com o pluralismo. As críticas elaboradas pela teoria da diversidade começam com uma apreensão geral com relação à ênfase no acordo. Como aponta Gould (1996, p. 172),

> [...] o telos do discurso, o que caracteriza seu objetivo e seu método, é o acordo. A diferença é algo que deve ser relegado ao passado. E o reconhecimento recíproco existe para o bem do comum acordo, mas também para a intensificação e a articulação da diversidade.

Esse tema geral é considerado por duas teses relacionadas, porém distintas, da teoria política: a teoria pós-moderna da diferença e a teoria crítica da diversidade. A diferença é um conceito muito abstrato, sendo que a diversidade quase sempre se refere a grupos sociais.

O intercâmbio entre o pós-modernismo e a teoria deliberativa tem se mantido vivo e, às vezes, acalorado (VILLA, 1992; KELLY, 1998; CONNOLLY,

1999; Mouffe, 2000; Dean, 2001). Não discuto em detalhe esse assunto porque, primeiro, ele não tem sido tão produtivo quanto a troca estabelecida com a teoria da diversidade. A interseção com a teoria da diversidade apontou novas e significantes direções para a teoria deliberativa democrática. O debate com o pós-modernismo contribuiu para nosso autoentendimento como cidadãos modernos e salientou os modos como a modernidade limita a liberdade, em vez de ampliá-la, mas não conduziu a teoria democrática deliberativa a passar por maiores reformulações. A teoria deliberativa deixou de ser uma teleologia centrada no consenso – a contestação e mesmo o lado agonístico da democracia têm agora seu lugar – e está mais sensível ao pluralismo. Tudo isso está mais relacionado com o confronto com outras pessoas, culturas e identidades do que com um confronto com o pós-modernismo. Na verdade, muito do pós-modernismo está vinculado a outras pessoas, culturas e identidades. As divisões entre a teoria deliberativa, a teoria da diversidade e a teoria da diferença pós-moderna têm limites indistintos, sendo que um excelente trabalho tem sido feito sobre as interseções entre essas três teorias (Markell, 1997, 2000; White, 2000; Honig, 2001; Tully, 2002). Mas, de forma geral, o pós-modernismo não compeliu a teoria deliberativa a investigar com maior atenção como grupos e identidades específicas se localizam nesse modelo. Isso leva ao segundo motivo pelo qual me concentro na teoria da identidade. Escolhi observar algumas aplicações da teoria deliberativa, em vez de me concentrar em debates sobre seus fundamentos epistemológicos. Novamente percebemos que um intercâmbio entre a teoria da diversidade e a teoria deliberativa tem ajudado a tornar esta última mais concreta. O debate com o pós-modernismo é frequentemente muito abstrato.

Williams (2000) argumenta que a teoria da diversidade apresenta duas grandes preocupações a respeito da teoria deliberativa. A primeira envolve a noção de razoabilidade e de troca de razões. Por sua vez, a segunda abrange as condições de igualdade. Com relação à primeira, Williams (2000, p.125) comenta que "se os cidadãos reconhecerão ou não as razões dos outros *enquanto* razões pode ser uma questão socioculturalmente contingente. Além disso, parece provável que a contingência desse reconhecimento possa ser solucionada de uma maneira que, sistematicamente, trará desvantagens para as razões de grupos marginalizados em uma troca discursiva" (Young, 1996; Deveaux, 2000). Esse tipo de preocupação faz com que a teoria deliberativa questione o processo de troca de razões. Com algumas pouca exceções (Elster, 1998a), está ultrapassada uma visão restrita e altamente racionalista do processo de troca de razões que enfatiza um modelo de imparcialidade que deve prevalecer acima de toda diferença. Grande parte da teoria democrática deliberativa adotou uma perspectiva mais flexível e pluralista do processo de troca de razões (BOHMAN, 1995; BENHABIB, 2002). Essa mudança de postura se deve a duas razões principais: primeiro, em resposta à crítica feminista de que a perspectiva imparcial exclui muitas questões e pontos de vista que se restringem a determinados contextos (BENHABIB, 1992; PHILLIPS, 1995); segundo, em resposta às críticas multiculturais de que a imparcialidade não é, de fato, imparcial quando provém de outras culturas (WILLIAMS, 1998). Podemos perceber, então, uma expansão definida dos tipos de coisas que poderiam ser consideradas argumentos e razões. Essa expansão é fruto, algumas vezes, da profunda teorização sobre a razão, mas é também o resultado de confrontos com práticas concretas.

A democracia deliberativa se beneficiou da linha de argumentação marcada pela seguinte frase: "e a respeito de...". E a respeito dos aborígines e seu uso da narração de histórias (*story telling*) e da saudação (*greeting*), e a respeito dos afro-americanos e seu repertório de sentidos, e a respeito das mulheres e seu apelo ao pessoal (que é, acima de tudo, político), e a respeito da religião e seu apelo à fé, e a respeito dos oprimidos e seu apelo à raiva e à paixão, e a respeito...? Isso não leva a uma improvisação, mas sim a uma ideia mais rica e útil da razão pública endereçada a desafios concretos. Tal linha de argumentação confere concretude ao debate de modos positivos e compele a teoria democrática deliberativa a enfrentar casos realmente existentes. A interseção entre a teoria deliberativa e a teoria da diversidade está se tornando menos uma interseção e mais uma fusão (DE GREIFF, 2000; VALADEZ, 2001; BENHABIB, 2002). Aqueles que defendem a política da identidade continuarão a criticar Habermas, porque ele é muito kantiano e continuarão a desafiar Gutmann e Thompson, porque eles não são suficientemente radicais. Mas eu prevejo que a próxima geração da teoria deliberativa será também a geração da teoria da diversidade.

A segunda preocupação, que advém da teoria da diversidade, diz respeito às condições do discurso, em particular à condição de igualdade. Toda teoria democrática deliberativa contém, tanto de maneira implícita quanto explícita, uma ideia de uma esfera pública bem ordenada. Os princípios organizadores de tal esfera pública são amplamente delineados a partir de uma noção ideal de deliberação. Para que os processos de deliberação e *accountability* funcionem de maneira apropriada, os participantes devem estar em igualdade de condições. Mas o que isso significa? Teóricos preocupados com a diversidade argumentam que a teoria deliberativa não tem dado a devida consideração à inabilidade de grupos marginalizados para alcançar, mesmo que minimamente, as condições do discurso (FRASER, 1997; WILLIAMS, 2000). Eles argumentam que a teoria deliberativa tem sido muito vaga e pouco precisa sobre as barreiras concretas e reais que impedem uma deliberação autêntica e que, de maneira ainda pior, a teoria deliberativa entende tal problema em termos negativos e restritos (por exemplo, o debate sobre a liberdade de expressão e a regulação financeira de campanhas eleitorais) não sendo capaz de enfrentá-lo (SANDERS, 1997).

Que tipo de igualdade é necessário para a democracia deliberativa? Que condições são requeridas para dar voz e poder de influência a grupos marginalizados? Na verdade, essas não são questões que a teoria da diversidade traz para a teoria deliberativa, mas sem perguntas que a teoria da diversidade e a teoria deliberativa precisam responder juntas. Em que momento questões de distribuição foram tratadas em todo esse discurso sobre reconhecimento e esfera pública? Alguns autores estão atualmente recuperando a questão da distribuição e da pobreza (PHILLIPS, 1995; FRASER, 2000; TULLY, 2000; FRASER; HONNETH, 2003). A teoria democrática deliberativa precisa tratar de forma mais consistente as questões ligadas a condições materiais (tanto no contexto nacional quanto no global). A meu ver, essa também será uma preocupação central para a próxima geração de teóricos deliberacionistas.

## Referências

ACKERMAN, B. *We the People: Foundations*. Cambridge, MA: Harvard University Press, 1991.

ACKERMAN, B. *We the People: Transformations*. Cambridge, MA: Harvard University Press, 1998.

ACKERMAN, B; FISHKIN, J. Deliberation Day. *Journal of Political Philosophy*, v. 10 n. 2, p. 129-52, 2002.

ARATO, A. Procedural law and civil society: interpreting the radical democratic paradigm. In: ROSENFELD, M.; ARATO, A. *Habermas on Law and Democracy*, Berkeley: University of California Press, 1998. p. 26-36.

BACHMAN, M. (Ed.). *Perpetual Peace: Essays in Kant's Cosmopolitanism*. Cambridge, MA: MIT Press. p. 179-200. ARCHIBUGI, D. Cosmopolitical democracy. *New Left Review*, n. 4, p. 137-150, 2000.

BENHABIB, S. (Ed.). *Democracy and Difference: Contesting the Boundaries of the Political*. Princeton: Princeton University Press, 1996.

BENHABIB, S. *Situating the Self: Gender, Community and Postmodernism in Contemporary Ethics*. New York: Routledge, 1992.

BENHABIB, S. *The Claims of Culture: Equality and Diversity in the Global Era*. Princeton: Princeton University Press, 2002.

BOHMAN, J. International regimes and democratic governance : political equality and influence in global institutions. *Int. Aff.* 75 n. 3, p. 499-513, 1999.

BOHMAN, J. *Public Deliberation: Pluralism, Complexity, and Democracy.* Cambridge, MA: MIT Press, 1996.

BOHMAN, J. Public reason and cultural pluralism: political liberalism and the problem of moral conflict. *Political Theory,* n. 23, p. 253-279, 1995.

BOHMAN, J. Survey article: the coming of age of deliberative democracy. *Journal of Political Philosophy,* v. 6, n. 4, p. 400-425, 1998a.

BOHMAN, J. The globalization of the public sphere: cosmopolitan publicity and the problem of cultural pluralism. *Phil. Soc. Crit,* v. 24, p. 199-216, 1998b.

BOHMAN, J. The public spheres of the world citizen. In: BOHMAN, J.; LUTZ-BACH-MAN, M. (Ed.). *Perpetual Peace: Essays in Cosmopolitanism.* Cambridge, MA: MIT Press, 1997. p. 179-200.

BOHMAN, J; REHG, W. (Ed.). *Deliberative Democracy: Essays on Reason and Politics.* Cambridge, MA: MIT Press, 1997.

BUTTON, M.; MATTSON, K. Deliberative democracy in practice: challenges and prospects for civic deliberation. *Polity,* 31, p. 609-37, 1999.

CHAMBERS, S. Can procedural democracy be radical? In: INGRAM, D. (Ed.). *Studies in Contemporary Continental political Philosophy.* Oxford, UK: Blackwell, 2002. p. 168-188.

CHAMBERS, S. Contract or conversation: theoretical lessons from the Canadian constitutional crisis. *Polit. Soc,* v. 26 (1), p. 143-72, 1998.

CHAMBERS, S. *Reasonable Democracy: Jürgen Habermas and the Politics of Discourse.* Ithaca, NY: Cornell University Press, 1996.

COHEN, J. Deliberation and democratic legitimacy. In: BOHMAN, J; REHG, W, (Ed.). *Deliberative Democracy: Essays on Reason and Politics.* Cambridge, MA: MIT Press, p. 67-91, 1997.

COHEN, J. L. *Regulating Intimacy: a New legal Paradigm.* Princeton: Princeton University Press, 2002.

COHEN, J. L. Personal autonomy and the law: sexual harassment and the dilemma of regulating "intimacy". *Constellations,* v. 6, n. 4, p. 443-472, 1999.

CONNOLLY, W. *Why I am not a secularist.* Minneapolis: University of Minneapolis Press, 1999.

DANIELS, N. Is the Oregon rationing plan fair? *JAMA,* v. 265, n. 17, p. 2332-2335, 1991.

DE GREIFF, P. Deliberative democracy and group representation. *Soc. Theory Pract.,* v. 26, n. 3, p. 397-415, 2000.

DEAN, J. Publicity and deliberation: democratic ideals in dispute: publicity's secret. *Political Theory,* v. 29, n. 5, p. 624-651, 2001.

DEVEAUX, M. *Cultural Pluralism and the Dilemmas of Justice*. Ithaca, NY: Cornell University Press, 2000.

DRYZEK, J.K. *Deliberative Democracy and Beyond: Liberals, Critics, Contestation*. Oxford, UK: Oxford University Press, 2000.

DWORKIN, R. *Freedom's Law: the moral reading of the American Constitution*. Cambridge, MA: Harvard Press, 1996.

ELSTER, J. Deliberation and constitution making. In: *Deliberative Democracy*. Cambridge, UK: Cambridge University Press, p. 97-122, 1998a.

ELSTER, J. *Deliberative Democracy*. Cambridge, UK: Cambridge University Press, 1998b.

ELSTER, J. The market and the forum: three varieties of political theory. In: BOHMAN, J.; REHG, W. (Ed.). *Deliberative Democracy: Essays on Reason and Politics*. Cambridge, MA: MIT Press, p. 3-33, 1997.

ERIKSEN, E.; FOSSUM, J. (Ed.). *Democracy in the European Union: Integration through deliberation*. London: Routledge, 2000.

FISCHER, F. Citizen participation and the democratization of policy expertise: from theoretical inquiry to practical cases. *Policy Sci.,* v. 26, p. 165-187, 1993.

FISCHER, F.; FORESTER, J. *The Argumentative Turn in Policy Analysis and Planning*. Durham, NC: Duke University Press, 1993.

FISHKIN, J. *The Voice of the People: public opinion and democracy*. New Haven, CT: Yale University Press, 1995.

FISHKIN, J.; LUSKIN, R. Bringing deliberation to the democratic dialogue: the NIC and beyond. In: McCOMBS, M.; REYNOLDS, A. (Ed.). *A poll with a human face: the national issues convention experiment in political communication*. New York: Erlbaum, 1999, p. 30-38.

FLAVEN, C.; DOUGHERTY, R. Science and citizenship at the NIC. *Public Perspectives,* v. 7, n. 3, p. 46-49, 1996.

FRASER, N. *Justice Interruptus: Critical Reflections on the "postsocialist" condition*. New York: Routledge, 1997.

FRASER, N. Rethinking the public sphere: a contribution to the critique of actual existing democracy. In: CALHOUN, C. (Ed.). *Habermas and the Public Sphere*. Cambridge, UK: Cambridge University Press, 1993. p. 109-42.

FRASER, N.; HONNETH, A. *Redistribution or Recognition? A philosophical exchange*. New York: Verso, 2003.

FREEMAN, S. Deliberative democracy: a sympathetic comment. *Philosophy & Public Affairs,* v. 29, n. 4, p. 370-418, 2000.

GASTIL, J. *Deliberation at the National Issues Convention*. Alburquerque, NM: Inst. Public Policy, 1996.

GASTIL, J.; GINA, A. *Understanding Public Deliberation*. Albuquerque, NM: Inst. Public Policy, 1995.

GASTL, J. *By popular demand: revitalizing representative democracy through deliberative elections*. Berkeley: University of California Press, 2000.

GOULD, C. Diversity and democracy: representing difference. In: BENHABIB, S, (Ed.). *Democracy and Difference: Contesting the Boundaries of the Political*. Princeton: Princeton University Press, 1996. p. 171-86.

GUTMANN, A. How not to resolve moral conflicts in politics. *J. Dispute Resolut*. v. 15, n. 1, p. 1-18, 1999.

GUTMANN, A. THOMPSON, D. Deliberative democracy beyond process. *Journal of Political Philosophy*, v. 10, n. 2, p. 153-174, 2000.

GUTMANN, A.; THOMPSON, D. *Democracy and Disagreement: why moral conflict cannot be avoided in politics, and what should be done about it*. Cambridge, MA: Harvard University Press, 1996.

GUTMANN, A; THOMPSON, D. Deliberating about bioethics. *Hastings Cent. Rep*. v. 27, n. 3, p. 38-48, 1997.

HABERMAS, J. *Between Facts and Norms: contributions to a discourse theory of law and democracy*. Cambridge, MA: MIT Press, 1996.

HABERMAS, J. Constitutional democracy: a paradoxical union of contradictory principles? *Political Theory*, v. 29, n. 6, p. 766-781, 2001a.

HABERMAS, J. *The inclusion of the other: studies in political theory*. Cambridge, MA: MIT Press, 1998.

HABERMAS, J. *The Postnational Constellation: political essay*. Cambridge, MA: MIT Press, 2001b.

HABERMAS, J. Why Europe needs a constitution. *New Left Review*, v. 11, p. 5-26, 2001c.

HELD, D. *Democracy and the Global Order: from the modern State to cosmopolitan governance*. Stanford, CA: Stanford University Press, 1995.

HONIG, B. Dead rights, live futures: a reply to Habermas's "Constitutional Democracy". *Political Theory*, v. 29, n. 6, p. 792-806, 2002.

HONIG, B. *Democracy and the Foreigner*. Princeton: Princeton University Press, 2001.

HOOGHE, M. The rebuke of Thersites: deliberative democracy under conditions of inequality. *Acta Politica.*, v. 4, p. 287-301, 1999.

KAHANE, D. Dispute resolution and the politics of cultural generalization. *Negot. J*. In press, 2003.

KELLY, M. *Critique and Power: recasting the Foucault/Habermas debate*. Cambridge, MA: MIT Press, 1998.

LADEN, A. *Reasonably Radical: deliberative liberalism and the politics of identity.* Ithaca NY: Cornell University Press, 2000.

MACEDO, S. (Ed.). *Deliberative Politics: essays on democracy and disagreement.* Princeton: Princeton University Press, 1999.

MACKIE, G. *Does deliberation change minds?* Presented at Am. Polit. Sci. Assoc. Annu. Meet., Boston, Aug. 29-Sept.1, 2002.

MAJONE, G. Policy analysis and public deliberation. In: REICH, R. (Ed.). *The power of public idea.* Cambridge, MA: Harvard University Press, 1990.

MANSBRIDGE, J. Using Power/ Fighting Power: the polity. In: BENHABIB, S. (Ed.). *Democracy and Difference: Contesting the Boundaries of the Political.* Princeton: Princeton University Press, p. 44-66, 1996.

MARKELL, P. Contesting consensus: rereading *Habermas and the public Sphere. Constellations,* v. 3, n. 3, p. 377-400, 1997.

MARKELL, P. Making affect safe for democracy? On "constitutional patriotism". *Political Theory,* v. 28, n. 1, p. 38-63, 2000.

MENDELBERG, T.; OLESKE, J. Race and public deliberation. *Polit. Commun.,* v.17, p. 169-191, 2000.

MERKLE, D. The national issues convention deliberative poll. *Public Opinion Quarterly,* v. 60, p. 588-619, 1996.

MICHELMAN, F. Law's republic. *Yale Law Journal,* v. 97, p. 1493-537, 1988.

MICHELMAN, F. Constitutional authorship. In: ALEXANDER, L. (Ed.). *Constitutionalism: philosophical foundations.* Cambridge, UK: Cambridge University Press, 1996.

MICHELMAN, F. *Brennan and Democracy.* Princeton: Princeton University Press, 1999.

MITOFSKY, W. The emperor has no clothes. *Public Perspectives,* v. 7, n. 3, p. 17-19, 1996.

MOUFFE, C. *The democratic paradox.* London: Verso, 2000.

MUTZ, D. Crosscutting social networks: testing democratic theory in practice. *American Political Science Review,* v. 96, p. 111-26, 2002.

NEBLO, M. *Deliberative Actions: Identifying Communicative Rationality Empirically.* 1998. Disponível em <http://www.src.uchicago.edu/politicaltheory/ptarch.htm>.

NINO, C. S. *The Constitution of Deliberative Democracy.* New Haven, CT: Yale University Press, 1996.

O'CONNEL, D; McKENZIE, R. Teaching the art of public deliberation – national issues forums in the classroom. *Polit. Sci. Politics,* v. 28, n. 2, p. 230-233, 1995.

PELLETIER, D. ; KRAAK, V. ; McCULLUM, C.; UUSITALO, U.; RICH, R. The shaping of collective values through deliberative democracy: an empirical study from New York's north country. *Policy Science,* v. 32, p. 103-31, 1999.

PHILLIPS, A. *The Politics of Presence: issues in democracy and group representation.* Oxford, UK: Oxford University Press, 1995.

PREUSS, U. *Constitutional Revolution: the link between constitutionalism and progress.* Atlantic Highlands, NJ: Humanities, 1995.

PRICE, V.; NEIJENS, P. Deliberative polls: toward improved measures of "informed" public opinion? *International Journal of Public Opinion Research,* v. 10, p.145-176, 1998.

QUELL, C. Citizenship concepts among francophone immigrants in Ontario. *Can. Ethn. Stud.,* v. 30, n. 3, p. 173-189, 1998.

RAWLS, J. *The Law of Peoples.* Cambridge, MA: Harvard University Press, 1999.

REMER, G. Political oratory and conversation: Cicero versus deliberative democracy. *Political Theory,* v. 27, n. 1, p. 39-64, 1999.

REMER, G. Two models of deliberation: oratory and conversation in ratifying the constitution. *Journal of Political Philosophy,* v. 8, n. 1, p. 35-54, 2000.

ROSENFELD, M.; ARATO, A. (Ed.). *Habermas on Law and Democracy.* Berkeley: University of California Press, 1998.

SANDEL, M. *Democracy's discontent: America in Search of a Public Philosophy.* Cambridge, MA: Harvard University Press, 1996.

SANDERS, L. Against deliberation. *Political Theory,* v. 25, n. 3, p. 347-376, 1997.

SCHEUERMAN, W. Between radicalism and resignation: democratic theory in Habermas's *Between Facts and Norms.* In: DEWS, P. (Ed.). *Habermas: a critical reader.* Oxford, UK: Blackwell, p. 153-177, 1999.

SCHEUERMAN, W. Reflexive law and the challenges of globalization. *Journal of Political Philosophy,* v. 9, n. 1, p.81-102, 2001.

SHAW, J. Postnational constitutionalism in the European Union. *Journal of European Public Policy,* v. 6, n. 4, p. 579-97, 1999.

SMITH, G.; WALES, C. Citizens' juries and deliberative democracy. *Political Studies,* v. 48, p. 51-65, 2000.

STEENBERGEN, M.; BÄCHTIGER, A.; SPÖRNDLI, M.; STEINER, J. Measuring political deliberation: a discourse quality index. *Comp. Eur. Polit.,*v. 1, p. 1-28, 2003.

STEINER, J.; BÄCHTINGER, A.; SPÖRNDLI, M.; STEENBERGEN, M. *Deliberative Politics in Action: Crossnational Study of Parliamentary Debates.* Cambridge, UK: Cambridge University Press, 2004.

STOCK, A. *Deliberative democracy and international governance.* Tese (Doutorado em Ciência Política) – Universidade do Colorado, Boulder, CO, USA, 2002.

SULKIN, T.; SIMON, A. Habermas in the lab: a study of deliberation in an experimental setting. *Political Psychology,* v. 22, n. 4, p. 809-826, 2001.

SUNSTEIN, C. *The Partial Constitution*. Cambridge, MA: Harvard University Press, 1993.

SUNSTEIN, C. *Designing Democracy: what constitutions do*. Oxford, UK: Oxford University Press, 2001.

SUNSTEIN, C. The law of group polarization. *Journal of Political Philosophy*, v. 10, n. 2, p. 175-195, 2002.

TEUBNER, G. Substantive and reflexive element in modern law. *Law Social Review*, v. 17, n. 2, p.239-85, 1993.

THOMPSON, D. Democratic theory and global society. *Journal of Political Philosophy*, v. 7, n. 2, p. 111-125, 1999.

TULLY, J. The unfreedom of the moderns in comparison to their ideals of constitutional democracy. *Mod. Law Review*, v. 65, n. 2, p.204-28, 2002.

TULLY, J. *Strange Multiplicity: constitutionalism in an age of diversity*. Cambridge, UK: Cambridge University Press, 1995.

TULLY, J. Struggles over recognition and distribution. *Constellations*, v. 7, n. 4, p. 469-82, 2000.

TULLY, J. Introduction. In: GAGNON, A.G.; TULLY, J. *Multinational Democracies*. Cambridge, UK: Cambridge University Press, 2001, p. 1-34.

VALADEZ, J. M. 2001. *Deliberative Democracy: political legitimacy and self-determination in multicultural societies*. Boulder, CO: Westview.

VILLA, D. Postmodernism and the public sphere. *American Political Science Review*, v. 86, p. 712-721, 1992.

WARREN, M. What can democratic participation mean today? *Political Theory*, v. 30, n. 5, p. 677-702, 2002.

WEBER, L. The effect of democratic deliberation on political tolerance. Presented at Annu. Meet. Midwest Sci. Assoc., Chicago, IL, 1998.

WEILER, J. Does Europe need a constitution? Reflections on demos, telos, and the German Maastricht decision. *European Law Journal*, v. 1, n. 3, p. 219-58, 1995.

WHITE, S. K. *Sustaining Affirmation: the strengths of weak ontology in political theory*. Princeton: Princeton University Press, 2000.

WILLIAMS, M. *Voice, Trust, and Memory: marginalized groups and the failings of liberal representation*. Princeton: Princeton University Press 1998.

WILLIAMS, M. 2000. The uneasy alliance of group representation and deliberative democracy. In: KYMLICKA, W.; NORMAN, W. (Ed.). *Citizenship in diverse societies*. Oxford, UK: Oxford University Press.

YOUNG, I. Communication and the other: beyond deliberative democracy. In: BENHABIB, S. (Ed.). *Democracy and Difference: Contesting the Boundaries of the Political*. Princeton: Princeton University Press, 1996. p.120-136.

# Sobre os autores

**Ângela Cristina Salgueiro Marques**

É doutora em Comunicação Social pela Universidade Federal de Minas Gerais (UFMG). Realizou, em 2008, pós-doutorado junto ao *Groupe de Recherche sur les Enjeux de la Communication* (GRESEC) – *Institut de la Communicatinons et des Médias*, Université Stendhal/Grenoble 3. Pesquisadora vinculada ao *Groupe de Recherche en Sciences Sociales sur l'Amérique Latine* (GRESAL/MSH-Alpes),Université Pierre Mendes-France. Seus interesses atuais de pesquisa estão voltados para temas que oferecem a possibilidade de articular as Ciências Sociais, a Ciência Política e a Comunicação, dentre os quais se destacam: o processo deliberativo envolvendo grupos minoritários e economicamente desfavorecidos, lutas por reconhecimento e cidadania, a elaboração coletiva de políticas públicas e o papel desempenhado pelos meios de comunicação nas conversações cotidianas e debates sobre questões de interesse coletivo.

**Amy Gutmann**

É professora de Ciência Política na Escola de Artes e Ciências da Universidade da Pensilvânia. Em 1976, recebeu o título de doutora em Ciência Política pela Universidade de Harvard. Seus interesses de pesquisa estão relacionados a ética, teoria da justiça, democracia deliberativa e educação democrática. Entre seus livros, podemos destacar *Identity in Democracy* (Princeton University Press, 2003) e *Democratic Education* (Princeton University Press, 1999). Em parceria com Dennis Thompson, ela publicou *Why Deliberative Democracy?* (Princeton University

Press, 2004) e *Democracy and Disagreement* (Harvard University Press, 1996). Com Anthony Appiah, ela escreveu *Color Conscious* (Princeton University Press,1996).

### Dennis Thompson

É professor da Universidade de Harvard, onde leciona Políticas Públicas. Ele também leciona Filosofia Política no Departamento de Governo da Faculdade de Artes e Ciências. Recebeu seu título de doutor em Ciência Política em 1968, pela Universidade de Harvard. Preocupa-se atualmente com questões relacionadas a democracia deliberativa, processos eleitorais, ética e procedimentos políticos institucionais. Entre seus livros estão: *Restoring Responsibility: Ethics in Government, Business and Healthcare* (Cambridge University Press, 2004), *Just Elections: Creating a Fair Electoral Process in the United States* (University of Chicago Press, 2002) e *Ethics in Congress: from Individual to Institutional Corruption* (Brookings Institution Press, 1995). Ele também escreveu, em parceria com Amy Gutmann, as seguintes obras: *Why Deliberative Democracy?* (Princeton University Press, 2004) e *Democracy Disagreement* (Harvard University Press, 1996).

### James Bohman

É professor da Universidade de Saint Louis, onde leciona Filosofia Política e Filosofia da Ciência Social. Em 1985, recebeu o título de doutor em Filosofia Política pela Universidade de Boston. Suas áreas de interesse são: filosofia política (democracia, igualdade), filosofia da ciência social e filosofia alemã do século XIX e contemporânea (teoria crítica, Hegel e Marx). Entre seus livros estão: *Democracy Across Borders: from Demos to Demoi* (MIT Press, 2007), *Public Deliberation: Pluralism, Complexity, and Democracy* (MIT Press, 1996) e *Decentered Democracy: from Pluralism to Cosmopolitanism* (Polity Press, no prelo). Ele também organizou, com William Rehg, os seguintes livros: *Pluralism and the Pragmatic Turn* (MIT Press, 2001), *Deliberative Democracy: Essays on Reason and Politics* (MIT Press, 1997).

### Jane Mansbridge

É professora da Universidade de Harvard, onde assume as disciplinas de Liderança Política e Valores Democráticos. Recebeu o título de doutora em 1971 no Departamento de Governo da Universidade de Harvard. Seus trabalhos mais recentes incluem estudos de representação, deliberação democrática, ativismo cotidiano e o entendimento público e coletivo de problemas ligados à ação política. Entre seus livros, podemos destacar: *Beyond Adversary Democracy* (University of Chicago Press, 1983) e *Why we Lost the ERA* (University of Chicago Press, 1986). Ela também organizou o livro *Beyond Self-Interest* (The University of Chicago Press, 1990).

## Joshua Cohen

Fez seu doutorado em Filosofia na Universidade de Harvard em 1979. É professor de Filosofia, Ciência Política e leis na *Stanford University*, trabalhando também no Instituto de Tecnologia de Massachusetts (MIT). Possui especial interesse por questões ligadas a normas democráticas, ao funcionamento das instituições, à teoria democrática deliberativa e suas implicações sobre a liberdade pessoal, liberdade de expressão e novas formas de participação direta e associativa. Suas pesquisas atuais incluem questões relacionadas à justiça global, direitos humanos, justiça distributiva e formas supranacionais de governo democrático. Escreveu, com Joel Rogers, os livros: *Associations and Democracy* (Verso, 1995), *On Democracy* (Penguin Books, 1983); *Inequity and Intervention: The Federal Budget and Central America* (South End Press, 1986); *Rules of the Game* (South End Press, 1986); *What's wrong with a free lunch?* (Beacon Press, 2001). Entre as obras que organizou, podemos destacar: *For Love of Country? Debating the Limits of Patriotism* (Beacon Press, 1996), *Is Multiculturalism Bad for Women?* (com Matthew Howard e Martha Nussbaum, Princeton University Press, 1999). Recentemente publicou *A Free Community of Equals: Rousseau on Democracy* (Oxford University Press, 2003).

## Maeve Cooke

É professora da Universidade de Dublin, onde leciona a disciplina de Pensamento Político e Social Alemão. Em 1985, recebeu o título de doutora em Filosofia pela Universidade de Konstanz (Alemanha). Seus interesses de pesquisa abrangem, entre outros, a teoria social crítica, a teoria democrática, a teoria literária e questões conceituais ligadas à identidade, à autonomia e à religião. Ela é autora de *Re-Presenting the Good Society* (MIT Press, 2006), *Language and Reason: A Study of Habermas's Pragmatics* (MIT Press, 1994) e organizadora de *On the Pragmatics of Communication* (MIT Press, 1998), uma coletânea de ensaios escritos por Jürgen Habermas.

## Seyla Benhabib

É professora emérita de Ciência Política e Filosofia da Universidade de Yale, na qual, em 1977, obteve seu diploma de doutorado em Filosofia. Desde 2001, ela atua como professora do departamento de Ciência Política e Filosofia da Universidade de Yale, dedicando-se à direção do programa em Ética, Política e Economia. Entre seus interesses de pesquisa estão as seguintes temáticas: identidade, democracia deliberativa, pluralismo, diferença e questões ligadas à justiça social. Ela é internacionalmente reconhecida por suas pesquisas sobre o pensamento social e político europeu dos séculos XIX e XX, especialmente sobre o idealismo alemão, a Escola de Frankfurt e Hannah Arendt. Ela também é lembrada por suas contribuições para a história da teoria política moderna, para os fundamentos da ética e para a teoria feminista. Entre seus livros estão: *The Rights of Others: Aliens, Citizens and Residents* (Cambridge University Press, 2004), *The Claims of Culture: Equality and Diversity in the Global Era* (Princeton University Press, 2002), *Transformations of Citizenship: Dilemmas of the Nation-State in the Era of Globalization* (2000), *Situating the Self: Gender, Community and Postmodernism in Contemporary Ethics* (Polity Press, 1992) e *Critique, Norm and Utopia* (Columbia University Press, 1986). Ela também organizou *Democracy and Difference: Contesting the Boundaries of the Political* (Princeton University Press, 1996).

## Simone Chambers

É professora do departamento de Ciência Política da Universidade de Toronto. Em 1990, recebeu o título de doutora em Ciência Política pela Universidade de Columbia. Seus interesses de pesquisa estão voltados para democracia deliberativa, teoria crítica, liberalismo contemporâneo e ética, teorias da justiça, democracia, discurso, participação política, teoria e história constitucional do Canadá, constitucionalismo e democracia. Ela é autora de *Reasonable Democracy: Jürgen Habermas and the Politics of Discourse* (Cornell University Press, 1996). Com Anne Costain, ela organizou o livro *Deliberation, Democracy and the Media* (Rowman and Littlefield, 2000) e, com Will Kymlicka, organizou *Alternative Conceptions of Civil Society* (Princeton University Press, 2001).

Sobre os autores

QUALQUER LIVRO DO NOSSO CATÁLOGO NÃO ENCONTRADO NAS
LIVRARIAS PODE SER PEDIDO POR CARTA, FAX, TELEFONE OU PELA INTERNET.

Rua Aimorés, 981, 8º andar – Funcionários
Belo Horizonte-MG – CEP 30140-071

Tel: (31) 3222 6819
Fax: (31) 3224 6087
Televendas (gratuito): 0800 2831322

vendas@autenticaeditora.com.br
www.autenticaeditora.com.br

ESTE LIVRO FOI COMPOSTO COM TIPOGRAFIA MINION
E IMPRESSO EM PAPEL OFF SET 75 G NA FORMATO ARTES GRÁFICAS